兩岸統合論

On Integration across the Taiwan Strait

張亞中◎著

兩岸統合論

The Integration across the Taiwan Strait

張亞中◎著

「亞太研究系列」總序

　　「二十一世紀是亞太的世紀」，這句話不斷地被談起，代表著自信與驕傲。但是亞太地區絕非如此單純，未來發展亦非一定樂觀，它的複雜早已以不同形態呈現在世人面前，在開啓新世紀的同時，以沈靜的心境，深刻的瞭解與解決亞太區域的問題，或許才是我們在面對亞太時應有的態度。

　　亞太地區有著不同內涵的多元文化色彩，在這塊土地上有著天主教、基督教、佛教、回教等不同的宗教信仰；有傳承西方文明的美加澳紐、代表儒教文明的中國、混合儒佛神教文明的日本，以及混雜著不同文明的東南亞後殖民地區。文化的衝突不止在區域間時有發生，在各國內部亦時有所聞，並以不同的面貌形式展現它們的差異。

　　美加澳紐的移民問題挑戰著西方主流社會的民族融合概念，它反證著多元化融合的觀念只是適用於西方的同文明信仰

者，先主後從、主尊客卑、白優黃劣仍是少數西方人面對東方
移民時無法拋棄的心理情結。西藏問題已不再是單純的內部民
族或政經社會議題，早已成為國際上的重要課題與工具。兩岸
中國人與日韓三方面的恩怨情仇，濃得讓人難以下嚥，引發的
社會政治爭議難以讓社會平靜。馬來西亞的第二代、第三代，
或已經是第好幾代的華人，仍有著永遠無法在以回教為國教的
祖國裡當家作主的無奈，這些不同的民族與族群問題，讓亞太
地區的社會潛伏著不安的危機。

　　亞太地區的政治形態也是多重的。有先進的民主國家；
也有的趕上了二十世紀末的民主浪潮，從威權走向民主，但其
中有的仍無法擺脫派系金權，有的仍舊依靠地域族群的支持來
建構其政權的合法性，它們有著美麗的民主外衣，但骨子裡還
是甩不掉威權時期的心態與習性；有的標舉著社會主義的旗
幟，走的卻是資本主義的道路；有的高喊民主主義的口號，但
行的卻是軍隊操控選舉與內閣；有的自我認定是政黨政治，但
在別人眼中卻是不折不扣的一黨專政，這些就是亞太地區的政
治形態寫照，不同地區的人民有著不同的希望與訴求，菁英分
子在政治格局下的理念與目標也有著顯著的差異，命運也有不
同，但整個政治社會仍在不停的轉動，都在向「人民為主」的
方向轉，但是轉的方向不同、速度有快有慢。

　　亞太地區各次級區域有著潛在的軍事衝突，包括位於東
北亞的朝鮮半島危機；東亞中介區域的台海兩岸軍事衝突；以
及東南亞的南海領土主權爭議等等。這些潛在的軍事衝突，背

後有著強權大國的利益糾結,涉及到複雜的歷史因素與不同的國家利害關係,不是任何一個亞太地區的安全機制或強權大國可以同時處理或單獨解決。在亞太區域內有著「亞太主義」與「亞洲主義」的爭辯,也有著美國是否有世界霸權心態、日本軍國主義會否復活、中國威脅論會否存在的懷疑與爭吵。美國、日本、中國大陸、東協的四極體系已在亞太區域形成,合縱連橫自然在所難免,亞太地區的國際政治與安全格局也不會是容易平靜的。

相對於亞太的政治發展與安全問題,經濟成果是亞太地區最足以自豪的。這塊區域裡有二十世紀最大的經濟強權,有二次大戰後快速崛起的日本,有七〇年代興起的亞洲四小龍,八〇年代積極推動改革開放的中國大陸,九〇年代引人矚目的新四小龍。這個地區有多層次分工的基礎,有政府主導的經濟發展,有高度自由化的自由經濟,有高儲蓄及投資率的環境,以及外向型的經濟發展策略,使得世界的經濟重心確有逐漸移至此一地區的趨勢。有人認為在未來世界區域經濟發展的趨勢中,亞太地區將擔任實質帶領全球經濟步入二十一世紀的重責大任,但也有人認為亞洲的經濟奇蹟是虛幻的,缺乏高科技的研究實力、社會貧富的懸殊差距、環境的污染破壞、政府的低效能等等,都將使得亞洲的經濟發展有著相當的隱憂。不論如何,亞太區域未來經濟的發展將牽動整個世界,影響人類的貧富,值得我們深刻的關注。

在亞太這個區域裡,經濟上有著統合的潮流,但在政治

上也有著分離的趨勢。亞太經合會議（APEC）使得亞太地區各個國家的經濟依存關係日趨密切，太平洋盆地經濟會議（PBEC）、太平洋經濟合作會議（PECC），也不停創造這一地區內產、官、學界共同推動經濟自由與整合的機會。但是台灣的台獨運動、印尼與東帝汶的關係、菲律賓與摩洛分離主義……使得亞太地區的經濟發展與安全都受到影響，也使得經濟與政治何者為重，群體與個體何者優先的思辨，仍是亞太地區的重要課題。

亞太地區在國際間的重要性日益增加，台灣處於亞太地區的中心，無論在政治、經濟、文化與社會等各方面，均與亞太地區有密切的互動。近年來，政府不斷加強與美日的政經關係、尋求與中國大陸的政治緩和、積極推動南向政策、鼓吹建立亞太地區安全體系，以及擬將台灣發展成亞太營運中心等等，無一不與亞太地區的全局架構有密切關係。在現實中，台灣在面對亞太地區時也有本身取捨的困境，如何在國際關係與兩岸關係中找到平衡點，如何在台灣優先與利益均霑間找到交集，如何全面顧及南向政策與西向政策，如何找尋與界定台灣在亞太區域中的合理角色與定位，也都是值得共同思考的議題。

「亞太研究系列」的出版，表徵出與海內外學者專家共同對上述各類議題探討研究的期盼，也希望由於「亞太研究系列」的廣行，使得國人更加深對亞太地區的關切與瞭解。本叢書由李英明教授與本人共同擔任主編，我們亦將極盡全力，為

各位讀者推薦有深度、有分量、值得共同思考、觀察與研究的
著作。當然也更希望您們的共同參與和指教。

張亞中

1997 年 9 月

自 序

　　歷史的書籍，記載著的是國家的榮辱、政權的興衰，但是真正在歷史的長河中沈浮的，卻是一個個活生生的人民。對這些渺小的個人而言，國家與民族固然有其心理投射的必要，但是真正有意義的地方在於他們能否因國家或民族而得到生命的尊重與生活的驕傲。

　　在論述國家與民族何去何從時，一般人難免會掉進主觀的陷阱，有時將國家與民族的情結做了過大的膨脹，而忽略了平常百姓的真實感受；有時又過於強調個人的主觀歸屬，而忽視了現實政治的冷酷無情。如何在「見林不見樹」與「見樹不見林」之間找尋一條能夠兼顧的道路，是責任也是挑戰。如何能夠跨越兩岸政權與政黨的各自利益，為全體中國人彼此和平相處、共創未來，作出理論與見解的貢獻，是自我期許也是自我要求。

有學理、有系統地撰寫兩岸問題是寫作的一貫原則,「他山之石」雖然不能完全翻版,但卻是擴展思考空間的必要參考。早在研究所讀書求學時,即開始關懷兩岸的發展。在東西德統一的第二年,即已完成《德國問題:國際法與憲法的爭議》一書約二十萬字的初稿,將東西德從分裂到統一其間的國際法及憲法問題提出分析,這是我研究分裂國家法律定位關係的起步。前年並將其研究心得撰寫成《兩岸主權論》一書,用以討論兩岸現有的法律定位。1980 年代末期到 1990 年代初期,在歐洲從事外交工作與求學時,看到當時歐洲統合的快速發展,即感覺到歐洲的統合經驗應該可以供兩岸參考,只是當時對於統合的專業素養仍嫌不足,僅能以口頭發表議論,而無法行諸文字。從 1992 年起開始在政治大學外交研究所教授歐洲統合課程後,開始對歐洲共同體作深入研究,並在 1998 年將心得撰寫成《歐洲統合:政府間主義與超國家主義的互動》一書。在研究歐洲之外,因為在陸委會工作的關係,參與一些大陸政策的制定,對大陸政策也必然地作了些深入了解。因緣成熟,承星雲大師抬愛,從 1996 年開始任教於南華大學亞太研究所,更有機會對亞太事務有深入的認識。近年來並陸續完成《美國的中國政策:圍堵、交往、戰略夥伴》與《中國大陸與兩岸關係概論》等專書。以上總共超過百萬字的學術心得,十餘年在外交部、三年餘在陸委會的實務工作經驗是本書撰寫的基礎。本書的出版也是個人在兩岸問題思考上,一個完整思考體系的完成。

　　本書的寫作過程是嚴謹與開放的。首先是在 1999 年 7 月間即走訪大陸，與相關學者就兩岸未來的走向交換意見，當時即將「整個中國」與「兩岸統合」的概念作了初步的陳述。2000 年 2 月於初稿完成時，特再走訪中國大陸與當地學者專家就本文的文稿內容進行座談。經由北京的全國台灣研究會的曹治洲先生、上海台灣研究所的嚴安林先生、廈門大學台灣研究所的范希周先生，以及香港《信報》的文灼非先生等熱誠又親切的安排，得與大陸與香港重要的學者專家共約三十多人作了極為深入的探討。

　　這些學者與專家分別為：在北京方面，有全國台灣研究會副會長姜殿銘教授、中國社科院台灣研究所許世銓所長、曹治洲副秘書長、外交學院蘇格教授、中國人民大學黃嘉樹教授、中國社科院美國研究所王緝思所長、中國社科院政治學研究所張明澍教授、新華社范麗青副主任。

　　在上海方面，參與討論的有，上海台灣研究會嚴元祥與嚴安林副所長、盛九元、朱愛莉等研究員、上海社科院亞太所周建明所長、世界經濟研究所周忠菲教授、華東法政學院唐榮智教授、上海國際戰略問題研究會夏立平秘書長、上海國際問題研究所郭隆隆主任。

　　在廈門方面，有廈門大學的台灣學會陳孔立會長、台灣研究所范希周所長、朱天順教授、政治社會研究室李強主任、林勁教授、劉國深教授。

　　在香港方面，共同討論的有，香港大學政治與公共行政

學系胡偉星教授、嶺南大學張志楷教授、香港城市大學羅金義教授、《信報》文灼非先生、《中國時報》香港新聞中心譚志強主筆。

　　整體而言，大陸學者對本書的立論基本上是肯定的。但也有部分差異與疑慮：第一、對美國角色的認定。大陸學者普遍認為美國扮演「阻礙」兩岸的成分居多，而筆者認為美國的基本立場已經很清楚，美國固然有其本身的利益，但是未來兩岸何去何從仍是取決於兩岸自己主觀的意願。對於未來兩岸邁向統一，美國固然談不上是樂觀其成，但是也不至於會刻意阻礙。第二、對於筆者所提，在未來《兩岸基礎協定》中，台海兩岸以法律意涵的書面文字保證不永久分裂中國的建議，有期待、有肯定，但也有疑慮。他們質疑台灣方面會否作這種承諾，並認為這點是兩岸關係全面開展的最重要基礎。第三、他們希望筆者能解決如何讓「整個中國」實體化的問題。

　　關於第一點美國的角色問題，讀者可以從本書的第一、三章看到筆者的意見，並自行作一評斷。第二點是筆者整個思想很重要的一個出發點，如果台灣不能在這個問題上作出應允，兩岸關係未來很難有一個真正穩固的基礎。有關這一點的確須取決於台灣人民的智慧，但是中國大陸也必須如本書所建議的，在國際活動上給予台灣一個主體地位的空間。有關第三點如何讓「整個中國」實體化的部分，筆者在返台後再行深度思考，並提出新的見解，可參閱第一章第五節以及第四章第五節。

　　在整個書稿重新修正後，也開始徵詢台灣內部學者專家的意見。首先於三月底，在遠景基金會的陳明執行長與馬子堅副執行長的安排下，與該會的研究員充分交換了意見。四月底，行政院大陸委員會也安排了多位兼具政府與各政黨重要意見領袖的學者專家，就本書稿進行座談，會議由林中斌副主委與企劃處詹志宏處長主持，與會者分別是：政治大學國際關係研究中心吳東野所長、成功大學政治經濟研究所吳新興教授、中央研究院歐美所林正義所長、政治大學中山所邵宗海教授、東吳大學政治系郭正亮教授、台灣大學三研所陳明通教授、立法委員林濁水先生、民進黨政策會顏建發副執行長、民進黨中國事務部顏萬進主任等。

　　台灣內部的學者也給予本書相當的肯定。部分的質疑在於：第一、兩岸統合是否可以化解主權的爭執，或者在兩岸主權問題沒有解決前如何推展兩岸統合。這些質疑其實正是這本書要處理的問題。本書的第一章即在處理兩岸的定位問題，筆者提出「整個中國內兩個平等政治實體」、「第三主體」、「平等不對稱」等顧及政治事實與現實的概念作為未來的主要思考。第二、本書中第三章有相當篇幅討論台灣在面對國家安全與經濟發展時的兩難，但卻沒有詳細的討論中國大陸也可能有的困境。這個質疑是正確的。書中並沒有用很多篇幅探討的原因，一則是文章篇幅所限，其次，「兩岸合則兩利」已是中國大陸的共識，兩岸統合自然有助於其國家安全與經濟發展。至於如果中共選擇與台灣軍事衝突會對其國際形象與經濟發展造成

何種不利影響，因爲並不是本書的訴求重點，確實沒有在本書中詳盡的探討。對於中國大陸的讀者而言，本書強調的重點是如何「統」與如何「合」，用大陸的用語來說，就是如何促進兩岸的「一體化」，而不同於對台灣的讀者而言，包括「爲何」要統合與「如何」邁向統合兩個層面。第三、與中國大陸學者質疑台灣會否接受筆者的看法一樣，台灣學者也質疑大陸會否接受本書的主張。兩岸學者專家在對本書思維邏輯的肯定之餘作相同的善意質疑，其實也隱含了本書的立論可能正是兩岸的最大公約數所在。未來如何在現有的理論基礎下，將其落實轉化爲兩岸彼此都能接受的政策，是這本書的最大期許。這個工作已非筆者所能爲，而須仰賴兩岸政治人物的共同智慧與決心。

本書的寫作過程中，台灣大學政治系的石之瑜教授、東吳大學政治系的楊開煌教授都對本書表達過關心與意見；南華大學歐洲研究所的蘇宏達教授與我的學生孫國祥、林家茜、陳美萍陪同我走訪中國大陸舉辦座談；我的另一位學生苗繼德也提供了一些資料參考；唐荷對本書的若干幫忙等等，都使我深受感動。還要謝謝呂佳真小姐對本書的細心校對及閻富萍小姐的悉心編輯。

願藉這個機會感謝行政院大陸委員會及遠景基金會給予的研究與出版贊助，惟本書不代表上述單位的立場，純屬個人意見。另並再向本書撰寫過程中所接觸、請教與提供協助的兩岸學者、朋友表達最深的謝意。希望這本書能對未來兩岸的發

展提供一些思想上的助益，也期盼兩岸學者專家能給予指正與
建議。另外，也如前所述，本書《兩岸統合論》（用大陸的用
語來說，可以稱之為《兩岸一體化》）的出版，是筆者對「兩
岸定位與方向」思考體系的完成。做為一個中國人，這本書也
可以說是個人對兩岸政府在國家發展與兩岸政策上的「國是建
言」。書生論政，一片心意而已。本書 2000 年 4 月 30 日完稿，
謹以為記。

張亞中

目　錄

On Integration across the Taiwan Strait

Prof. Dr. Dr. Yachung Chang

Contents

Operations Center" and "Southward Policy"?

3.4. Cross-strait strategy: to build cross-strait security and economic development through integration

　　3.4.1. Cross-strait integration as a way to face challenge of global economic liberalism

　　3.4.2. Lessons from the experience of European integration

　　3.4.3. Lessions from East and West Germany's economic and trade relations within EC

4. Theory and practice of cross-strait integraton: Lessons from EU experience

4.1. Enlightenment from integraton theory

　　4.1.1. Federalism

　　4.1.2. Functionalism

　　4.1.3. Neo-functionalism

4.2. Thinking on cross-strait integration

　　4.2.1. Current discussions on cross-strait community

　　4.2.2. Integration with sovereignty "resesrved and shared" by both sides

　　4.2.3. "Cross-strait goods" under a "whole China"

4.3. Some possible practices for cross-strait integration

　　4.3.1. Agricultural affairs

　　4.3.2. Social security affairs

　　4.3.3. South China Sea Affairs

On Integration across the Taiwan Strait

Prof. Dr. Dr. Yachung Chang

Abstract

This book proposes "integration," in place of "unification," "independence" and "maintaining status quo," as a fourth way for thinking of the future of the Taiwan Strait.

Taiwan and Mainland China have been apart for half a century and both should discard the backward civil war thinking in their projecting of cross-strait future. Most discussions on cross-strait relations in the past based their theory on a thinking that takes the two sides as "dominant/subordinate subjects." This kind of thinking has put the two sides in the exclusive either/or and zero-sum struggle. From the contest for China's orthodoxy to the pursue for legitimating the concept of "not belonging to each other," Taiwan and Mainland China have entangled themselves in half a century's struggle. In such kind of civil war thinking, unification means annexation. But for a post-civil-war thinking, unification should mean the "re-unification" of two existent subjects.

This book proposes "three subjects" in regard to the structuring of cross-strait "subjectivity": the Republic of China, the People's Republic of China and the "whole China." Taiwan and Mainland China are both parts of the "whole China (the third subject)."

The theoretical basis of "three subjects" lies in that sovereignty belongs to people and all Chinese of the two sides of the Taiwan Strait hold the "whole China". Neither can claim the sovereignty all to itself. Taiwan and Mainland China have since the 1949 split enjoyed an intact jurisdiction over their respective territory. Either side, however, cannot represent the "whole China." The sovereignty of the "whole China" goes to all Chinese across the strait.

The substitution of the "China as a whole (whole China) for "one China" could better express their respective intent when Taiwan and Mainland China try to blueprint a future for the Chinese across the strait.

In political reality, the Republic of China's status as an international person is called in question. But in legal terms, both sides of the Taiwan Strait own the attributes of a state. Cross-strait relations should, in strict legal terms, be understood as "two Chinese countries within the whole China" (One China, two Chinese countries). In a formulation that is psychologically more acceptable for the two sides, they are "two political entities with state attributes within the whole China." Or simply put, they are "two equal political entities within the whole China." Their mutual exchange is defined by neither civil regulations, nor foreign relations as regulated in international law. The two sides are regulated by an "*inter-se-* relations," which can also be understood as "brotherhood" or "special relations"--within the "whole China."

In order for "China as a whole (the whole China)" to be a legal entity, Taiwan and Mainland China should first express intent not to divide China. Signing of a "Basic Agreement" is a necessary legal step to take. Such legal basis indicates that the two sides accept each other's "subjectivity" and agree to coexist in international organizations. It would help avoid an inference in legal terms that the two sides have completed a split.

In addition, in order for the "whole China" (the third international person) not to merely remain an "international person" in legal terms, the two sides are suggested to substantiate the "whole China." There are two ways to reach the goal: first is to establish cross-strait communities to jointly address issues such as agriculture, South China Sea security and social security in the Taiwan Strait. Second is to organize joint delegations, other than their respective ones, to represent "the whole China" or "cross-strait community," and serve as observers in international organizations. The functions and powers of the aforementioned "communities" would increase as cross-strait cooperation deepens.

EU's integration experience provides the two sides a positive model in their thinking of the future of the Taiwan Strait. EU itself is the 16th international person in addition to the 15 international persons represented by its member states. In similar logic, the "whole China" or "cross-strait community" would be the third international person other than the two that are represented by Taiwan and Mainland China. EU's institutional operations and its presence in the international society provide a valuable source for reference for both sides of the Taiwan Strait.

Within the "cross-strait community," the two sides could tackle with various issues under the principle of "equal but unsymmetrical." "Equality" would be understood as that Taiwan and Mainland China are equal in legal terms and should refrain from interfering with each other's internal affairs. In the non-legal level, the two are in a state of "unsymmetrical" relations. Such "unsymmetrical" state is not permanent nor comprehensive. It differs according to power and privilege demonstrated by the two sides in various fields.

Taiwan and Mainland China have developed very different

visions for state, nation and political system after more than 50 years of separation. "One China, two systems" as advocated by Mainland China indicates an enforced-upon and mechanical integration based on federalism. Taiwan's "National Unification Guidelines," on the other hand, assumes a more laissez-faire functionalistic mode of thinking in dealing with the unification issue. Both approaches have difficulties in face of actual political reality. To force the other to change its stance for one's own is unable to iron out differences. The two sides should work to rebuild a collective identity, that is, an identity addressing the "whole China," under an equal principle and respect for each other. Neo-functionalism that emphasizes a rebuilding of new identity through both system and function is a better way to solve the problem in question. In this respect, Taiwan and Mainland China can draw on EU's experience in constructing a kind of "vertical overlapping identity" among people of its member states for their districts, nations and EU. With people of the two sides coming closer and closer in their identity for the "whole China," unification across the strait would come when the time is ripe.

Peace and development are common wishes of people across the strait. But any effort with realism thinking of international politics as a point of departure would not bring true peace in the Taiwan Strait. Such is why CSCAP and other multilateral security mechanism cannot protect Taiwan's security. Without basic consensus reached across the strait, measures such as CBMs would not be able to work effectively. As is shown in the instance of "Taiwan Relations Act," the act provides Taiwan with security protection. But the premise for U.S. protection is Taiwan's self-constraint. The move to take part in TMD or persuade the U.S. to pass "Taiwan Security Enforcement Act" might not bring the security Taiwan badly wants, but drags it further to a risky predicament. On the other hand, any move by Mainland China to use force to intimidate Taiwan's people would not only strengthen the image of "China threat" in the international society, but hurt the feelings of people across the strait.

Though global economic liberalism is the mainstream of the 21st century, regional economy remains an important role in world economy. Lacking the support of regional economy, it would be difficult for Taiwan to face all by its own the challenge of world free economy. In other words, if losing the vast market of Mainland China, Taiwan would have difficulty to guarantee its economic and trade development, in spite of its claims of membership in the APEC or WTO.

Working toward "integration" would help dispel the shadow of war and save for the two sides of the Taiwan Strait quantities of resources. It could also upgrade their competitiveness in face of the challenge of global free economy. Europe reaches peace through the working of integration after World War II . and regains its glory in the process. EU's integration experience merits attention and thinking for Taiwan and Mainland China.

Federalism and functionalism both have deficiencies in carrying out cross-strait integration. Neo-functionalism is by comparison a more feasible route. Integration means sovereignty "reserved and shared" by both sides of the Taiwan Strait. It expands, not diminishes, their sovereign rights. Current discussions on cross-strait communities remain on the level of functional cooperation and cannot be deemed within the scope of integration. "Cross-strait goods" can be grouped into four categories of "private goods, coordination goods, common property and public goods." The two sides can manage to work out integration in various categories of goods. For instance, they could set up communities in the fields of agriculture, social security affairs in the Taiwan Strait, South China Sea affairs and international representation.

It is true that EU's integration and its institutional operations cannot be simply transplanted to the case across the Taiwan Strait. But EU experience provides a truly valuable source for reference on the issue.

The voicing of people's will be question that either side should address in its blueprinting of cross-strait future. Be it "unification" or "independence," a decision based on plebiscite has its theoretical as well as moral predicament. Political leaders of the two sides should demonstrate self-constraint and avoid coercing or inducting people to make a once-and-for-all voting for the issue of unification or independence. Integration proceeded step by step gives people a direction and not a timetable. Whether or not to start integration, and future decisions on accelerating or slowing down integration, should depend on people's will. People of both Taiwan and Mainland China, however, should recognize that the "whole China" could be the common assets, not liabilities, for both sides of the Taiwan Strait. A cross-strait future built on integration is a best choice that gives consideration to both reality and ideal.

EU integration has fared nearly half a century and its achievement proves itself a model worth thinking and referring to for other peoples. Could the two sides of the Taiwan Strait make a fourth choice in addition to "unification/independence" and "maintaining status quo" regarding their future? This book has tried to put forward new thinking in the theoretical level. The rest is up to the two sides of the Taiwan Strait to decide whether or not to work toward such direction.

前　言

　　兩岸歷經五十餘年的分離，雙方的經貿交流日益密切，人員互動頻繁，但是由於種種因素，雙方仍處於政治緊張狀態。與歐洲不同民族國家在經過兩次慘絕人寰的戰爭後，終能排除彼此宿怨，尋求歐洲和平與經濟發展相較來看，兩岸是同文同種，彼此之間並沒有深仇大恨，更沒有理由不冷靜地尋求一個解決的方式。

　　歐洲在二次大戰後開始以統合方式推動歐洲的合作。從1952 年成立的歐洲煤鋼共同體開始，歷經四十餘年，歐洲聯盟在 1993 年正式誕生，1999 年歐元開始成為法定貨幣。這象徵著歐洲已將以一個「跨國性」的政治體制邁入新的二十一世紀。歐洲統合的經驗在為各成員仍保有自己的主體性，但也將一部分的主權權力交由歐洲聯盟共同分享，是一種「主權共儲共享」、「分中有合、合中有分」的政治組合。這也是人類歷史

上最偉大的一種嘗試，也可以算是非常成功的一項努力。它不但從「安全」的意義上使得歐盟的土地不再有戰爭，更從「發展」的意義上，使得歐洲重新再起，逐漸成為世界的強權。

在歐洲已經用新觀念來面對未來時，兩岸間卻仍甩不開傳統的統獨思維。中共的「和平統一、一國兩制」讓台灣人民感覺到中共是為統一而統一，台灣方面很難接受。台灣內部少數人所主張的「獨」，又為兩岸帶來太多的不定因素，迫使人民生活在緊繃不安的狀態下。如果以「維持現狀」思考，等待大陸的轉變，似乎又顯得過於消極，並缺乏說服力。再則「現狀」本身是不斷在改變，因此「維持現狀」這個觀點本身就是一個在邏輯上值得爭議的概念，這也使得主張「維持現狀」看起來是最中性的態度，但也顯示出人們對未來走向的不確定感。兩岸是否可以在「統」、「獨」、「維持現狀」三者外找到第四種可能，既能滿足各方的需求，又可以兼顧政治的現實？

在思考兩岸的未來時，應該站在兩岸同是整個中國人這個基本點，為未來兩岸的人民創造一個和平的環境與富裕的生活。不論是民族的光榮或是人民尊嚴，都不可能脫離和平與繁榮而單獨地存在。

本文寫作的目的就是期盼為兩岸未來的走向找尋一條可以參考的道路，一條可以在「一國兩制」與「國統綱領」間取得平衡與和諧的道路，以使兩岸得在這條道路上保持和平、相互的善意競爭與合作，彼此共存共榮地迎向未來。

本文主張兩岸以「統合」的方式來面對未來，歐盟的統

合經驗可以作爲兩岸的參考。整個觀念共分爲五個部分進行論
述。

　　第一，「法律面向」的論述。基於法律定位關係是兩岸未
來正常化關係開展的基礎，本部分討論兩岸對「現狀」的認知，
兩岸間合理的法律定位，以及未來兩岸所可能簽署規範兩岸關
係的政治性協定（《兩岸基礎協定》）的應有內涵。

　　第二，「認同面向」的論述。基於人民的認同是國家組成
的最重要要素，本部分討論目前兩岸在國家、民族、制度方面
的認同問題，並思考如何以「統合」方式再重構及加強對彼此
的認同。

　　第三，「安全與發展面向」的論述。分析兩岸現行對台海
安全與經濟發展的思維邏輯命題是否爲真？並論證兩岸若經
由「統合」來追求台海的安全與經濟發展的妥適性。

　　第四，「理論與實踐面向」的論述。從現有的統合理論中
找尋最適合兩岸參考的依據，在實際的操作面中提出具體建
議，並討論歐盟機構經驗對兩岸未來統合的可能啓示。

　　第五，「哲學與政治面向」的論述。討論民族主義在現代
社會的意義，並引申全民公投運用在統獨問題上的理論與道德
困境。另外對兩岸統合過程，台灣應以何種民意表達方式爲宜
提出討論。

第一章
兩岸統合第一步：有關簽署
《兩岸基礎協定》的思考

✠ 過渡性協議觀念的出現
✠ 對兩岸「現狀」認知的差距
✠ 他山之石：東西德《基礎條約》的經驗
✠ 《兩岸基礎協定》應有的重要內涵

　　從兩岸交流以來，人員與經貿的往來日益頻繁，但是雙方的政治氣氛並沒有顯著改善，敵視與對立的態度依然存在。在互動的過程中，雙方對兩岸的政治定位仍舊停留在各說各話的階段。在規範兩岸交流情形方面，兩岸各有內部所制訂的條例、法規、規則等來規範彼此的行為。在台灣方面，1992 年通過的《兩岸人民關係條例》是一連串後續法規與規範的母法；但是中共卻基於其對「一國兩制」的信念，避免將兩岸的交流以法制化而予固定，僅依個別需要訂定零星的單行法規適用，其意僅在針對個別問題作解決，其目的在於強調台灣是中國大陸的一部分。台灣方面為使兩岸交流能夠得以有所依據地進行，因此主張兩岸簽署相關事務性協議；但是中共卻認為台灣只是想藉事務性的協議，來凸顯兩岸分裂分治的事實，因此將「一個中國」原則，視為是所有事務性協議的必須依據。

　　「雞與蛋何者為先」不只是個哲學思辨問題，更是政治學上經常會面對的議題。兩岸之間是否需要、何時需要一個清晰為兩岸定位、規範交流的政治性基礎協定，也一直是兩岸互動交流以來，經常討論的問題，這個協定應該是何種性質、含何種主要規範，也是見仁見智。不過，有一點可能是眾人均無法否認的，就是一個法制化的基礎，是兩岸關係能夠完全正常化的必要條件，但是兩岸彼此都有原則，也都在等最好的時機。這樣的思考也使得兩岸迄今仍處於政治上的對立。

　　1996 年的台海衝突危機，打破了美國與兩岸三角關係的原有架構，1997 年美國與中共有了「建設性戰略夥伴關係」，

1998 年美國總統柯林頓也公開表明美國對台的「三不政策」，使得中共的「一個中國」政策原則獲得了部分的國際正當性。三角關係中處於劣勢的台灣，其內部也因美國的「三不政策」而有兩股思潮在醞釀消長。其中之一即是「台灣主體性」的不斷被加強，台灣內部很少有政治人物與政黨敢於和這個趨勢挑戰；另外則是「台灣獨立建國」思潮的逐漸退卻。這兩股一長一消力量的交集，即是「中華民國主體性」共識的逐漸形成。

　　中共已是美國在亞太戰略與全球事務上所不能忽視的重要國家。從 1972 年以來，台灣由於受到國際現實環境的影響，在美中台三角關係中，是處於「依變數」的角色，也就是台灣在三角關係中的處境，是受到美國與中共關係「主變數」的影響。美國基於本身戰略利益考量，「台灣牌」也因而隱約出現在美國的中國政策中，藉以對中共產生壓力。因而，無論是為了兩岸彼此的和平互動，或是為了避免受到外界因素的干擾左右，兩岸如果有一類似於 1972 年東西德間的《基礎條約》，對於雙方應該都是有利的。

　　1998 年以後，美國對兩岸間是否要有一「過渡性協議」的看法，有了較積極的明白表示，這個訊息是無法忽視的。在另一方面，沈悶的大陸政策、謹慎的「戒急用忍」、有政治條件的「三通」政策，也均使台灣主政者感受到大環境變遷所帶來的壓力。在經歷總統大選後，台灣的社會在 2000 年時已邁向一個新的局面。「中華民國主體性的不斷強化」與「期盼兩岸關係正常化」是中共與台灣都必須面對的問題，因此一個界

定兩岸間定位與互動交流依據的基礎協定，也就顯得愈爲必要。

兩岸如果想要在法律規範的基礎上發展雙方的關係，那麼一個規範兩岸在統一前的法律地位則是絕對需要的。本章就在爲這個議題作一深入的探索。

第一節　過渡性協議觀念的出現

一、兩岸對「結束敵對狀態」的呼籲與立場

兩岸如果要停止目前的敵對狀態，使得雙方關係正常地發展，除了在政治上需要持續的善意互動，在法律上，一個兩岸間的過渡性協定或協議應該也是無法避免的。

以和平方式解決兩岸爭端一向是中華民國政府堅持的政策。台灣方面早在1991年制定《國家統一綱領》時，便明確提出「兩岸應摒除敵對狀態」。通過宣布終止動員戡亂時期，意味台灣方面決定先單方面地表達終止敵對狀態的訊息。李登輝總統在1995年4月8日國統會致詞（即《李六條》）中曾經提出：「在最適當的時機，就雙方如何結束敵對狀態的談判，進行預備性協商。」[1]1996年在他就任第九任總統的就職演說中又再

---

[1] 〈李總統登輝先生在國家統一委員會第十次全體委員會議講話〉，收錄於行政院大陸委員會編印，《大陸工作參考資料合訂本》，第一冊，民

次提出呼籲：「海峽兩岸，都應該正視處理結束敵對狀態這項重大問題，以便爲追求國家統一的歷史大業，作出關鍵性的貢獻。」[2]二年後，李登輝總統又在1998年7月22日國家統一委員會第十三次全體委員會議致詞說：「海峽兩岸應以彼此對等、相互尊重爲原則，充分溝通、求同化異，在分治中國的現實基礎上，協商並簽署兩岸和平協定，結束敵對狀態，以促進兩岸和諧，維護亞太安定」。[3]

　　從台灣的角度來看，由於大陸當局漠視台灣方面展現的善意及兩岸同胞的權益，至今對台灣方面仍充滿敵意，使得有關「結束兩岸敵對狀態」的談判無法展開。

　　大陸領導人近年雖然也積極提出兩岸結束敵對狀態的主張，但是其前提是須在「一個中國」的原則下完成結束敵對狀態。在1995年「江八點」以後，1997年江澤民在「十五大」的政治報告中也重申：「我們每次鄭重呼籲：作爲第一步，海峽兩岸可先就『在一個中國的原則下，正式結束兩岸敵對狀態』進行談判，並達成協議，共同承擔義務，維護中國的主權和領土完整，並對今後兩岸關係的發展進行規劃」。[4]

國 87 年，頁 423-428。

[2]　〈李總統登輝先生當選中華民國第九任總統就職演説有關兩岸關係部分〉，收錄於行政院大陸委員會編印，《大陸工作參考資料合訂本》，第一冊，民國 87 年，頁 563-565。

[3]　〈李總統登輝先生主持國家統一委員會第十三次全體委員會議閉幕致詞〉，收錄於行政院大陸委員會編印，《大陸工作參考資料》。民國 88 年，頁 9-14。

[4]　〈中共國家主席江澤民在十五大發表政治報告有關對台部分〉，收錄於

　　兩岸對於終止「結束敵對狀態」當然都有期望。台灣方面希望能夠藉此使得中共放棄武力，兩岸和平相處；而大陸方面則希望一旦達成協議，將根據「一個中國」原則共同承擔義務，來確保國家領土主權的完整和不受外來勢力的侵犯，共同防止分裂國土的圖謀。「尋求和平」與「堅持一個中國」於是成為兩岸未來在協商結束敵對狀態時，必然會面臨到的必要的優先期盼與堅持。

　　雖然雙方都想「結束敵對狀態」，但是有關的會談總是無法開啟。值得爭議的，就是中共所說的「在一個中國原則」的前提下，什麼都可以談，是否包括了對「一個中國」的定義？「一個中國」本身是否就是個「終局設定」？「一個中國」原則，指的是否就是「一個中華人民共和國」的原則？中共表示並沒有設定任何立場，包括一個中國的內涵也可以談，但是中華民國政府認為中共「一個中國就是中華人民共和國」的原則從未鬆動過[5]，因而採取比較謹慎的態度。

　　行政院大陸委員會編印，《大陸工作參考資料合訂本》，第二冊，民國87年，頁505-507。

[5] 行政院大陸委員會，《關於中共「一個中國」策略之初步分析》稱：「最近幾個月來，中共相關人士不斷宣稱，其所謂『一個中國』只強調『中國只有一個，台灣是中國的一部分』，而從未說『中華人民共和國是中國唯一合法的政府』。並積極向我促銷，只需我方接受『一個中國』一詞，兩岸關係就可以恢復。這是中共所採較新的作法。值得重視的是，有少數人士認為這是中共對台政策上某種程度的善意回應，這些人卻忽視了直到目前為止，中共領導人在各種場合依舊提出中共當局代表全中國的說法，未曾改變。換言之，一旦我方無異議地接受了中

　　另一項使得台灣處於兩難的是，雖然「結束敵對狀態」
協議的簽訂，可代表兩岸和平相處，中共不應再使用武力威
脅，但是這也有可能表示台灣回到「一個中國」的框架，這會
否給予外界兩岸已是和平狀態的認定，中共是否會以此為理
由，要求美國回復到《八一七公報》的規範，盡快停止對台灣
的武器輸出。這些基本的互信不足，使得兩岸的政治性談判根
本無從開啟。但是長期的不對「結束敵對狀態」達成協議，都
會使得雙方付出政治與經濟成本，台灣是否會因而與中共漸行
漸遠，則也是中共所必須面對的問題。

　　另外，兩岸將來在簽署相關協議時，也必然會碰到一個
法律上的問題，即是這個協議的法律性質為何？它是否只是
「內戰」後兩個交戰團體所簽署的正式文件，並不具國際法性
質；還是在法律意義上與一般兩個國家所簽訂的「協定」或「條
約」相同的國際法文件；或者是一種兼具國際法與國內法性質
分裂國家間的一種「內部關係」文件，這些問題也需要進一步
的思考。

二、美國對兩岸互動立場的轉變

　　美國對於在兩岸互動中應採取何種角色與立場，其轉變

共這項建議，他們就可以在國際間宣稱：除了一百多個國家『承認』
中共代表中國外，台灣也『接受了她的主張』。此一撕毀兩岸兩會在
民國81年11月獲致『一個中國、各自表述』共識的翻新手法，我們應
予以重視。」（民國85年12月）

並非無痕可尋。從 1980 年代起，美國的態度基本上可分為三個階段。

第一階段是「不介入期」。最能代表美方早期對兩岸立場的聲明，可回溯到 1982 年美國與中共簽署《八一七公報》前的 7 月 14 日，當時美國向台灣表達六項保證[6]，這六點保證傳達了一項重要的訊息，即美國在軍售案中除了作為客觀的平衡者外，也保證在兩岸中作為客觀的觀察者，不介入作兩岸的調停者，也不向台灣施壓走向談判桌。美國這個態度一直持續到 1987 年，其間並無改變。

第二階段為「鼓勵交流期」。1987年3月美國國務卿舒茲（George P. Schultz）在上海表示，「我們歡迎有助於緩和台灣海峽緊張情勢的發展，包括間接貿易與日益頻繁的民間交流在內。我們堅定不移的方針是促進一個有利於這種發展繼續發生的環境」。[7]

在舒茲發展談話的幾個月後，1987 年 10 月 14 日，中華民國政府開放民眾赴大陸探親，不知是否也有受到美國政策的

---

[6] 這六點保證為：(一)美國並未同意在對台軍售上設定結束日期；(二)美國未同意中共要求就對台軍售事，事先與其磋商；(三)美國無意扮演任何台灣與中共間調人的角色；(四)美國將不同意修改《台灣關係法》；(五)美國並未變更其對台灣主權的一貫主張；(六)美國無意對台灣施加壓力與中共進行談判。引自中華民國對美與中共《八一七公報》之聲明全文。

[7] Secretary George Shultz at a Banquet in Shanghai on March 5, 1987, *U.S. Department of State Bulletin* (May 1987)。見《美國月刊》，第2卷第1期（民國76年5月），頁110-117。

影響，但可確定的，美國這項鼓勵兩岸交往的政策一直持續到冷戰後都沒有改變，預期以後也不會有變化，而差別在於美國會採用多強烈的字眼以促使台灣與中共的接觸，美國是否會間接或暗示地促使台灣走向談判桌。[8]

　　第三階段是「建議兩岸進入政治協商期」。美國態度第三次的重大改變是在 1998 年開始。在經歷了 1995 年李登輝總統訪美、1996 年中共對台灣周邊飛彈試射、1997 年美國與中共建立「建設性戰略夥伴關係」後，美國對於台灣在台海與亞太安全中可能的角色有了不同的認知。不論美國對台灣的認知是否完全正確，但是以美國國務院為主的主流意見，認為兩岸「現狀」的不確定性，不只會影響到亞太安全，更會影響到美國與中共「建設性戰略夥伴關係」的亞太布局。「中程協議」（interim agreement） 的意見也就是在這種思維下產生。簡單地說，美國所主張的「中程協議」並不是希望兩岸對「現狀」的延續，而是以雙方共有的協議創造一個「新的現狀」（new *status quo*），使得兩岸未來關係能夠和平發展，亞太地區安全也可以因此減少一個可能的引爆點。

　　自 1998 年以來，美國已有愈來愈多的前任官員或主流學者來台傳播訊息，例如奈伊（Joseph Nye）、李侃如（Kenneth Lieberthal）等等，多建議台灣及早展開與北京的政治談判。

8　有關美國在冷戰末期支持兩岸開啟良性互動的看法，可詳閱張亞中、
　　孫國祥，《美國的中國政策：圍堵、交往、戰略夥伴》（台北：生智，
　　1999年），頁70-72。

1999年3月24日，美國國務院助理國務卿陸士達（Stanley Roth）在華府威爾遜國際學者中心，以《台灣關係法》二十周年為題的研討會中演說時指出，台海兩岸在美國不介入的情況下，或許可以在若干困難的議題上達成「中程協議」。他稍後在答覆問題時補充，兩岸在「沒有協議」和「完全協議」之間可以有許多「中程協議」，但他這個說法不代表美方提出具體建議，只是「反映常識」。他強調，美國很重視不扮演調停人的承諾，不會向兩岸任何一方提出具體建議。[9]

美國在台協會台北處長張戴佑（Darryl N. Johnson）4月9日在出席中央研究院歐美研究所舉辦的「台灣關係法二十年」學術研討會時，在表示歡迎兩岸持續辜汪會談等良性互動外，更以書面聲明表示：「我們也同樣希望，再次借用陸士達先生的話，以兩岸人民的創意可以達成一些中程協議（interim agreements）[10]，也許是針對一些兩岸分歧的議題採取一些建

---

[9] 中國國民黨大陸研究工作會，《大陸情勢雙周報》，第 1309 期，民國 88 年 4 月 7 日，頁 21。

[10] 用單數來表示 "interim agreement" 與用複數來表示 "interim agreements" 在中文的翻譯中均譯為「中程協議」或「過渡性協議」。如果仍要細分，舉東西德的例子為例，1972 年東西德所簽署的《基礎條約》，在西德政府看來，這是一個 interim agreement，爾後依據這個《基礎條約》所後續發展的一些如交通、貿易、互訪等「事務性」協定、備忘錄，都可統屬於 interim agreements 的範圍，對西德政府而言，這些都是未來「最終決定」前的一些協定與備忘錄，與外國間所簽訂的一般性協定仍是不同。美國在討論兩岸間的「中程協定」時，雖然有時用單數，有時用複數來表達，筆者個人認為，應該都包括了希望指兩岸間能有一確定彼此關係定位與互動依據的「政治性」協定，雖

立互信的措施」。[11]

　　在同一場研討會中，美國的中國問題專家何漢理（Harry Harding）也以書面文章提出兩岸應簽署「臨時協定」（*Modus Vivendi*）的建議。[12]這已明確地表徵著美國希望兩岸在現有的互動中，建構一個雙方都能接受的框架，以減低「台灣議題」未來對美中關係的干擾。

　　4月14日，美國亞太副助理國務卿謝淑麗（Susan Shirk）在國會中的證辭，再度作類似意涵的表達，並表示美國雖不應做兩岸的調停者，但是應作為兩岸和平方式解決的貢獻者。[13]

然有時以複數表達，但是其意應該不只是指兩岸簽署的一般「事務性」協議的總稱。

[11] 當然，在最後，張戴佑先生仍然以外交官的言語，並重申美國政策的一貫立場：「為免各位驟下結論，認為這代表美國的一些新提議，讓我向各位保證，美國絕無此意；美國無意扮演北京和台北之間的調人；兩岸之間的問題必須由雙方以相互可以接受的方式自行解決。我們不變的利益是，這些歧見應以和平的方式來化解」。但是張戴佑先生的這番言語的補充，正凸顯了「中程協定」這個主張，是美國想要台灣準備去思考的。Address by Darryl N. Johnson, to the Conference on U.S.-Taiwan Relations: Twenty Years after The Taiwan Relations Act, April 9, 1999, *Text File, BG-99-5*, American Institute in Taiwan.

[12] Harry Harding, "Toward a Modus Vivendi in the Taiwan Strait," International Conference on U.S.-Taiwan Relations: Twenty Years after the Taiwan Relations Act, sponsored by the Institute of European and American Studies, Academic Sinica, April 9-10, 1999.

[13] Susan L. Shirk, Before the House International Relations Committee, Subcommittee on Asia and the Pacific, "The Taiwan Relations Act at Twenty", April 14, 1999.

美國方面各種過渡性協議主要的內容比較詳見**表 1-1**。

　　一個多月後，5 月 17 日，台灣海基會董事長辜振甫公開回應，認爲兩岸應就攸關雙方人民利益之事務，如遣返大陸偷渡客、劫機犯、漁事糾紛、打擊犯罪等課題盡速簽署多項中程協議。[14]

三、過渡性協議的法律性質與重要內涵

　　從上述各方發言的內容來看，彼此間對兩岸間應該有個「協議」有所論述，但是對這個或這些協議的內容與本質則有不同的看法。

　　「過渡性協議」（interim agreement，有譯爲「中程協議」）[15]、「臨時協定」(*Modus Vivendi*)、「和平條約」（Peace Treaty）、「結束敵對狀態」等協議，在法律與政治上意涵上有不同的差異。「和平條約」多是指戰後交戰國所訂條約，用以處理戰後的領土、主權或其他相關權利與義務的事項。「和平條約」與「中程協議」、「臨時協議」的「過渡性質」不同之處在於，「和平條約」是一個「終局性質」的條約。在兩岸的事務上，「和平條約」所代表的意義將可能是兩岸分裂的永久確定。而「中程協議」或「臨時協定」的簽訂在法律的意涵上，則是表示雙

---

[14] 《聯合報》，民國 88 年 5 月 19 日，版 1。

[15] interim agreement 一般通譯為「過渡性協定」，但近年來在國內已多約定俗成地使用「中程協定」作為翻譯。本文亦隨俗地並用此兩譯名。

表 1-1 美國方面各種過渡性協議主張之內容比較

提出者	用　詞	提出時間	主要內容
李 侃 如 Kenneth Lieberthal	Interim agreement	1998 年 2 月	・雙方同意簽訂五十年的過渡協議（interim agreement），屆滿雙方展開有關政治統一的正式談判（formal talks）。只有當雙方皆出於自願時，才可以將上述日期提前。 ・雙方同意，在此一過渡時期台灣和中華人民共和國皆存在於「一個中國」之內，彼此的關係既不屬於兩個排他的主權體，也不屬於中央與省的關係，而是「台灣海峽雙邊」，任何一方都不挑戰國家的基本統一。 ・台灣方面明示它是中國的一部分，也不宣稱「法律上」（de jure）的獨立。 ・中華人民共和國明示並不使用武力對付台灣。 ・在接受前述四項承諾的限制下，雙方同意在過渡時期在國內事務與外交政策上保有其自主權（autonomy）。 ・同意展開高度政治層級的談判(talks)以降低衝突提高互信。這些談判包括：(1)台灣的軍購，可能與中共軍力部署的議題掛勾。(2)開放雙方有關貨物及勞務的市場。(3)建立雙方人民之間各方面的直接接觸。 ・雙方同意，為了進一步降低緊張，將「中華人民共和國」改為「中國」，將「中華民國」改為「台灣、中國」（或類似用語），在過渡時期可以用「大中國」來指涉中國的兩個部分。 ・為了確保協議能夠實施，兩岸應該成立某種形式的共同機構來監督或實行這些協議。

（續）表 1-1 美國方面各種過渡性協議主張之內容比較

提出者	用　詞	提出時間	主要內容
奈　伊 Joseph S. Nye	未明	1998年3月	・美國應該明白宣示，其政策是「一個中國」和「不使用武力」，如果台灣宣布獨立，美國將不會承認，也不會協助防衛，美國將促使其他國家也不要承認台灣的獨立。 ・台灣方面明確否定宣布獨立的念頭，則北京也將不會反對給台灣更多的國際生存空間，台北明確表示台灣是中國的一部分，就將獲得更多在國際上表達意見的機會。擴大到「一國三制」，使台灣可以真正維持自己的政治、經濟和社會體制。 ・要求台北明確表示放棄任何走向獨立的運動，加強兩岸間的對話，並增加與大陸方面的投資與人員交流。
陸士達 Stanley Roth	Interim agreements	1999年3月	・美國對兩岸人民的創意有很大的信心，兩岸可透過必要人員的交流最自然的過程使對話有意義，此一對話或許有助於雙方在任何困難的議題上達成一些過渡協議。 ・美國一向堅持在兩岸和平解決歧見的情形下，避免干預。 ・在「沒有協議」與「最終協議」之間，雙方可以簽署各種過渡協議。
		1999年6月	・僅僅在兩岸關係的細節上達成一些技術性的協議，並不足以大幅改善雙方的關係，或者激發信任、信心，和為這個關係更多進展來布局。 ・在缺乏信任和信心的情形下，要期待兩岸的問題能在今年的會議中（指汪道涵訪台，舉行辜汪會談）達成全面的解決，時間似乎尚未成熟。 ・台海雙方可以就「高於技術性議題，低於全面性解決」的重要議題，尋求達成過渡性協議。 ・在兩岸議題上，美國不會扮演調停者、談判者、中間人等角色。

（續）表 1-1 美國方面各種過渡性協議主張之內容比較

提出者	用　詞	提出時間	主要內容
何 漢 理 Harry Harding	Modus vivendi	1999年4月	·兩岸相互提出保證，即中共不武，台灣不獨。 ·兩岸展開全面交流包括通航在內。 ·在台灣不單方面宣布獨立的前提下，提升台灣在國際社會的角色。 ·持續兩岸之對話，利用第二軌道探討包括雙方可接受之各種模式下最終統一之可能性。此一對話台灣方面應包含各主要政黨代表。 ·兩岸應建立軍事互信機制。 ·此一臨時協議的創立(特別是只要台灣不片面宣布獨立，中國大陸就承諾不對台動武)，將容易讓美國在軍售台灣方面有所節制，尤其是 TMD。

資料來源：羅致政，〈美國對兩岸過渡性協議的主張與看法〉，《國策專刊》，1997/07/15，頁20（本文3-6）。

方經由協議的簽署，而達到一個互相能夠接受的共識，並在此共識上發展雙方的友好關係。因此，在國際法的意義上，「中程協議」或「臨時協定」的簽署，並不會隱含著兩岸的問題已經完全解決，簡單地說，統獨問題仍然沒有解決。

對台灣的一些主政者來說，理想的「中程協議」只是一個過渡性的架構，最好不要有明確終局的設計。如果內容含有對終局架構的設計，是與民進黨的基本理念相違的。國民黨可能也只是希望在這個過渡性的中程協議中，最多表達出對追求統一的承諾而已。但是由於中共對「一個中國」的堅持與解釋，

使得國民黨也幾乎沒有辦法去迴避這個問題。

「臨時協定」望文生義即可知它不是一個永久性的協定，有其效力的時間性，或凸顯其本身的法律性質與其他國際協議的不同。依照國際法學者史塔克（J. K. Stark）的解釋，它「意圖爲以後爲一個較永久且更詳細的協定所代替。它通常是相當非正式的方式形成，而且不需要批准」。[16]如此重要臨時協定，我們很難想像在台灣會可以不需要經過批准程序。要簽署一個爲兩岸共同遵守的「臨時協定」，在台灣是需要有相當大的共識。

但是在現實政治上，「臨時協定」批准的過程可以相同於一般的「正式協定」處理，而將它視爲一個政治需要上的產物。例如，1972 年東西德簽署《基礎條約》，當時的東德認爲這是一個與一般國際條約無異的「正式條約」，但是西德政府卻認爲它只是個「臨時協定」的性質，並不是個永久的條約。1972年西德眾議院在批准與蘇聯及波蘭簽署有關德國東邊疆界時的《莫斯科條約》及《華沙條約》時，也表明這兩個條約只是個「臨時協定」，「並不能爲今日現存之疆界取得法律基本地位」。[17]

美國在台協會處長張戴佑所稱的「中程協議」是以複數

---

[16] 例如僅由談判全權代表認可，或署姓名字首但不簽字 "initialled without being signed"．J. K. Stark, *Introduction to International Law,* 8th edition (London: Butterworths, 1977), p.465.

[17] 張亞中，《德國問題：國際法與憲法的爭議》（台北：揚智，1999 年），頁 254。

來表達，用以表示兩岸間宜簽署一些有助於建立互信的措施的協議。

　　美國亞太助卿陸士達與何漢理的「臨時協定」建議中，最重要的一點就是雙方要有一套相互保證的文字，即兩岸同時在這個協定中承諾：「台灣不宣布獨立，大陸不對台使用武力」。基於這個協定只是臨時性的，美國的建議，其實是如同當時西德對東西德關係的看法一樣，認爲這是兩岸未來「統一」前的一個過渡協定，以爲雙方的善意互動形塑一個架構。[18]

　　海基會董事長辜振甫所稱的「中程協定」，使用的是複數的名詞，表達出台灣方面所稱的「中程協定」並不是以一個政治性的協定作兩岸關係的新定位或新始點：「不應該只是一個凌空的大架構，需要一點一點的累積以充實其內容，就好像金字塔一樣，一塊一塊磚砌上去，根基才會穩固」。[19]台灣方面所主張的「中程協定」其實就是一連串的事務性協議，其目的在建立與鞏固雙方交流秩序，而不觸及兩岸的法律定位問題。這也是中華民國政府從開放兩岸交流以來，一直所主張的立場，只是這一次是用了美國所使用的述語來表達。

　　如果未來的「中程協議」只是個事務性協議的綜合體名稱，本文認爲這不應歸類爲「中程協議」的範疇，而只是「事

---

[18] Harry Harding, "Toward a Modus Vivendi in the Taiwan Strait," International Conference on U.S.-Taiwan Relations: Twenty Years after The Taiwan Relations Act, sponsored by the Institute of European and American Studies, Academic Sinica, April 9-10, 1999. P.8.

[19] 《聯合報》，民國 88 年 5 月 19 日，版 1。

務性協議」的範圍。「事務性協議」，如 1993 年兩岸簽署的辜
汪會談四項協議，通常是不需要立法機關的通過，而由行政機
關依法執行。這類的協議，通常是在一個規範兩岸法律定位關
係後廣泛地衍生。正如同東西德在 1972 年簽署《基礎條約》
後，隨即開始了簽訂一連串的雙邊協定或自行依條約制訂一些
規則、辦法等。本文要討論的是規範未來「事務性協議」基礎
的「過渡性協議」，而非前者本身。

　　換言之，如果兩岸要能正常化地發展雙方的關係，一個
規範兩岸基本關係互動的「過渡性協議」是必要的。基於清晰
定位該協議的性質與避免用語的模糊性，本文以《兩岸基礎協
定》作爲這個涵蓋「中程協定」、「臨時協定」、「過渡性協議」
語意的代名詞。[20]

　　從東西德和歐洲和平的經驗來看，所謂的「過渡性協議」
（包括東西德的《基礎條約》），有兩點是必然會包括的。第一
是「不使用武力，或以武力威脅」原則；第二是「尊重現狀」
原則，而此原則往往又是最難達到共識的，因爲雙方爭議的「現
狀」往往是因爲以往的戰爭衝突而形成的，彼此一定是對「現
狀」有不同意見，才會無法達成關係正常化的目標，因此在彼
此對「現狀」歧異的看法中，找尋到共識，是過渡性協議中最
難、但也是最重要的條件。歐洲國家也就是在對歐洲的戰後現
狀達成共識後，在 1970 年代才完成了全面性的和解。

　　美方的建議中，有一個不知是刻意或是無意忽視的地

---

[20] 在走訪中國大陸時，有大陸學者建議用「兩岸和平相處協定」名稱。

方，就是兩岸的定位問題。這或許是美方刻意不願表達意見，以免落入干涉兩岸主權之實。當然也有可能是美國尚未全面性地思及；還有的可能就是，美國認為，美國早已為兩岸的「應有現狀」作了足夠清晰的表達。在討論如何達成對兩岸「現狀」的共識前，有必要了解一下各方對兩岸「現狀」的看法。

第二節　對兩岸「現狀」認知的差距

從 1949 年起迄今，就國際法而言，兩岸的國家性質並沒有絲毫的改變，都是擁有人民、領土、政府及與其他國家交往的能力，但是對於兩岸的「政治現狀」認知則有著相當不同的改變。對於兩岸的「現狀」為何？美、中、台、其他國際社會四者間有不盡相同的看法。如果各方都一直堅持自己的看法，則《兩岸基礎協定》根本無法達成。在討論一個可被接受的《兩岸基礎協定》前，有必要先將四方的看法作一描述分析。

一、美國對兩岸「現狀」的認知

從1970年代起，美國對兩岸關係的定位「現狀」有著四次有意義的改變。

第一階段，1972年的《上海公報》中，美國對「一個中國」的看法為：美國表示「認識到（acknowledge）在台灣海峽兩邊的所有中國人都認為只有一個中國，台灣是中國的一部

分」，美國對於兩岸的這個立場「不提出異議」。美國「不提出異議」的含義在於這是兩岸中國人自己的事，美國沒有必要、更沒有權力表示異議。

中共在《上海公報》中，將「一個中國」原則作了引申。表明「堅決反對任何旨在製造『一中一台』，『一個中國、兩個政府』，『兩個中國』，『台灣獨立』和鼓吹『台灣地位未定論』的活動」。美國對於中共從「一個中國」所引申出來的這項自我表述，在公報中並沒有給予回應。可以說，這個時候，美國與中華民國仍維持外交關係，在兩岸關係定位的立場上，還是站在台灣這邊的。

第二階段，1979年的《建交公報》中，就美國的英文版本而言，美國政府雖然「承認中華人民共和國是中國的唯一合法政府」，但還是僅「認識到（acknowledge）中國的立場，即只有一個中國，台灣是中國的一部分」。但是同樣一份《建交公報》，中文版本卻是寫成，美國重申「承認中國的立場，即只有一個中國，台灣是中國的一部分」。英文文件雖然用的是"acknowledge"，中文卻用的是「承認」，美國在簽署《建交公報》時，也沒有對這種不同法律意義的文字敘述表示異議，使得未來在解釋公報約束力時，保留了政治需要的空間，也就是「承認」與「認識到」可以是一樣，也可以是不一樣。

美國從《上海公報》到《建交公報》，已默許中共將"acknowledge"從原本的「認識到」譯文轉用「承認」一語表明，應該算是美國的一個讓步與中共的成功。

　　第三階段，1982年的《八一七公報》中，中共重申「台灣問題是中國的內政」原則。美國政府也「重申，其無意侵犯中國的主權和領土完整，無意干涉中國的內政，也無意追求(no intention of pursuing)『兩個中國』或『一中一台』的政策」。這是第一次美國將「無意追求」「兩個中國」或「一中一台」寫入了與中共的聯合公報。從《上海公報》的中共單方表述，到《八一七公報》的美國接受了中共的部分看法，可以算是美國的再一次讓步。

　　就語意上而言，「無意追求」表達出美國默認中共的說法，但本身採節制作為，而「不支持」則強烈隱含著立場的表述，表示美國對已經成形政策的一種宣示。在冷戰期間與冷戰後，美國一直堅持著不使用「不支持」文字的立場，但是到了1995年以後，在中共的壓力下，也棄守了這個立場。

　　雖然在《上海公報》與《建交公報》中，美國都沒有反對台灣是中國一部分的看法，但是在《台灣關係法》中，美國仍將台灣作為一個國家來看待。[21]

　　第四階段，冷戰後，隨著台灣的經濟發展與民主化，柯林頓總統上台後表達了全面檢討對台關係的意願。自1993年

---

[21] 《台灣關係法》第四條第B項稱：「當美國法律中提及外國、外國政府或類似實體，或與之有關時，這些字樣應包括台灣在內，而且這些法律應對台灣適用」；「依據美國法律授權規定，美國與外國、外國政府或類似實體所進行或實施的各項方案、交往或其他關係，美國總統或美國政府機構獲准，依據本法第六條規定，遵照美國法律同樣與台灣人民進行或實施上述各項方案、交往或其他關係」。

起，美國開始1979年以來的首次全面評估與台灣的關係。直至
1994年9月底評估結果出爐，對台政策作了一些調整，包括將
「北美事務協調處」改爲「台北經濟暨文化代表處」、允許美
國高層官員訪台、我高級官員可進入美國政府機構、美在台官
員可進我外交部洽公、我高層領袖可過境美國等等。另一方面
美國也表示「不支持台灣進入聯合國」。但是美國「認識到台
灣在一些國際問題上可以正當地發揮作用（recognize that
Taiwan has a legitimate role to play in a number of international
issues），讓適當的國際組織聽到台灣的聲音，是符合國際利益
與我們的利益」，於適當時機支持台灣加入不需主權國家地位
的國際組織，並設法使台灣在無法以國家身分參加的國際組織
中表達意見。美國對於聯合國等僅以國家身分爲會員的國際組
織，不支持台灣參加。[22]

　　這些變化中最重要之處，是美國允許在一定程度上和級
別上與台灣官方接觸，也支持台灣加入非官方國際組織，此對
於提升台灣的國家屬性及國際地位都有相當助益。但是美國公
開表示不支持台灣加入以主權國家爲資格的組織，這將使得台
灣在追求加入聯合國、世界銀行、國際貨幣基金會等國際組織
事務上，無法得到美國政府的支持。這種明白的宣示美國立
場，也等於爲美國對「一個中國」、「中華人民共和國政府是中
國唯一的合法政府」，及美國與台灣關係的立場再作了一次定

---

[22] "Adjustments To U.S. Policy Toward Taiwan Explained," Transcript:
Background Briefing at the State Department, September 9, 1994.

位。

　　我國自1993年起積極尋求進入聯合國，美國國會雖然通過決議案支持我國加入[23]，但是美國行政部門的態度並不表示支持。1995年6月27日，美國國務院發言人伯恩斯(Nicholas Burns)就台灣加入聯合國事答覆記者稱：

　　「依據聯合國憲章第四條，只有國家才有資格進入聯合國。美國與大多數聯合國成員國不承認台灣是一個國家。美國承認中華人民共和國為中國唯一的合法政府，這是自1979年以來美國歷屆政府一再重申的一項政策決定。我們認識到中國的立場，即只有一個中國，台灣是中國的一部分。……我們將繼續奉行一個中國的政策。因此，我認為這是處理這一問題的依據」。[24]

　　1998年6月30日，美國總統柯林頓在上海公開了由「一個中國」所衍生的「三不政策」——不支持台灣獨立、不支持「一中一台與兩個中國」、不支持台灣參加以國家為主體的國際組織。這是美國總統首次在公開場合中，表示美國的「三不政策」。他說：

---

[23] 例如1995年4月7日，美國眾議院通過第六十三號決議案，以十四項理由說明美國應該支持台灣加入聯合國。張亞中、孫國祥，《美國的中國政策》（台北：生智，1999年），頁149-152。

[24] U.S. Department of State, 95/06/27 Daily Press Briefing, Office of the Spokesman.

「我有機會重申我們的對台政策，即我們不支持台灣獨
立或兩個中國、一中一台，而且我們也不主張台灣在任
何成員須以國家名義為入會條件的國際組織中取得會
籍，我們的政策是一貫的」。[25]

在「三不」的談話後，美國對兩岸「現狀」的立場已經
很明確，美國向中共作了政治性的允諾，「三個不支持」是美
國對兩岸「現狀」的框架。在這個框架中，美國無論是用「認
識到」或「承認」等字眼來敘述台灣是中國的一部分，已經沒
有多大的政治性差別。

美國對「現狀」的認知其實已很清楚，台灣是一個獨立
自主的政治實體，但是美國基於政治現實，卻不願對台灣作國
際法上國家的承認。美國雖然對台灣是中國的一部分的說法不
表示反對，但是美國卻將台灣視為是一個獨立在中華人民共和
國之外的政權。

1999 年 5 月 25 日美國聯邦上訴法庭的裁決可以視為美
國司法部門對行政部門立場的支持。該裁決稱，中共雖然是《華
沙公約》（國際航空運送統一若干規則公約）的簽約國，但其
簽約國的法律地位無法自動將台灣涵括在內。美國司法部在對
上訴法院的簡報中，重申其對台灣地位的立場，即美國不承認

---

[25] Remarks by the President and the First Lady in Discussion on Shaping China for the 21st Century, Shanghai Library, Shanghai, People's Republic of China, June 30, 1998. Available from http://www. whitehouse. gov/WH/New/China/speeches.html

台灣爲一個國家，但就國際條約事務而論，台灣實際上是個獨
立於中共的實體。[26]

　　美國在兩岸的定位問題上，其實也掉進了國際法與國際
政治的兩難陷阱。一方面在外交政策上確立「一個中國」，「不
承認台灣爲一國家」的原則，但是在另一方面又無法在行政政

---

[26] 此案原委是：Gemtronics 公司的電腦晶片包裹由台灣明台產物保險公
司承保，於 1995 年 3 月委由優比速（UPS）快遞公司自台灣運送到加
州時遺失，明台產物要求賠償貨款八萬三千美元，但是優比速公司認
爲，該公司與貨主所訂的標準運送合約中，已載明財物損失的傷害賠
償限於一百美元。美國一個地方法院同意優比速公司的說法，迫使明
台公司向美國第九巡迴法院上訴。明台產物公司試圖援引 1929 年各
國簽訂的《華沙公約》爭取勝訴，該約爲國與國間飛航行爲所造成的
財物損失及人員傷亡訂下賠償標準。此時，台灣的地位問題迅速成爲
這場爭執的中心，因爲台北方面並沒有參與簽訂《華沙公約》，北京
卻有簽署。
中共駐美大使館曾爲此案，在 1998 年 10 月致函美國國務院表示「嚴
重關切」。信中稱，「中國的國際承諾涵蓋中國領土的每一部分」，「否
認中華人民共和國所簽條約的效力可及屬於中國領土一部分的台
灣，這在國際法來說並無法律基礎」。不過，美國第九巡迴法院審理
此案的三位法官並不同意中共大使館的看法。該院說，美國儘管官方
有「一個中國」政策，但是目前美國政策在談及國際條約時，清楚地
區分北京和台灣有所不同。該院還說，若是法院在外交關係問題上背
離行政部門的觀點，「就是對政治領域的侵犯」。該法院還說，先前並
無案例假定美國在政策上把台灣當成「隸屬於任何一個中華人民共和
國所簽條約的中方」。審理該案的三位法官說：「我們也不會做此假
設」。他們說：「但我們提出警告，此項判決並非非決定台灣的地位，相
反地，我們只是承認並服從美國政治部門的立場——台灣並不因中國
嚴守《華沙公約》而受此約束。」（《聯合報》，民國 88 年 5 月 27 日，
版 1，3）。

策上否認台灣是不屬於中共的一個政治實體。美國的這種兩難，使得美國在兩岸未來的互動中，雖然會基於本身的利益作適當的「介入」，但是在「介入」時，又無法有一完整的法理依據，再加上中共在聯合國安理會中的地位，也使得美國在兩岸事務上的影響力有其先天的局限，而無法像美國在介入其他地區的衝突時，顯得理直氣壯或師出有名，這也凸顯了台灣在兩岸事務中依賴美國的不可靠性與不確定性。

二、國際間對兩岸「現狀」的認知

1949年中共在大陸獲得政權後，即以其代表中國法統政府以及主張台灣是中國的一部分。

在中華人民共和國政府成立的前兩天，「中國人民政府協商會議」通過「共同綱領」，其中第五十六條即申明：外國政府倘欲與中共政府建交，必須斷絕與中華民國的關係。由此可知，中共政府在宣告正式成立前，即已經確定其在國際雙邊關係上，採行「誓不兩立」的政策。[27]中華民國政府遷台後曾力倡「漢賊不兩立」的理念，固為其基本政策，但是何嘗不是對中共方面遂行「誓不兩立」政策的反應。

中共在1970年以前與各相關國為建交事所發表或簽署的

---

[27] 國立政治大學國際關係研究中心，《中共於國際雙邊關係中對台灣地位等問題的主張之研究（1949 年 10 月－1996 年 3 月）》，民國 85 年，頁 4。

文件中，雖然沒有「台灣法律地位」問題的條款，但絕非是中共對此有所輕忽。因為當時中共認為中華民國之所以能夠續留在聯合國是由於美國的操縱，又認為美國對台灣的協防是對中國領土的侵略，故中共經常在其他場合向各國或各國共同就台灣地位問題表示主張，如雙方領導人在國事訪問中發表的聲明等，其用語有如：「○國與中共譴責美國之武裝侵略中國領土台灣」「○國支持中華人民共和國有關解放台灣之鬥爭及其對『兩個中國』之立場」。[28]

　　約在1960年代末期起，中共將其對台灣地位問題的主張列入與各國相關的談判建交的重點之一。基本上可以分為兩類。第一類是以「承認（recognize）台灣是中國（或中華人民共和國）領土不可分割的一部分」的國家。[29]第二類是以其他文字表述對台灣地位問題的看法。第二類又分為下列幾種：[30]

　　(1)「注意到（take note of）台灣是中華人民共和國領土
　　　　不可分割的一部分」。例如，加拿大、義大利、智利、

---

[28] 同前書，頁 120。

[29] 例如：馬爾地夫、幾內亞比索、尼日、波扎那、約旦、葡萄牙、安地卡及巴布達、安哥拉、賴索托、玻利維亞、尼加拉瓜、那米比亞、愛沙尼亞、拉脫維亞、立陶宛、汶萊、哈薩克、塔吉克、吉爾吉斯、土庫曼、以色列、摩爾維亞、亞塞拜然、亞美尼亞、斯洛維尼亞、克羅埃西亞、喬治亞、捷克、斯洛伐克、厄利垂亞、馬其頓、安道爾、摩納哥、波士尼亞－赫塞哥維納等國。

[30] 以下相關的八種不同分類係作者取自《中共於國際雙邊關係中對台灣地位等問題的主張之研究（1949 年 10 月－1996 年 3 月）》（國立政治大學國際關係研究中心）一書，並經自行整理列成。

比利時、秘魯、黎巴嫩、冰島、馬爾他、阿根廷、希
臘、巴西、厄瓜多爾、哥倫比亞、象牙海岸等國。

(2)「注意到（pay attention to）台灣是中華人民共和國領
土不可分割的一部分」。例如，聖馬利諾。

(3)「認為(hold) 台灣是中華人民共和國領土不可分割的
一部分」。例如，獅子山共和國。

(4)「充分理解和尊重」（fully understand and respect）中
共所稱「台灣是中華人民共和國領土不可分割的一部
分」。[31]例如，日本、菲律賓等國。

(5)「認識到（acknowledge）台灣是中華人民共和國領土
不可分割的一部分」。例如，紐西蘭、西班牙、泰國、
斐濟、塞席爾、約旦等國（惟中文文本均用「承認」）。

(6)「認識到（acknowledge）台灣是中國的一部分」。例
如，美國（中文文本用「承認」表述）。

(7)「支持（support）台灣是中國領土不可分割的一部分」。
例如，白俄羅斯。

(8)「尊重（respect）只有一個中國及台灣是中國的一部
分」。例如，南韓。

　　上述的種種不同表述方式，的確迴避了國際法的一些問
題，但是不可否認地，這些表述的存在，正足以證明，有關台
灣地位的確是一個政治問題而非法律問題。

---

[31] 〈中華人民共和國政府和日本國政府聯合聲明〉，《中華人民共和國條
約集》，第19集（1972年）（北京：人民出版社，1977年），頁6-8。

　　在有關兩岸的定位問題上，其他西方大國，如英、法、德等國對於兩岸的關係，基本上是持「一個中國」政策，即承認中華人民共和國政府是中國的唯一合法政府，並不支持中華民國加入聯合國，但均與台灣發展非官方關係。總體而言，是追隨著美國的腳步，並無特殊之舉。而且近年來隨著中共的國力日漸壯大，西方國家對中共的讓步愈多。例如，法國曾因1991年秋批准出售軍艦、1993年初又同意出售幻象戰機予中華民國，而使得法國與中共的關係不佳。在法國欲與中共改善關係後，1994年1月12日雙方發布聯合公報，法國不只「承認」中共是中國的唯一合法政府外，更「承認（reconait）台灣是中國領土不可分割的一部分」。[32]

　　整體而言，國際間對兩岸「現狀」的認知是不利台灣的。雖然表述方式不同，但普遍接受台灣是中國一部分的看法，並在政治上承認中華人民共和國政府是中國的唯一合法政府，而並不在國際法上承認台灣是一個國家，而僅將台灣視爲一個政治實體，並在此基礎上與台灣發展非官方的關係。在可見的將來，這個趨勢似乎並不會改變，這也使得在未來兩岸之間的可能爭議中，國際間能夠介入的法理依據很薄弱。

---

[32] 國立政治大學國際關係研究中心，《中共於國際雙邊關係中對台灣地位等問題的主張之研究（1949 年 10 月－1996 年 3 月）》，頁 38。

三、中共對兩岸「現狀」的認知

中共對現狀的解釋:「從 1949 年新中國成立到 1971 年聯合國恢復中華人民共和國的合法席位長達二十二年之久。新中國成立初期同台灣有所謂『外交關係』的國家很多,同中國建交的國家少。1972 年到現在又過了二十六年,現在同中國建交的國家達到一百六十二個,同台灣保持關係的國家很少了,只有二十多個。這並不是大陸打壓造成的,而是客觀情勢的必然結果,這種趨勢今後還會發展」。[33]

在民族面與法律面方面,中共堅持「一個中國」、「台灣是中國的一部分」是兩岸目前的「現狀」,也是未來必須的「終局狀態」。

在制度面方面,中共並不接受台灣以民主制度為理由的訴求,中共認為:「自由和民主一直是中國共產黨人的理想與追求。1921 年中國共產黨成立以後,就為自由、民主的新中國而拋頭顱、灑熱血,前仆後繼,英勇犧牲。民主是一個相對的概念、具體的概念,不是抽象的概念、原則的概念。世界是豐富多采的,讓世界都只採取一種民主模式,是絕對不可能的,本身也是不民主的。不同的地區、不同的國家,都因不同

---

[33] 〈台灣問題參考口徑〉,中共中央台辦主辦的內部刊物《台灣工作通訊》,1998 年 12 月開闢〈台辦熱線〉專欄,刊登提供涉台幹部宣傳的統一口徑。引自中國國民黨大陸工作會,《大陸情勢雙周報》,第 1306 期,民國 88 年 2 月 24 日,頁 38-41(41)。

經濟發展水平、不同歷史文化背景，選擇適合自己的民主方式。我們與台灣的分歧，不是所謂要不要民主之爭，而是要不要維護國家主權與領土完整，是分裂還是反分裂問題」。[34]

中共並且認為，台灣並無權以「公民投票」的方式來改變兩岸間的「現狀」。中共認為，台灣是中國領土的一部分是一個將永遠持續的「現狀」，台灣不是一個獨立的國家，根本不存在更改國號而舉行公民投票的問題，公民投票根本不適用於台灣，因此，「以公民投票方式改變台灣是中國一部分的分裂行徑是非法的、無效的」，「台灣分裂勢力沒有任何權力以任何方式改變台灣是中國領土一部分的地位」。[35]

對中共而言，「一國兩制」就是中共的「過渡性」設計。如果說在「一國兩制」前還需要其他的「過渡性協議」，例如「結束兩岸敵對狀態」，那麼也必須在「一個中國原則下正式結束兩岸敵對狀態」。[36]

2000 年 2 月中共發表的《一個中國原則與台灣問題》中，再次重申這些中共對兩岸「現狀」的看法及其立場。包括「台灣是中國不可分割的一部分」、「一個中國原則是實現和平統一的基礎和前提」、「中國政府堅決捍衛一個中國原則」、「在國際社會中堅持一個中國」、「台灣無權參加聯合國及其他只有主權國家參加的國際組織」、「堅決反對以公民投票方式改變台灣是

---

[34] 〈台灣問題參考口徑〉，頁 40-41。

[35] 中共中央台灣工作辦公室、國務院台灣事務辦公室，《中國台灣問題》，幹部讀本（北京：九洲圖書，1998年），頁125-126。

[36] 〈台灣問題參考口徑〉，頁 40。

中國一部分的地位」、「在一個中國原則下，什麼問題都可以談」、「所謂『民主和制度』之爭是阻撓中國統一的藉口」等，重申了中共對於「一個中國原則」的堅持，「一個中國」是現狀，也是未來應有的結果。[37]

整體而言，「一個中國」是中共所認知的兩岸現狀，中共認為，台灣必須承認與接受這個現狀，兩岸才能有任何的過渡協定可談。這個「現狀」不是「公民投票」所能挑戰，也不是以兩岸制度差異為名所能否定。

四、台灣對兩岸「現狀」的認知

台灣對兩岸「現狀」在不同階段也有不同的認知。

從早期台灣認為中華民國是世界上唯一合法的政府，到1991年「動員戡亂臨時條款」廢止後，間接承認中共在中國大陸的治權。但在1991年前，仍主觀性地認定「一個中國就是中華民國」，但也在「國統綱領」中以「政治實體」為彼此作定位，期充分表達對中共的善意。

1994年陸委會公布的《兩岸關係說明書》，改變了1991年國統會「一個中國就是中華民國」的看法，而認為「一個中國」是指「歷史上、地理上、文化上、血緣上的中國」，這等於否定了「一個中國」仍是個政治或法律的概念，其目的很明

---

[37] 中華人民共和國台灣事務辦公室、國務院新聞辦公室，《一個中國原則與台灣問題》（北京：2000年2月）。

顯地希望擺脫掉「一個中國」原則對自身無法在外交上開拓國際活動空間的限制，但是在兩岸關係的定位上仍是延續國統綱領所主張的「政治實體」間的關係，並認爲在兩岸關係的處理上，雙方既不屬於國與國間的關係，也有別於一般單純的國內事務。[38]

在台灣積極尋求外交空間與建立主體性的同時，「政治實體」的概念根本無法同時並存。在已擺脫中華民國與「中國」的法律政治關係後，積極建立「中華民國在台灣」的主體性已是台灣對「現狀」的最新描繪。換言之，台灣認爲兩岸的現狀是兩個國家，一個是在台灣的中華民國，另一個是中華人民共和國。一個最通常的表述方法就是「中華民國一直是一個主權獨立的國家」，這個表述在兩岸的政治意義上，並不是個對台灣政治體制的描繪，而是隱含著「中華民國是個相對而有別於中共的主權獨立國家」。

1999 年 7 月 9 日，李登輝總統在接受「德國之聲」專訪時，正式提出「自 1991 年修憲以來，已將兩岸關係定位在國家與國家，至少是特殊的國與國的關係」。[39]這項被外界視爲是「兩國論」的主張，是台灣自 1991 年「國統綱領」後，不

---

[38] 在《兩岸關係說明書》中，仍然主張兩岸彼此是「政治實體」。該說明書稱：「爲使兩岸關係朝向良性互動的方向發展，中華民國政府務實地提出「政治實體」的概念，作爲兩岸互動的基礎。所謂「政治實體」一詞其含義相當廣泛，可以指一個國家，一個政府或一個政治組織。

[39] 行政院大陸委員會提供之資料。

再以「政治實體」自居的一次明白宣示。也就是說，台灣認爲
兩岸的「現狀」已是國家與國家的關係，雖然它們之間有特殊
性的關係，但是具有國家的主體性。

　　總體而言，在1994年以後，台灣已將「一個中國」分爲
三種方式表述：第一、過去式的表述，認爲「一個中國」是指
1912年成立的中華民國；第二、現在式的表述，認爲自1949
年起兩岸分裂分治，現在式的「一個中國」是分治的中國，兩
岸是兩個對等的政治實體；第三、未來式的表述，認爲「一個
中國」指未來統一的中國。而自1999年起更明白地表述，「一
個中國原則」只是「中共利用其自己所定義且具霸權性的一個
中國原則」。[40]

　　台灣的民進黨對「現狀」也有不同的看法。民進黨早期
仍期盼改變「現狀」，追求成立「台灣共和國」，但在1999年5
月通過的〈台灣前途決議文〉已接受「中華民國」這個國名的
現狀。[41]但是民進黨在兩岸關係上的立場並沒有改變，認爲兩
岸各自在自己的領域內已是個完全獨立自主的主權國家，不認
爲有「一個中國」的存在，兩岸的關係應該是「外國」的關係。
用一般的述語來說，民進黨只是從「一中一台」主張轉到現階
段的「兩個中國」政策而已。

　　爲了建構一個「在台灣的中華民國」的主體性，台灣除

---

[40] 民國 88 年 7 月 14 日，行政院大陸委員會主任委員蘇起於中國國民黨
　　中央常務委員會之報告。
[41] 〈民進黨決承認中華民國國號〉，《中國時報》，民國 88 年 5 月 6 日，
　　版 1。

了在政治上積極尋求外交突破，在民族認同方面，也開始建構「新台灣人」作為「中華民國在台灣」的民族認同主體，以有別於以「中國人」為認同主體的「中華人民共和國」。

　　從上述的分析可知，美國與國際間對兩岸「現狀」的認知，較向中共所認知的方向傾斜。台灣對兩岸「現狀」的描繪與認知較傾向於「實然面」，而中共的看法，則偏向「應然面」。

　　台灣方面主體性的不斷加強，使得兩岸對「現狀」認知的「實然面」與「應然面」差距也就愈來愈大，因此如何找尋一個能夠為兩岸共同接受的「現狀」註釋，應是兩岸得以達成《兩岸基礎協定》的最根本關鍵。

第三節　他山之石：東西德《基礎條約》的經驗

一、《基礎條約》對解釋現狀的妥協性

　　1972 年東西德簽署《基礎條約》，以規範彼此的定位與互動關係性質。[42]《基礎條約》的內涵有兩個重點：一是放棄

---

[42] 條約全文：「序言

　條約當事國

　鑒於其對維持和平之責任，

　努力促進歐洲之緩和與安全，

　意識到疆界之不可侵犯以及尊重全體歐洲國家現存疆界之領土完整及主權，是和平之基礎條件，

認識到兩個德意志國家在其關係中，不以武力相威脅或使用武力，基於歷史之事實，及不傷害德意志聯邦共和國與德意志民主共和國，即使在基本問題上，包括民族問題，有不同之見解，

基於兩個德意志國家人民之利益，為創設德意志聯邦共和國與德意志民主共和國間合作條件之願望，爰達成如下協議：

第一條

德意志聯邦共和國與德意志民主共和國在平等之基礎上，發展彼此間正常之睦鄰關係。

第二條

德意志聯邦共和國與德意志民主共和國決遵循聯合國憲章所載之目標與原則，尤其是所有國家主權平等、尊重獨立、自主及領土完整、自決權、保障人權及不歧視。

第三條

德意志聯邦共和國與德意志民主共和國決依據聯合國憲章，完全以和平方法解決雙方之爭端，並且不以武力相威脅或使用武力。兩國強調，雙方之間現有疆界在現在及未來均不可侵犯，並且負有完全尊重對方領土完整之義務。

第四條

德意志聯邦共和國與德意志民主共和國認為，兩國之任何一方均不得在國際上代表對方，或以對方之名行為。

第五條

德意志聯邦共和國與德意志民主共和國決促進歐洲國家之和平關係，並致力於歐洲之安全與合作。

兩國支持在歐洲裁減軍隊及軍備之努力，但不得因此使有關國家引起不安上之不利。

德意志聯邦共和國與德意志民主共和國決定支持，以普遍與完全裁軍為目的，在有效之國際監督下，為國際安全進行之限制軍備與裁軍，尤其是在核子武器及其他集體毀滅性武器方面。

第六條

德意志聯邦共和國與德意志民主共和國同意，兩國任何一方之最高權

使用武力；另一個卻是「尊重現狀」。[43]對於不使用武力這個
問題，在戰後已有高度的共識，兩個國家也從來沒有在國家政
策上，將武力作為執行國家統一的工具。例如西德只是在基本
法中主張以「民族自決」的方式來完成德國統一，而非憑藉武
力。之所以在條約中一再有不使用武力的規定，其最重要的意
義在於重申對未來發展和平關係的承諾。

　　東西德對「尊重現狀」的認知是不同的：在東德看來，「現
狀」是指東西德已經是兩個分別互不隸屬的國家，彼此沒有任

力（Hoheitsgewalt）只限於在其領土內。雙方尊重兩國中任何一國在
其內政與外交事務方面之獨立與自主。
第七條
德意志聯邦共和國與德意志民主共和國表示，準備在其關係正常化過
程中，規定實際及人道之問題。雙方決定以本條約為基礎並且為雙方
利益締結協定，以發展並促進在經濟、科學與技術、交通、司法關係、
郵政與通訊、衛生、文化、體育、環保以及其他方面之合作。其細節
在《附加議定書》中加以規定。
第八條
德意志聯邦共和國與德意志民主共和國決定互設常設代表處。代表處
設於雙方政府所在地。與設置代表處之有關實際問題，將另行補充規
定。
第九條
德意志聯邦共和國與德意志民主共和國家同意，本條約不觸及雙方已
簽訂或與其有關之雙邊或多邊之國際條約與協議。
第十條
本條約須經批准，並自交換有關照會之日後生效。」
詳請參考張亞中，《德國問題：國際法與憲法的爭議》（台北：揚智，
1999 年），頁 95-98。
43 《基礎條約》第三條規定。

何對統一的約束。東西德兩個國家根本已是個國際法上的「外國」關係。但是西德認為,「現狀」是指 1937 年疆界的德國仍舊沒有滅亡,東西德現在固然是兩個國家,但是彼此並非國際法上的「外國」關係,而是「德國內部」的「特殊關係」,西德對東德的國家承認,只是「國家承認」,而不是「外國」承認。因此西德承認東德是一個國家,並不會使得東西德間的法律關係改變,「德國」因此不會因為《基礎條約》的簽訂而滅亡。在美、英、法三強來看,「現狀」就是東西德已經是兩個國家,他們之間是甚麼樣的法律關係、彼此間是甚麼樣的法律地位,要由雙方來解決,西方三強並不干涉,但是西方三強在政治立場上是站在西德的一邊,認為西德仍有追求統一的權利。蘇聯對「現狀」的認知與東德大同小異,唯一的差別是蘇聯也沒有因為這個條約的簽署而放棄因〈波茨坦議定書〉所擁有對德國未來再統一事務的權利與義務。

由於東西德彼此各讓一步,因此在《基礎條約》中以「同意彼此的歧見」(agree to disagree)的方式,達成了彼此對「現狀」的認定。[44]雙方最大的不同在於,西德讓的是「政治」的一步,東德讓的是「法律」的一步。因此從「尊重政治現實現狀」來看,是西德讓步了,但是從「未來追求統一的權利與義務」來看,則西德沒有絲毫讓步,反而是東德讓步了。[45]另外,

---

[44] 在《基礎條約》的序言部分寫到:「不以武力相威脅或使用武力……即使在基本問題上,包括民族問題,有不同的見解」。

[45] 在《基礎條約》第九條規定,東西德「同意,本條約不觸及雙方已簽訂或與其有關之雙邊或多邊之國際條約與協議」。這一條文代表,東

在 1970 年代初期，西德與蘇聯、波蘭等達成的條約，其中最
重要的內容，就是對戰後疆界「現狀」的確定。對這些東歐國
家，特別是波蘭來說，這表示戰後的疆域問題已解決。但是西
德卻是有另外的看法，西德要求在每一個條約中，都保有「本
條約不觸及雙方已簽訂或與其有關之雙邊或多邊之國際條約
與協議」等類似有關條文，以顯示這些條約只是西德尊重「現
有」的領土現狀，但是並不表示西德答應此疆界的現狀為法律
上的現狀，也不是永久的狀態，永久疆界要等到統一後的「德
國」才有權確認。[46]

東西德在 1972 年簽署的《基礎條約》，東德將它看成為
一個終局的「和平協定」，但是對西德而言，它只是一個「過
渡協定」或「臨時協定」。他們對這個條約本質認知的不同，
也反映出他們對「現狀」解釋的歧異。

一直到 1990 年的《二加四條約》才算是四強與德國的最
後《和平條約》，德國問題才得以最終解決。

德同意了戰後四強有權利與義務，德國統一的條約仍然有效，亦即德
國問題並不因《基礎條約》的簽署而消失。該條文所稱的「多邊國際
條約」中最重要的就是 1945 年四強簽署的《波茨坦議定書》，其內容
包括四強表示並不要併吞德國，即不會要消滅德國，而將與未來的德
國簽署和平條約。

[46] 例如，德國與波蘭的疆界問題在 1990 年 9 月 12 日的《二加四條款》
中才獲得最後解決。

二、《基礎條約》適用在兩岸議題的參考

　　1970 年代的東西德彼此在國力上是有差別的。如果將兩岸與當時東西德的情況做個類比，去除掉政治體制的比較後，中共倒是頗像當時的西德，不論是國力上超過對方，所受到的國際支持也超過對方，而且其追求統一的決心更是與對方有著極大的差異。而現在的台灣倒是類似當時的東德，不談「一個德國」，堅持「兩個德國」政策。但是台灣所處的國際地位卻較之當時的東德為差，東德只是受到西方社會的孤立，但她卻有東歐社會主義國家為其外交後盾，而台灣連一個軍事同盟的國家也沒有。

　　東德當時的策略是以遠離德國作為迫使西德讓步的策略。西德雖然居於優勢，但當時的布朗德總理卻認為兩個德意志國家如果長期分離，則將會使得民族間的情感日益薄弱，德國的再統一也會變得日益困難。由於有蘇聯的支持，「兩個德國」已成為事實，因此東德並不急著與西德簽署任何基礎性質的協定，也因此，東德在 1970 年代對西德的姿態非常高。東德的立場是，要不然就簽個完全合乎國際法條約的條約，也就是承認「兩個德國」，東西德之間是國際法上的外國關係；要不然就不要簽，讓「現狀」自動延伸下去。

　　嚴格而言，《基礎條約》是西德較為積極主動地推動，西德為使東德能夠接受《基礎條約》，願意在承認東德是「國家」

這個「政治立場」上作讓步，但仍不願在承認東德是個「外國」
這個「法律立場」上讓步。另外由於當時的蘇聯希望東西歐能
夠全面性和解，因此支持東西德之間簽署《基礎條約》，以確
定東西德間的「現狀」，並再延伸到整個歐洲「現狀」的確定，
以確保蘇聯在東歐的現狀利益。當時的東德總理烏布里希特
（Walter Ulbricht）由於不願接受西德的安協意見，堅持兩德
之間應爲「外國」關係，而遭蘇聯換以何內克(Erich Honecker)。
在東德總理換人後，東西德的《基礎條約》才告簽署。[47]

　　兩岸今日的情形與東西德不同的是，中共基於在國際間
的優勢，而台灣又沒有像東德一樣足夠強大的東歐盟邦支持，
因此，台灣對「現狀」的認知是很難在互動的槓桿上找到有利
的施力點。如果台灣選擇東德所採行的政策，堅持以「兩個主
權獨立國家」、「兩國間爲外交關係」作爲基本立場，則有可能
不會受到國際社會的支持。在東德的例子上，即使蘇聯與東德
有外交同盟關係，但是蘇聯爲了歐洲的和平、穩定及自身的利
益，最後也是迫使東德作讓步。更何況台灣與美國並沒有外交
同盟關係，美國是不容易支持台灣的這種主張。

　　如果台灣堅持以「分離」作爲脅迫中共讓步的策略，或
以永遠開放「終局狀態」作爲自己堅持的底線政策，可預期的
是，基於兩岸國際力量的差異，以及中共對民族主義的認知，

---

[47] William E. Griffith, *The Ostpolitik of the Federal Republic of Germany* (Cambridge, 1978), pp.199-200. 張亞中，《德國問題：國際法與憲法的爭議》，頁 94-95。

中共恐將無法接受。而一個沒有設定「終局目標」與「邁向終局過程」的政策，恐怕很難讓中共願意在《兩岸基礎協定》上達成共識。另外，「不放棄武力」的原則，經過中共數十年來不斷地強調與堅持，早已成為中共「統一政策」一個最重要的原則，也是中共領導人不敢也不能挑戰的一個禁忌，這與 1970 年代東西德都已有不以武力解決問題的共識，有著完全不同的差別。因此，如果要在未來的協定中作出放棄使用武力的承諾，台灣方面也必然要對兩岸未來的「終局」情勢作出適當的承諾，中共也只有在獲得此種承諾後，才有可能真正地結束兩岸的敵對狀態。

第四節　《兩岸基礎協定》應有的重要內涵

一、台灣對過渡性協定的有關討論

目前在討論兩岸過渡性的協議時，最常提及的即是希望兩岸擱置對主權的爭議。但是任何有關事務性協議，其必然會牽涉到治權，而治權往往與主權有著共生與依附的關係。如果要避開主權歸屬的爭議，而又能有效地運作實質治權，是需要雙方的高度共識。但是這種共識往往由於彼此的政治意圖經常會受到環境的影響，或錯誤的解讀而發生變化，使得事務性的

協議無法持續，這正是兩岸在「辜汪會談」後所面臨的問題，也是企圖以政治共識跨越法理現實的最大困境。

　　無可諱言的，兩岸未來有關「過渡性協議」的簽署，與東西德在 1972 年簽署《基礎條約》時所面臨的情形完全一樣，就是要對「現狀」達成一個妥協。而較之當時東西德已對放棄使用武力有共識不同的是，兩岸仍須處理「放棄武力」這個問題。

　　台灣所能夠做的空間與當時東德比較起來更為局限。東德當時妥協後所獲的是「現狀已獨，但開放終局的可能」的法律性承諾。但是台灣幾乎無法以「現狀不獨，但開放終局的可能」作為妥協的條件。台灣必須在未來的終局狀況上作出相當的法律性承諾，才能獲得中共的讓步。

(一)「無終局」狀態的設計

　　1992 年 5 月，當時擔任民進黨立委的陳水扁，在當時擔任總統府副秘書長邱進益有關主張兩岸簽署和平協定的談話後，即提出一份「中華民國與中華人民共和國基礎條約草案」。這份內容幾乎是完全模仿 1972 年東西德《基礎條約》的草案[48]，忽略了東西德《基礎條約》的重要精神與其中的重要關鍵，

---

48 該條約草案共有前言五個部分，條約條文十條，各條重點分別為：(一)和平解決爭端；(二)共促亞洲和平、致力合作開發；(三)雙方尊重彼此領土完整與主權獨立；(四)彼此不得在國際間代表他方；(五)雙方未來憲政體制、內政、外交應建立在事實領土範圍上；(六)金馬為非戰區、大陸沿海軍區須裁撤關閉；(七)彼此在權利平等基礎上發展睦鄰關係；(八)以此條約為基礎，加強雙方在其他領域的合作；(九)雙方互換

而使其有些像是特別爲針對台灣內部考量所作的主張。這種以
「領土、主權不可侵犯；彼此平等相待」的原則，沒有觸及到
中共的立場，顯得只是一種以單方面利益爲主要考量的設計。
再則，這份草案中完全沒有「終局狀態」的安排，中共如果接
受了草案中的思維，等於是承認「一中一台」或「兩個中國」
了。

　　民進黨籍的學者郭正亮在 1998 年提出以「聯立」
(associated autonomy) 爲精神的「兩岸過渡架構」(interim
arrangement)主張。「聯立」意指「兩個具有特殊關係的自主實
體的聯合」。[49]這個「兩岸過渡架構」的目標有三：(一)透過制
度化的兩岸聯合架構，確保兩岸現狀，穩定兩岸互動；(二)同

常設代表；(十)條約在批准並互換照會後生效。《自立晚報》，民國
81 年 5 月 14 日。

[49] 郭正亮認爲，以聯立爲「兩岸過渡架構」的內容有七點：(一)兩岸聯
立架構，是在兩岸終局架構產生之前，確保兩岸關係和平穩定的過渡
性常設聯合機構，其內容由兩岸共議決定。(二)兩岸聯立以五十年爲
期，非經兩岸同意，不得退出聯立架構。(三)兩岸聯立期間，不互相
使用武力，各自擁有自衛權。(四)兩岸聯立期間，逐步解除交流管制，
建立兩岸交流保障的雙邊體系。(五)兩岸聯立期間，北京協助台灣參
加國際組織，台灣不宣布獨立。(六)五十年後，兩岸展開終局談判，
談判結果須經兩岸人民分別同意，如經兩岸同意，可提前終局談判。
(七)兩岸終局談判未果，或談判結果未獲兩岸人民分別同意，則繼續
維持兩岸聯立，改以十年爲期，如經兩岸同意，仍可提前終局談判。
郭正亮，〈從分合到聯立：兩岸過渡架構芻議：自台灣主體性談兩岸
政治關係之建構〉，發表於《台灣日報》舉辦之《邦聯問題研討會：
從台灣主體性談兩岸關係架構》，民國 87 年 9 月 7 日。原文另刊載於
《台灣日報》，民國 87 年 9 月 11 日，版 11。

時處理中國不武、外交休兵、交流管制等爭議。(三)承認兩岸必須醞釀新思維，尊重人民決定國家前途的權利。郭正亮稱，兩岸過渡性架構是前所未有的歷史性妥協（historical compromise），需要三方面各有退讓，才能有所突破，尤其是對原本站在統獨兩個極端的中共與民進黨爲然。對中共而言，「兩岸過渡架構」固然未立即承諾兩岸統一，但已承認兩岸具有歷史遺留的特殊關係，而且兩岸聯立架構非經雙方同意，各方不得單獨退出，更在制度上確保兩岸特殊關係的維持。此外，台灣承諾不宣布獨立，也等於解除北京擔心台北愈走愈遠的憂慮，可使北京確保兩岸現狀不致發生突變。

郭正亮的主張是以「台灣主體性」爲主的思維，雖然沒有提到兩岸關係的法律性質，雖然同意在過渡階段，兩岸可有常設的聯合機構，並且主張以「台灣不獨」來換取「中共不武」，以達到兩岸終止敵對狀態的結果，但是也認爲台灣民眾自決權的行使是從過渡架構到終局架構的必要條件，並藉以否定中共所主張「統一」應是終極目標的基本原則。

郭正亮的主張基本上已經充分反映了台灣人民的基本立場與利益，並已相當程度地表達出願意與中共相互妥協的誠意。但是一個沒有「終局目標」的主張，似乎是很難獲得中共願意在「過渡性協議」上簽署。[50]

---

[50] 翁松燃教授在研討會中對郭正亮「聯立」說的批評。

（二）「有終局無時限」狀態的設計

相對於郭正亮的過渡性「聯立」主張，筆者在 1991 年時即曾用「一中兩國」（一個中國、兩個中國人國家 "One China, Two Chinese Countries"）這個法律性的概念為兩岸的法律定位作詮釋。[51]筆者當時即主張兩岸間如果要有過渡的協定，則這個協定應該包括三個重要內涵，包括「一個中國原則」（整個中國原則）、「兩個國家原則」與「和平相處原則」。前面兩個原則是表述兩岸在簽署《兩岸基礎協定》時對兩岸定位的認知，第三者則是指兩岸「不以武力相向」的原則。「一個中國原則」則是一個「終局」的規範，表達雙方均主張「一個中國」，反對中國永久分裂，雙方致力邁向統一。「兩個國家原則」則是過渡性的認知，認為在統一前，雙方都互相尊重其在現有疆界內的主權，一方不得在國際間代表對方，或以對方之名行為，雙方尊重對方在其內政上與外交上的自主權。但是兩岸間的關係並不是一般所謂的國際關係，而是一種「特殊關係」。

筆者所提的這個「過渡協議」，如果不從法學的角度去看，很難分辨「一個中國」與「兩個國家」，這三個「國家」之間的法理意義差別，也不易體會兩岸承認對方為一個「國

---

[51] 張亞中，〈中國問題之法律定位：一中兩國〉，民主基金會編印，《兩岸關係與中國前途：學術研討會論文集》，民國 81 年 1 月，頁 239-255。作者使用 "country"，而不用 "state" 係考慮分裂國家的特殊狀況，以及另有一法律概念「中國」存在之前提。這與後來李登輝總統用 state 來界定兩岸為 "special-state-to-state relationship" 有意義上的不同。

家」，但不是「外國」的差別意義何在。

　　「一個中國」與「兩個國家」代表著兩岸見解的最大分歧，但是兩種見解的並存卻也將是雙方可能的最大妥協。筆者在該文及隨後的著作中，曾將「一個中國」表述爲「整個中國」（China as a whole 或 whole China），也即是等於現有的「中華民國」加上「中華人民共和國」；也就是「整個中國」的國家權力，在沒有完成統一前，事實上是由兩岸所共同代爲行使的。[52]

　　「一個中國，兩個中國人國家」，或「整個中國下的兩個中國人國家」的界定方式，顧及了兩岸的現狀，並含有「終局狀態」的思維，只是這個「終局」並沒有時間的限制，但有雙方的法律承諾約束，此與中共「一國兩制」的最大區別在於，「一國兩制」直接從兩岸現狀一步跨越到「終局狀態」，並且兩岸間的關係將變成「內政」性質，而在「整個中國下的兩個中國人國家」的思維中，並沒有時間表的限制，並且也界定了彼此在「整個中國」內的「內部關係」（inter-se-relations）性質。

　　一個沒有「終局狀態」、「無條件的平等原則」的《兩岸基礎協定》是不太容易爲中共所接受的。但是一個完全以「一個中國」爲基本思維的《兩岸基礎協定》，也會使得台灣人民擔心，是否接受「一個中國」等於接受了「中華人民共和國爲主」的規範，而使得台灣無法再有自己的主體性。這些問題必

---

[52] 張亞中，《兩岸主權論》（台北：生智，1998 年）。

須以新的思維來思考，以下的「整個中國」與「平等但不對稱」兩個原則與「整個中國實體化」的作法，或許可以作爲兩岸未來協商基礎協定時的思考。

二、重新建構對「整個中國」的思維

基於國際政治的現實，「一個中國」原本的涵義已被模糊，這一點，不得不承認這是由於兩岸在政治性用語的習慣所致，以致發生「一個中國」到底是指哪一個中國的問題。

在 1971 年聯合國的〈第二七五八號決議案〉中，並沒有所謂的「一個中國」表述，有的只是「中華人民共和國是中國在聯合國的唯一合法代表」的文字。[53]這句話隱含的意思是，兩岸與「中國」的合法代表性被重新詮釋，中華人民共和國成爲合法代表，中華民國因此必須離開。很明顯的，從這個決議案中可以認定「只有一個中國，中華人民共和國即是（is）中國」的看法並不存在。而只能說，「中華人民共和國代表（represent）中國」。值得討論的是，如果中華人民共和國不是中國，那麼這個「中國」的法律意涵到底是什麼？

相較兩岸的另一個分裂國家德國，從來沒有在他們的政府宣言、文件、法律文字中出現所謂「一個德國」的字眼。西德從戰後的所有文件中對「德國」的描述都採取同一的方式，

---

[53] Resolution on Representation of China, United Nations General Assembly, Oct. 25, 1971. G.A. Res.2758, 26 GAOR Supp. 29(A/8420).

就是「整個德國」、「德國作爲一個整體」（ *Deutschland als Ganze,* 或者 *Gesamtdeutschland,* Germany as a whole ）。它所代表的意義是，法律意涵的「德國」在地理版圖上是延續 1937 年疆界的德國，包括東西德、東西柏林與德國割給波蘭的東邊疆域。也就是說，西德在戰後的文件中，一直只將德國問題定義在「整體」或「分裂」的表述上，而所有對德國問題的思維也都是將「整個德國」作爲一個思維的主體，然後才討論西德與這個「整個德國」之間的法律關係應該爲何？[54]這一點是值得兩岸思考的，如果我們用「整個中國」、「中華人民共和國」、「中華民國」三個主體來思考兩岸的現狀，將變得更爲清楚與明瞭。例如如果我們以「整個中國」來解釋聯合國的〈第二七五八號決議文〉，可以充分發現，聯合國說的就是「中華人民共和國是『整個中國』在聯合國的唯一合法代表」，而沒有說，中華人民共和國就是整個中國，因爲另一個中華民國仍然真實地存在的。

　　在聯合國的決議案後，遺憾的是，兩岸與美國的政治人物與學術界並沒有在「中國」這個重要的意涵上繼續探索，而只是開始用政治性的話語爲「中國」作局限的詮釋。

　　1972 年的《上海公報》應該可以看成是國際間對「一個中國」這個述語出現的源頭。在公報中首次提出「美國認識到，在海峽兩邊的所有中國人都認爲只有一個中國，台灣是中國的

---

[54] 有關東西德與德國、東西德彼此間的法律地位與爭議，可參考張亞中，《德國問題：國際法與憲法的爭議》一書，同註 40。

一部分」。這段文字的表述，其實等於是說，海峽兩邊所有的中國人都認爲中國是個整體，台灣自然是這個整體的一部分，換言之，中國大陸當然也是這個整體的一部分。

1979 年美國與中共的《建交公報》再次出現上述相似字句：「美國承認（acknowledge）中國的立場，即只有一個中國，台灣是中國的一部分」。

從此以後，「一個中國」變成了一個專有的述語，即使連台灣也沒有辦法跳脫這個述語的使用。但是台灣的政府與學術界並沒有對這個述語作嚴格的界定，在整個兩岸關係的思路上，仍然是以「一個中國」作爲原型。1990 年通過的「國統綱領」，即是以「一個中國、兩個政治實體」來爲兩岸關係作定位。

1991 年可以看作是台灣對「一個中國」最後一次「正統性」宣示，國統會在〈關於「一個中國」的涵義〉解釋中，將「一個中國」解釋爲就是中華民國。這種與事實完全不相符的解釋，雖然在現實政治上實在看不出有任何可說服性，但是在法律上卻有其意義，表達出台灣對追求統一的堅持。

台灣在外交與兩岸關係上的困境在於，「一個中國、兩個政治實體」固然有助於兩岸關係的推展，但是以「政治實體」作自我表述，是無法成爲加入以國家爲主體的聯合國的必要條件。從 1993 年台灣積極尋求加入聯合國後，「中華民國是個主權獨立國家」的聲音逐漸成爲國家定位的主流。外交上的困境使得台灣有一群聲音，認爲這是因爲台灣仍堅持「一個中國」

的結果，因而不再主張使用「一個中國」。在「一個中國」的
定義被狹隘化後，中共每一次強調「一個中國」都讓台灣社會
感受到「被統一」的壓力。從 1993 年 8 月 31 日，中共針對中
華民國政府尋求加入聯合國，發布《台灣問題與中國的統一》
白皮書。其中第一點就是「一個中國」原則，並將「海峽兩岸
的中國人民都主張只有一個中國」作為台灣也同意中共的一個
說辭。

　　在 1994 年《台海兩岸關係說明書》後，中華民國政府雖
然仍表達出追求統一的意願，但是也開啓揚棄「一個中國」的
政治法律性表述。首先是將「一個中國」非政治化，認為「一
個中國」只是「歷史、地理、文化、血緣上」的概念。從此以
後，「一個中國」在兩岸的定義已經是完全不一樣了。中共仍
將「一個中國」認為是具政治法律性質的意涵，但是台灣卻將
它去政治法律化，而作為一個國家長遠努力的目標而已。

　　一個或許是當時主政者都沒有注意到的細節，即是在《台
海兩岸說明書》中有如下的表述：

　　中華民國政府堅決主張「一個中國」，反對「兩個中國」
　　與「一中一台」。中華民國政府同時也主張在兩岸分裂分
　　治的歷史和政治現實下，雙方應充分體認各自享有統治
　　權，以及在國際間為并存之兩個國際法人的事實，至於
　　其相互間之關係則為一個中國原則下分裂分治之兩區，
　　是屬於「一國內部」或「中國內部」的性質。我們的主
　　張極其務實；這些主張亦與「兩個中國」或「一中一台」

的意涵完全不同。[55]

　　這段文字其實就是可以將「一個中國」解釋成「整個中國」的一個重要證明。在「整個中國」的思維解釋下，自然才可以有所謂的「一國內部」或「中國內部」的思維。也就是說，兩岸都是「整個中國」內部的國家，也就是中華民國與中華人民共和國。換言之，這個「內部」關係並不是一般的國際法關係，也不是一般國家的內政關係。也正因為有這種主張，所以與一般所謂的「兩個中國」或「一中一台」是完全不同的。

　　但是，台灣並沒有在「一個中國」的應有意涵上進一步地探索，而是基於內政考量，快速地跳躍到另一種思維，就是少談，或是不談「一個中國」。這使得「一個中國」從兩岸的共通語言，變成了中共的專有名詞。「一個中國」被認為就是指的「中華人民共和國」，而不再去思考「一個中國」原始的涵義，其實就是也應該就是「整個中國」。

　　台灣愈來愈少談「一個中國」，更增加了中共對「一個中國」的不斷強調。但是中共本身對於「一個中國」的定義，是否也一定就是「中華人民共和國」呢？

　　最能代表中共對「一個中國」另解的是汪道涵在 1997 年接待新同盟會成員時所說的：「一個中國，並不等於中華人民共和國，也不等於中華民國，而是兩岸同胞共同締造未來統一

---

[55] 行政院大陸委員會，《台海兩岸關說明書》，行政院大陸委員會，民國 83 年 7 月 5 日。

的中國」。[56]1998 年 10 月 24 日汪道涵在上海接待「中華民族聯合陣線」時，再度被問及上述有關對「一個中國」的談話時回答說，「我說過這個話，今天我還是這個主張」。[57]

　　1999 年 4 月 5 日汪道涵再次會晤新同盟會的成員，又被問到「一個中國」的意涵時，汪道涵的答覆是，在去年 10 月辜振甫訪問上海時，雙方曾討論「一個中國」的意涵，當時他的說法是：

> 「世界上只有一個中國，台灣是中國的一部分，目前尚未統一，雙方應共同努力，在一個中國原則之下，平等協商，共識統一；一個國家的主權和領土不可分割，台灣的政治地位應在一個中國的前提下進行討論」。

　　汪道涵並表示，1997 年他所提的「一個中國」涵義，已涵括在上述八十六個字的內容中，他並表示，台灣提出「一個分治的中國」的說法，爲何不說成「中國的分治」。[58]

　　台灣的內部對於汪道涵「一個中國」八十六字的詮釋，自然認爲是中共又重回其保守的主張，並認爲「中國的分治」說法，其實指的就是「一個中國的分治」，也就是「一個中華人民共和國的分治」，這使得台灣的地位變得與香港並沒有甚

---

[56] 〈汪道涵一個中國新解，許歷農：親耳聽到〉，《中國時報》，民國 86 年 11 月 23 日，版 9。

[57] 《中國時報》，民國 87 年 10 月 30 日，版 14。

[58] 中國國民黨大陸研究工作會，《大陸情勢雙周報》，第 1310 期，民國 88 年 4 月 21 日，頁 16-17。

麼差別，從而論定中共仍舊沒有脫離「一國兩制」的思維。

　　其實，就中共的談話內容來看，中共在「一個中國」的表述上，確有「內外有別」的情形。也就是，在與外國關係或在國際組織時，強調「一個中國就是中華人民共和國、中華人民共和國政府是中國唯一的合法政府」，但是在面對兩岸關係時，則盡量避免使用「一個中國就是中華人民共和國」，而多強調「只有一個中國，台灣是中國的一部分」。

　　如果將汪道涵對「一個中國」所要表達的意涵，視為是「整個中國」，那麼無論是他在 1997 年所說的三十七字，還是 1999 年所說的八十六字意涵，在本質上都沒有差別。我們可以將汪道涵的八十六字詮釋為：

> 「在世界上，中國仍然是一個整體，台灣是中國的一部分，目前尚未統一，雙方應共同努力，在中國作為整體的原則下，平等協商，共議統一；整個中國的主權與領土不可分割，台灣的政治地位應在中國作為整體的前提下進行討論」。

　　中共想必應該也了解到，台灣很難接受在「一個中國就是中華人民共和國」的前提下進行政治協商，或達成任何過渡性的協定。從善意與理性的角度來看，中共所說的「一個中國」應該就是指「整個中國」，也就是在討論兩岸的未來時，應將中國作為一個整體來思考。在這個邏輯下，「一個中國」所說的「一個」其實是「整個」之意，它當然應該是由中華民國與

中華人民共和國所擁有的領土與人口所共同組成，目前是處於
「整個中國」的分治狀態下，未來可經過「再統一」而使得「整
個中國」重新以「整體」的方式運作。

對中華民國政府而言，從 1994 年起開始迴避「一個中國」
的表述，其最重要的因素，就是憂懼「一個中國」的「一個」
已成為數目字表述，表示世界上只有「一個」中國，而在現實
的國際環境中，「一個中國」自然會是指「中華人民共和國」，
而不會是「中華民國」，因此，也就最好避而不談了。但是，
台灣方面愈是不談「一個中國」，中共就愈是緊張，而愈強調
「一個中國」。

1999 年 7 月 9 日，李登輝總統所提出兩岸關係為「特殊
的國與國關係」，雖然反應出兩岸的「事實」，並為大多數台灣
人民接受[59]，但是兩岸間的定位問題並不是可由任一方主觀的
認定，唯有雙方均達到交集，兩岸才能保持和平與穩定。李登
輝總統由於在言談中，認定「一個中國」已經是「一合法政府，
一叛亂團體，或一中央政府，一地方政府」，因而不接受兩岸

---

[59] 民眾對「兩岸是特殊國與國關係」說法的看法如下：(一)7 月 10-11
日，聯合報民意調查中心：同意有 48.9%。(二)7 月 12 日，TVBS 民
意調查中心：同意有 56.1%。(三)7 月 14-15 日，山水民意調查公司：
同意有 43%；(四)7 月 15 日,聯合報民意調查中心:同意有 45.9%；(五)7
月 14-15 日，全國意向調查研究中心：贊成有 73.3%；(六)7 月 16-17
日,民意調查基金會:同意有 55.2%；(七)7 月 17-18 日，中國國民黨
中央政策會：同意有 57.3%；(八)7 月 19-20 日,《商業周刊》訪問 587
位企業經理人：同意有 78.4%；(九)7 月 23-24 日，聯合報民意調查中
心：同意有 55.8%。以上資料，從行政院大陸委員會取得。

關係是這種「一個中國」的內部關係。台灣方面未能對「一個中國」提出詮釋，反而予以拋棄的作法，的確在這次事件中，使得中共受到很大的刺激，再度拉高兩岸緊張情勢。

台灣方面，由於對於「一個中國」不能提出新的見解，因而所說的「特殊的」關係，也就顯得語意不清，到底是政治上的「特殊關係」（例如戰後的英美關係），還是法律上的「特殊關係」（例如西德所認定的東西德關係，對西德而言，這種特殊性是建立在有統一的約束性上），也不見台灣方面能提出具體的說明。依據台灣方面的意圖來看，其所稱的「特殊性」應該是指類似統一前東西德的「特殊關係」。但是台灣方面似乎忽略了，如果不談「一個中國」，而只將「統一」做為一種政治性的訴求，那麼兩岸關係其實只是一種「政治性」的「特殊關係」。這種「政治性的特殊關係」在國際法上是沒有甚麼意義的，畢竟任何兩個國家都可以依其意願建立「特殊性」的關係。因而，兩岸如果只是一個沒有法律意義的「特殊性」關係，那麼如果中共接受，其實也是已經等於接受了兩個國家是相互獨立的事實。因此台灣方面應該要做的不是拋棄「一個中國」原則，而是用更精確的法律用語來詮釋台灣對「一個中國」的立場。

台灣方面，對「一個中國」的原始基本認知，其實就是指「整個中國」，只是台灣自己也沿襲了《上海公報》中「一個中國」的用法而不自覺。從中華民國政府的國家政策來看，所謂的堅持「一個中國」，其實就是堅持將「中國作為整體」，

而不願永久分裂中國，所謂的追求「一個中國」政策，就是追求中國的再統一。「國統綱領」所說的「一個中國，兩個政治實體」，又何嘗不是「整個中國內的兩個政治實體」。在「整個中國」的思維下，兩岸關係自然就可以是法律上的「特殊性」關係。

在兩岸未來的過渡協議中，將「整個中國」的觀念列入文字，等於是表示兩岸是應允在「整個中國」為範圍內互動，在「兩岸暫時分治」，但是「保證不永久分裂」的基礎下進行合作，這等於已經為兩岸的「終局狀態」作了文字與法律上的承諾。

「一個中國」已經在兩岸不停的爭吵中失去了原有的意涵，因此將「一個中國」還原到「整個中國」的思維，將可使得兩岸重新拾回原有的交集，也可以讓雙方在理性的基礎上再思考兩岸的未來。當然，更重要的應該是，「一個中國」原本就不是個精確的名詞，在已經使用了二十多年後，為了使得兩岸間能夠達成一個雙方都能接受的「過渡協定」，以一個在法理上精確的「整個中國」名詞來取代「一個中國」，是應該為兩岸所接受，也是必須的。

「整個中國」的概念確定後，兩岸間的關係自然就是「整個中國」內的「內部關係」，這也是中華民國在《台海兩岸關係說明書》中的主張，而非台灣獨立主義者所主張的「外國關係」，或中共所主張的「內政關係」。將「整個中國」取代「一個中國」的文字思維來看，中華民國政府所稱的「一個中國、

兩個政治實體」、中共主張的「一國兩制」，與筆者主張的「一中兩國」，其實在本質上是可以完全不相衝突的。

三、兩岸關係的相互定位表述：「整個中國內部的兩個平等政治實體」

　　中國大陸的學者曾當面向筆者表示，「一中兩國」中所謂的「一中」（一個中國，整個中國）可能是「虛」的，而「兩國」（兩個中國人國家）才是「實」的。也有的學者認為「兩岸統合」中的「統合」是「虛」的，「兩岸各有主體」才是「實」的。這些疑慮的看法反映出大陸學者並不完全了解「一中兩國」與「兩個中國」或「一中一台」之間在法理上的差異，也不完全了解統合過程中新主體建構的理論基礎。

　　在法理的基礎上，兩岸簽署《基礎協定》，雙方相互承諾不永久分裂整個中國，也就是兩岸都承諾不脫離整個中國這個大家庭後，彼此之間對對方的主體性作認可，在法律的意義上，是完全不同於「兩個中國」、「一中一台」，也不同於李登輝先生所主張的「特殊國與國關係」的「兩國論」。「兩個中國」、「一中一台」與「兩國論」在法律的意涵上僅有兩個相互為獨立、相互不再隸屬的國際法主體，而彼此沒有再統一的法律約束與承諾，中共自然無法接受這種思維。但是「一中兩國」的法律意義則全然不同。在「一中兩國」的定位中，對「一中」（一個中國、整個中國）的承諾，表示台灣不在法律上尋求脫

離整個中國，「兩國」則表示對兩岸現有的現實及對彼此主體性的尊重。這種關係就有點像兩個兄弟共同相互約束不分離整個家庭，但是兄弟間對於彼此在自己已組成的小家庭裡面有完整的管轄權，對於整個家庭內的事務有共同的協商與管轄。由於「整個大家庭」仍然存在，因此兄弟間的關係將仍舊是「整個大家庭」的「內部關係」，也是一種不同於一般外人的「特殊關係」或「兄弟關係」，它不是兄或弟自己小家庭的「內政關係」，更不同於與「外人」間的「一般關係」（在國際法上稱之為外交關係）。

　　如果用學術的用語來表示，兩岸在各自的領域內享有完整的管轄權，對於「整個中國」事務則擁有「共有與共享」的權利，其原因在於「整個中國」是兩岸全體中國人的中國，不能為哪一方所獨占，更不應以一方的權利涵蓋另一方。

　　對於兩岸的某些非國際法專業學術人士而言，「一中兩國」的意涵並沒有被認真地思考，而像瞎子摸象般地各取所需，也各有所棄。台灣對於「一中」，大陸對於「兩國」，都有著主觀的排斥。為求解決這個問題，在本意不變的情況下，可以用兩岸在心理上容易接受的文字來陳述這個法律定位。例如可以將兩岸視為是「整個中國內兩個具有國家屬性的政治實體」，或者用「整個中國內部的兩個平等政治實體」。如此表述一方面不違反台灣在「國統綱領」中所使用的定位，另一方面，也不違背中共長期以來所能接受的看法。亦即以「整個中國內部的兩個平等政治實體」作為兩岸的定位，基本上是聯結了「國

統綱領」與「一國兩制」中對兩岸定位的表述。[60]

四、兩岸國際地位規範：「平等」與「不對稱」的並存設計

在「整個中國」的原則確定後，也就是等於確定了兩岸間法律定位關係的性質。由於雙方是「整個中國」的一部分，因此，彼此間自然不是一般國家間的「外國」關係，雙方的關係也不是以國際法的原則作規範，而是以雙方共同同意的原則作規範。在這個前提下，無論是中共對台灣作國家的承認，或是類似於國家的承認，都不會造成永久分裂中國的法理事實。

在「整個中國」原則確立後，兩岸最需要思考的就是彼此間的外交空間問題。這是台灣方面最在意的問題，也是中共的「一國兩制」中沒有處理的問題。

西德對東德作「國家」承認，但不作「外國」承認的思維，應該可以供中共思考。中共可以以兩岸在政治的權力「不對稱」（unsymmetry）為由，要求兩岸在國際間所享有的地位有所區別，但是中共不可以否定兩岸在法律上是相互「平等」（equality）的兩個主體。正如同在一個家庭中，或許有權力的「兄長」享有較多的社會資源與社會地位，但是在兄弟間的

---

[60] 本節以「整個中國內的兩個平等政治實體」作為「一中兩國」的另一種表述方式，其理由在於，雖然兩者在本質上要表述的內涵是完全一致，但是用前者表述，可能可以避免一些不必要的誤會與心結，並滿足雙方的心理與傳統認知需要。

法律地位方面，彼此並沒有大小的差別，兩個對於自己的事務仍然享有自主權。簡言之，兩岸在對外的政治上或可為「不對稱」，但是在彼此的法律權益上是「平等」的。

　　在國際間，這種「平等」與「不對稱」的概念經常被交互使用。小國與大國往往是「平等」，但「不對稱」。例如在聯合國中，每一個國家都是「平等」的，在聯合國大會中都是一國一票，每個國家在國際法院前都是享有同樣的權益，但是「安全理事會」卻是個政治「不對稱」的設計，只有五個常任理事會員國有否決權。也有的國際組織針對不同的政策議題有「平等」或「不對稱」的設計。例如在歐洲聯盟中，有關「共同外交暨安全政策」是屬於「平等」的設計，也就是必須經由一致決才能行為[61]，但是在一般事務上，歐盟（部長）理事會中每個國家所擁有的票數不同，國力大的國家有的票多，例如德國、法國、義大利、英國等大國，每一國家擁有十票，而盧森堡則只有二票，這就是「不對稱」的設計。另外在歐洲議會的組成方面也是「不對稱」的設計，如德國最多，有九十九席，

---

[61] 在 1999 年 5 月生效的《阿姆斯特丹條約》中增加了「建設性棄權」（constructive abstention）的程序，以使得決策更有效率，即在所有基本政策的決定仍需一致決決定，但是某一會員國可以以正式聲明通知聯盟不接受該決定所需承擔的義務後，以棄權方式表達其立場。如此一方面可使聯盟得以推動共同外交暨安全政策，以增加決策效率；另一方面又可維護不同意見會員國的本國立場。但終其基本概念，仍是以每個會員國不分大小一律平等的原則。詳請見張亞中，《歐洲統合：超國家主義與政府間主義的互動》，（台北：揚智，1998 年），頁 125-164。

法國、義大利其次，各有八十七席，盧森堡只有九席。[62]其次在一些聯邦國家也有「平等」與「不對稱」的設計，例如美國參議院的組成，則是依據各州一律兩名代表的「平等」原則，但是在眾議院則是依照各州人口多寡而有不同的議員數目。

「平等」也是國際間在協商時必須遵守的原則，但是往往基於每個國家的國力與資源，其結果往往並「不對稱」。有的情形是小國基於本身國力所限而讓步，有的情形則是大國爲了其他理由而讓步，這在國際談判中是處處可見。「平等的協商、不對稱的妥協」是國際間的常態現象，因此兩岸只要在平等、相互尊重的基礎上進行協商，其結果是否一定完全「對稱」（或俗稱的「對等」），也並不是全依一方堅持而已，而最重要的關鍵還是在於彼此之間的善意，特別是作爲分裂國家的兩方，這種善意與相互體諒顯得更爲重要。如果協商的結果確有「不對稱」的表象，也不應草率地認爲這一定就是「喪權辱國」，而要看自己在整個結果中的利弊得失才能論定。

中華民國雖然在國際間只有二十八個友邦，或許在現實的國際政治中，它不被視爲擁有其他一般國家所有的國家權利，但是在真實的世界，中華民國作爲一個國家在 1949 年後並沒有消失，更何況，在台澎金馬的土地上仍有逾二千三百萬人堅信他們是中華民國的國民。如果在未來的《兩岸基礎協定》中要迴避中華民國是個國家這個事實，可預期的是很難有甚麼成果。其解決方法，一個是雙方以「國統綱領」所主張的以「政

---

[62] http://europa.eu.int 網路資料。

治實體」相互對待；另一個方法則是以「兄弟關係」的「國家關係」對待。這兩者的表述方式或有不同，但是在相互關係的實質意涵上則是沒有甚麼多大的差別的。

　　兩岸未來過渡協定，在談判時自然是以「相互平等」進行，在《兩岸基礎協定》中，中華民國與中華人民共和國同屬國家性質，自然是必須遵行的原則，至於雙方是否要用「國家」這個名詞來對彼此表述或以特殊、默認方式處理，當然是可以討論的。例如，以兩岸的「主體」、「政治實體」、「自主性主體」等名詞來相互界定，也是見仁見智，並無不可。

　　作為一個主權國家，「與他國交往能力」是其中必要的因素之一。未來兩岸在協商基礎協定時，也必然會觸及到這個重要的關鍵問題。在台灣，有學者主張「外交休兵」以為兩岸培養善意，或作為維持兩岸善意互動的前提。但是如何「外交休兵」的討論卻顯得較為缺乏，多停留在以彼此現有邦交國數目為基點的思考。

　　「平等而不對稱」原則或可解決兩岸的國際地位問題。在國際組織中，中共可保有聯合國的安全理事會常任會員國的地位，而台灣則取得一般會員國的地位。在對外關係中，台灣可與中共的現有邦交國建立「相當於外交關係」或總領事級官方關係的關係。這種中共享有外交關係，台灣享有總領事級官方關係的設計，將可避免兩岸在外交上再兄弟鬩牆，徒然浪費兩岸的資源，更重要的，彼此在外交上的停止爭戰，相互提攜協助，雙方的人民將因而減少敵意、增加情感，這對於兩岸的

未來將是有百利而無一害。

五、「整個中國」實體化

　　另一個問題，雖然在經由《基礎條約》的簽署後，「整個中國」已不再是個大陸人士所擔心的「虛」的概念，而是一個有法律意涵的「實」的概念。也就是說，在法律的意涵上，在兩岸間有三個國際法主體，分別爲兩岸與「整個中國」。這個「整個中國」的「第三主體」或許對某些人士又是很難理解，因爲它缺少實質的行爲概念。在解決這個問題上，兩岸以統合方式進行互動將可化解上述的疑慮。

　　歐洲共同體在這一方面的經驗是值得兩岸參考的。歐體在國際間是以「整個歐體國家」的身分出現，它的存在並不妨害其成員國在國際間的主體地位。在國際組織中，兩岸可以在各自已有代表的情形下，再合組「整個中國」（以兩岸共同體名義）的代表團出任例如在國際衛生組織、國際勞工組織、聯合國大會、世界貿易組織等相關國際組織中的觀察團。在這些國際組織的機構中，兩岸可基於彼此在各方面的長處，以「平等而不對稱」的原則分別在不同的觀察團中扮演不同的主導角色。在開始初期，這個象徵「整個中國」的「第三主體」的權力或許較爲有限，主要承擔協調與聯絡的功能，但是隨著兩岸未來彼此統合程度的加深，作爲兩岸的「兩個主體」會逐漸將有關權力交給「第三主體」行使，也正如同歐體在國際組織中

的權力也是隨著歐洲統合的逐漸深化而逐漸擴張，這時「第三主體」的權力也會增加，其所代表的意義也正是兩岸更進一步地向統一邁進（詳細說明請參閱第四章第五節）。

如此作法，一方面可以使得「整個中國」完全不是個「虛」的概念，另一方面更可以使得在國際與兩岸間逐漸形成對「整個中國」認知的強化。這種循序漸進的方式即是在尊重彼此主體，但又創造與鞏固新主體的原則下進行，對兩岸的全體中國人均是有利的。

總結本章而論，在兩岸互動交流已逾十年後，兩岸之間應先有基本「定位架構」再談「實質架構」，還是應先有「實質架構」再談「定位架構」的爭辯，應該已快結束。美國最近的正式提議，顯示了美國希望兩岸能夠在民間互動的同時，也能有一個政府間的「中程協定」架構。台灣其實已經逐漸面臨了兩岸關係上最重要、也是一定遲早會碰到的問題。台灣在強調「民主」、「自由」、「尊嚴」、「和平」等觀念的同時，也應思考，如今是這個也深深了解上述價值觀重要的美國要台灣準備去與中共做政治性的協商了，台灣能夠迴旋的空間已不多。1999 年 6 月 29 日，美國國務院亞太助卿陸士達在華府國際經濟研究所會議上再指出，「基於常識來看，達成中程協議是對兩岸都有利的事」，只是針對兩岸關係較不重要的方面達成一些技術性的協議，並不足以大幅改善兩岸關係，或是藉此鼓舞信心，而他提議兩岸簽訂「中程協議」的用意，就是嘗試使兩

岸關係產生新動力。[63]由上述美國官方的談話來看,如何做好充分的準備,建構完整的兩岸定位思維,應該已是當務之急。

東德受到其同盟國蘇聯基於本身利益而所施加的壓力,被迫在東西德《基礎條約》中放棄其原有的立場。這個情形對台灣的啓示是,台灣已經逐漸受到美國的善意壓力,而被迫走向談判桌與考慮商談「中程協定」。未來在兩岸有關過渡性協議的談判中,美國會否如當時蘇聯對東德一樣,也迫使台灣接受美國所屬意的方案,是值得去思考的。因而中華民國政府方面必須積極採取全盤的思考,並主動面對這個問題,以避免因爲思路不周,或國內共識無法凝聚,而使得台灣在面對兩岸協商時,必須花更多的時間在調解內部的爭議。

對於中共而言,固然沒有來自於國外的善意壓力,但是作爲兩岸共同的中國人,如何避免彼此長久無休的紛爭,防止因爲兩岸敵對而消退台灣人民對中國大陸的善意情感,更應該是中共當局應該認真思考的一個課題。與台灣達成一個顧及兩岸立場與利益的《基礎協定》對中共是絕對有利的。

兩岸如果要和平相處、要向「合」的方向邁進,也的確終究要面對一個過渡性的協議,以使得彼此的關係能夠有所依據的開展。這是雙方都無法迴避的問題。《兩岸基礎協定》將會是兩岸向統合方向邁出的第一步。

一個雙方都能接受的《兩岸基礎協定》,將可使中共放棄

---

[63] 〈美東亞助卿盼兩岸尋求中程協議〉,《中國時報》,民國88年7月1日,版1。

以武力解決兩岸問題，也可以使兩岸的兄弟情感在堅實的基礎
上建立，這對於兩岸未來而言是有利的。「兩岸均爲『整個中
國』的一部分」、「兩岸爲整個中國內部的平等政治實體」、「平
等而不對稱」、「兩岸以整個中國名義合組代表團在國際組織中
出現」、「兩岸以統合方式邁向統一」，是未來兩岸協商《兩岸
基礎協定》時可思考的方向。至於在簽署《兩岸基礎協定》後，
應以何種方式來建立彼此的互動，筆者主張參考歐洲統合的方
式，也就是在初期階段，以「統合」豐富對「統一」的思考，
參考歐洲聯盟的統合經驗，逐步推動兩岸的交流與互動，以共
創兩岸的未來，此將在後續章節中再討論。

第二章
兩岸統合與認同：
歐洲統合經驗的思考

✠ 兩岸間的認同
✠ 重構垂直性重疊認同的選擇
✠ 歐盟統合模式中多重認同建立的實踐

　　管理學家彼得‧聖吉（Peter M. Senge）在其著作《第五項修鍊》（The Fifth Discipline）一書中，提出學習組織的五項修鍊方式，其中包括建立共同願景（Building Shared Vision）與系統思考（Systems Thinking）二項，如果把兩岸關係視為是一個互動的團體，則彼得‧聖吉的組織理論或許有助於中國人釐清，並且重建二十一世紀的兩岸新關係。[1]

　　「共同願景」指的是大家共同願望的景象。共同願景最簡單的說法是：「我們想要創造什麼？」正如個人願景是人們心中或腦海中所共同持有的意象或景象，它創造出眾人是一體的感覺，並遍布到組織全面的活動，而使各種不同的活動融匯起來。[2]

　　本章寫作的假設是兩岸願意創造一個共同的願景，因而自然不適用於不願意創造一個兩岸有共同願景，而只思及自己的願景者，例如中共單方面以「一國兩制」為統一的願景，或部分台灣人民以追求建立「台灣共和國」為願景。這個「共同願景」具體來說，兩岸的人民未來可以在「相互接受」的條件下、共存共榮地發展彼此間的關係，並為彼此創造一個美好的生活。而達到這個願景的基本條件，首要地即在創造一個彼此都能接受的認同對象與目標。

---

[1] Peter M. Senge, *The Fifth Discipline: The Art & Practice of The Learning Organization* (New York: Currency Doubleday, 1990), 其他的三項修鍊即自我超越（Personal Mastery）、改善心智模式（Improving Mental Models）、團隊學習（Team Learning）。

[2] Ibid., p.206.

　　兩岸建立共同的認同不是一件容易的事，特別是在歷經逾五十年的不同成長背景，雙方意識形態與價值觀的差異，以及彼此國際地位強弱顯著，致使兩岸在對國家未來走向上有著顯著的立場差異。中共認為「一個中國」「國家統一」是不可挑戰的絕對標準，但是台灣方面則認為「尋求合理的國際地位」「台灣的自主」是作為一個國家不可或缺的立場。近年來，雙方雖不至於兵戎相見，但確是漸行漸遠，雙方的共同認同愈來愈弱。

　　如果認同都無法建立，共同的願景自然也就難以實現。兩岸長期處於分離的狀態，用任何的單一思維去思考兩岸問題都有其本身的困境。如何在現實與彼此有利的基礎上重構兩岸的認同，已是應該認真思考的問題。

　　本章先處理有關認同的問題。在第一部分，將討論目前兩岸在「國家」、「民族」、「制度」等方面的認同是否已有折裂或斷裂？第二部分將討論如何重構兩岸彼此的認同，是以功能主義所主張的放任式合作方式來自然達成，還是藉由聯邦主義所主張以機械式的政治統合方式強制完成，或是以新功能主義所主張制度與功能並重的方式來建構彼此的新認同？第三部分將為實證性的分析，從歐盟現有的資料來分析歐洲統合在建構新認同時的成果，以作為兩岸是否可參考歐盟經驗的一個依據。在最後則將提出思考與研究後的心得。

第一節 兩岸間的認同

　　英文 "national identity" 可視爲民族認同、國族認同或國家認同，其內容也可以包括對現有生活制度的認知。在認知的理念上，本文並不採取完全以「自由主義」、「社群主義」或「民族主義」爲單一指標的「認同觀」[3]，而認爲這些觀點均有其值得重視的角度。爲便於分析分裂國家間的認同問題，本文將以「國家認同」作爲對國家憲政、國號的認同，而「民族認同」則是指民族面的認同。「制度認同」也單獨列出討論，指對現有憲政體制的認同。

---

[3] 中文的相關討論可參考：江宜樺，《自由主義、民族主義與國家認同》（台北：揚智，1998 年），該書包括「民族主義的國族認同」、「社群主義與歷史文化共同體」與「自由主義的憲政民主認同」三大部分對「認同觀」的探討。另外，由蕭高彥、蘇文流主編，《多元主義》（台北：中央研究院中山人文社會科學研究所，民國 87 年）一書中有林火旺的〈公民身分：認同與差異〉（頁 379-409），討論自由主義與社群主義對認同的論述；江宜樺的〈麥可瓦瑟（Michael Walzer）論多元族群社會的國家認同〉（頁 411-440）；蔡英文的〈價值多元主義、相對主義與政治認同：柏林（Isaish Berlin）、雷茲（Joseph Raz）與葛雷（John Gray）論點之分析〉（頁 441-485）。再則，由陳秀容、江宜樺主編的《政治社群》（台北：中央研究院中山人文社會科學研究所，民國 84 年）一書中，也有林火旺的〈自由主義可否建立一個政治社群？〉（頁 249-270）；蕭商彥的〈愛國心與共同體政治認同之構成〉（頁 271-296）等文有相關的探討。

在討論兩岸間的認同關係時，首先提出「水平性重疊認同」（horizontal overlapping identity）與「垂直性重疊認同」（vertical overlapping identity）兩個概念。「水平性重疊認同」指的是現有多個主體間對彼此相互並存的認同。「水平性重疊認同」則特別是指一個國家或民族主體對其歷史的縱貫認同，或作為分裂國家的一方對其未分裂前原有母體的認同。[4]

一、兩岸間的國家認同

在評述一般國家的國民面對其「國家認同」時，通用的判斷標準則是以其所擁有的國家護照作為依據標的。在一些歐陸國家，如德國，並不容許人民有雙重的國籍，亦即只希望其國民只有一種國家認同，但是如美國、加拿大等國，並不管人民是否具有雙重護照，從這一方面而言，美、加等國是容許其國民有雙重的國家認同。[5]在這個觀點上，對一般的國家國民最多只有「水平性重疊認同」的多國認同，而不會有分裂國家所獨特的「垂直性重疊認同」的國家認同問題。

作為分裂國家的一員，基於政治認知，往往在分裂剛開始，對於國家的認同非常清楚，認為自己一方才是「正統國家」，有著對現有國與原有國的「垂直性的重疊認同」，甚而認

---

[4] 所謂「水平性重疊認同」、「垂直性重疊認同」的認同表述，是作者自行所創用的名詞，用以分析分裂國家的認同處境。

[5] 這些國家自然有相關的法律規定，以決定人民在財產、納稅或其他事項在面臨雙重國籍時的優先順序原則，國際法也有類似的規定。

爲兩個根本就是同一個主體，另一方的政治實體並不足以代表原有的國家，只是一個非法的政權而已。如早期的西德認爲東德是非法政權，中華民國視中共爲叛亂組織。但是隨著一段時間，基於政治的新考慮，分裂的一方逐漸縮小了它的國家認同範圍，不再對分裂前的國家產生認同，轉而僅對分裂後自己所轄的國家鞏固認同，即放棄了「垂直性」的重疊認同，而只保有對自己的國家認同。例如 1955 年後的東德，不再將「德國」視爲其「國家認同」的主體，而強調自己只是「東德」的「國家認同」。放棄將原有國作爲「垂直性重疊認同」的主體，等於與原有國認同的斷裂，在政治上的意義爲，不再追求統一，滿足於自己的新國家。[6]

但是也有分裂國家的一方一直堅持其與原有國的「垂直性重疊認同」關係。例如西德到 1990 年統一前仍然在法律見解上一直堅持他對「德國」的認同性。

至於分裂國家間是否會有如一般國家間的「水平性重疊認同」？應該是非常困難的。因爲處於對立的雙方在長期政治教育與敵我認知下，不太能形成對彼此「水平性重疊認同」的條件。

從人民方面來看：在台灣人民所面臨的「國家認同」問題牽涉到四個論述：

---

[6] 有關東西德與原有德國或東西德彼此認同關係的認定與轉變，可參考張亞中著，《德國問題：國際法與憲法的爭議》（台北：揚智，1999 年）。有關東德認同的轉變部分，可參考頁 68-75。

第一、「中國」與「中華民國」都是認同的主體：對 1949
年前中國（即中華民國）的認同問題，包括認為中華民國的主
權仍及於全中國，治權限於台澎金馬，主張自己與原有國的主
體延續「垂直」關係，對中國有統一的使命與責任；即仍保有
對「中國」與「中華民國」的共有「垂直性重疊認同」。

　　第二、僅有「中華民國」是認同的主體：對目前中華民
國的認同，即中華民國是個主權獨立的國家，主權與治權都只
限於台澎金馬，不存在對「中國」「垂直性重疊認同」問題。
民進黨的《台灣前途決議文》中即表達「台灣，固然依目前憲
法稱為中華民國」，「但與中華人民共和國不相隸屬，任何有關
獨立現狀的更動，都必須經由台灣全體住民以公民投票的方式
決定」。不過，值得討論的是，該決議文只是接受了對「中華
民國」國號的認同，並沒有對現有中華民國的憲法效力範圍表
達認同，這一點是民進黨與國民黨及新黨的差異所在。

　　第三、僅有「台灣共和國」才能成為認同的主體：不對
中華民國認同，認為台灣應該成立獨立的台灣共和國。

　　第二與第三項都沒對未來再統一中國的認知問題，認為
在台灣的政府已是一個獨立而與大陸沒有承諾關係的國家。

　　第四、將「中華民國」與「中華人民共和國」共列為認
同的主體：也就是同時對兩岸國家有著「水平性重疊國家認
同」。但是由於雙方的法律機制並不容許這種情形發生，所以
這種「水平性重疊國家認同」目前還不可能發生。

　　從政府方面來看：台灣的法律體制從 1949 年至 1991 年

間，一直維持著對「中國」與「中華民國」的「垂直性重疊國家認同」。一方面認爲 1912 年成立的中國還存在，另一方面也認爲中華民國就是中國，一直到 1987 年廢止「動員戡亂臨時條款」前，中華民國政府認爲中共政權根本是個叛亂團體。1991年國家統一委員會（國統會）界定《對「一個中國」的涵義》文中，雖然明文接受了中共政權在大陸擁有治權，而不再是個叛亂團體的事實，但是仍然表明「『一個中國』應指 1912 年成立迄今之中華民國」，基本上仍是將中華民國與中國畫上等號，認爲兩者應爲「同一」的關係。不過，國統會這個「一個中國就是中華民國」的主張，也可以看作是中華民國政府到目前爲止的最後一份有關「垂直性重疊國家認同」的官方文件。從此以後，在台灣的政府對「中國」主體的認同開始逐漸消退，而只剩下對在台灣的「中華民國」的國家認同。

最足以顯示「垂直性重疊認同」消逝的是 1994 年陸委會公布的《兩岸關係說明書》。在該說明書中稱，主張「一個中國」是指「歷史上、地理上、文化上、血緣上的中國」。[7]這種爲「中國」去政治化的表述方式，等於消除了將「中國」其作爲國家認同的主體，而將「中華民國」作爲唯一的國家認同。從 1993 年開始尋求加入聯合國活動，從「國家認同」的角度來看，是爲確定「中華民國」國家主體性的一種努力，而其所用的理由，也是「在尋求台灣地區二千一百三十萬人民之權利

---

[7] 行政院大陸委員會，《台海兩岸關係說明書》，民國 83 年 7 月 5 日，頁 25。

在聯合國內有適當之代表，其目的並非尋求代表全中國」。[8]可以說，中華民國政府對「中國」作為「垂直性重疊國家認同」的主體從此消失，「垂直性重疊國家認同」也從此正式斷裂。在「重疊性認同」方面，剩下所能討論的只是雙方是否還有「水平性的重疊民族認同」問題。

從民意的角度來看，台灣民眾對於中華民國的認同是相當地高。即使在民進黨的支持者方面，在該黨公布《台灣前途決議文草案》擬承認中華民國，有 67%的支持者表示支持。[9]另一個指標如圖 2-1 可以從歷年來有關「如果發展外交關係會造成兩岸關係的緊張，贊不贊成繼續發展外交關係」這個問題上獲知，在歷次的民意調查中都有約 65%以上表達對台灣發展外交的支持。

在中共方面，從 1949 年「新中國」建立，基本上就沒有對 1912 年建立的「中國」有「國家認同」問題。換言之，作為分裂國家的一方，中共從一開始就不認為自己是個分裂國家，更無所謂的「垂直性重疊國家認同」問題。從中共與外國的建交公報或其他重要文件中可看出，中共一直堅持「世界上只有一個中國，中華人民共和國政府是中國的唯一合法政府」、「台灣是中國不可分割的一部分，中央政府在北京」、「反對兩個中國、一中一台、台灣獨立」等主張。在兩岸關係上，

---

[8] 外交部，〈重新檢視 1971 年聯合國第 2758 號決議〉，民國 83 年 7 月。
[9] 聯合報所作的民意調查，結果刊於《聯合報》，民國 88 年 5 月 3 日，版 4。

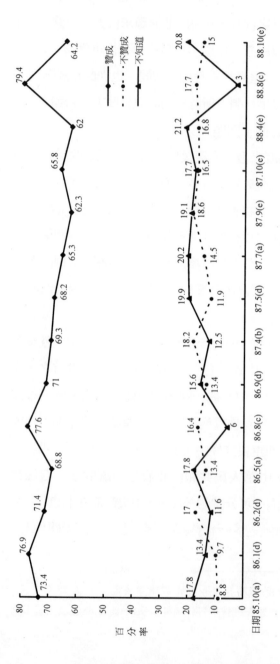

圖 2-1　如果發展外交關係會造成兩岸關係緊張，民眾對於是否繼續發展外交關係的看法

調查單位：(a)政治大學選舉研究中心。(b)柏克市場研究公司。(c)中華徵信所。(d)中山大學民意調查研究中心。(e)中正大學民意調查研究中心。調查
樣本數分別為 1226、1206、1231、1211、1067、1231、1067、1240、1067、1122、1098、1078、1107、1112、1067、1119 人。調查樣本 1600 人以上為當面訪問，
其餘為電話訪問。調查對象為台灣地區 20-69 歲之成年人。
資料來源：行政院大陸委員會。

「一國兩制」是中共的最高指導原則，而這個「一國」則是由中共所詮釋的「國家認同」。

二、兩岸間的民族認同

在討論「民族認同」以前，自然需對「民族」作一簡單的界定。一般的定義均不脫血緣、語言、文化、宗教、風俗習慣等客觀性的描述。米勒（David Miller）則從認同面來為民族作一界定。他認為構成一個民族必須有五個要件，而「民族認同」也在這五點上形成：(一)民族的成員必須視其他的成員為同胞(compatriots)，具有共同生活信念，願意一起生活在一起的一群人。(二)具有一種歷史連續性(historical continuity)的認同，彼此不僅有過去，也有未來。(三)是一種能發生主動行為的認同（an active identity），表現在共同的決定、共同的行動，以及共同的成就。(四)民族要有自己的家園(homeland)，即一群人生活定居在某塊固定的土地上。(五)民族認同表徵著成員有著共同的「公眾文化」（public culture）。「公眾文化」可以解釋為人群對於彼此如何生活在一起的相互了解與認識，例如包括對民主法治、社會基本運作價值、宗教信仰的接受等等。[10]這樣以「具有共同生活信念、相同的歷史認知、共同的行為、共有的家園、共同的公眾文化」的界定排除了只是以民族血緣、語言、文化、宗教、風俗習慣等客觀因素來評定

---

[10] David Miller, *On Nationality* (Oxford: Clarendon Press, 1995), pp.21-27.

不同民族認同間的界限。

　　米勒上述所稱的五種界定民族認同的觀點，包含面非常
廣，幾乎已經包括了「國家認同」、「民族認同」及「制度認同」
等三個範疇。米勒所描述的「民族認同」基本上已經可以算是
一種非法政學者所稱的「國家認同」。其中第三、四、五點幾
乎已是「國家認同」的思考，而第五點又可視為「制度認同」
的範疇。因此米勒所提出「民族認同」五條件對我們有所啟發
的，將是在傳統所稱的血緣、語言、文化、宗教、風俗習慣等
條件外，又增加了「共同生活信念、分享價值」與「歷史連續
性認同」兩項，而這兩項對於討論分裂國家的民族認同應該有
些參考價值。

　　在 1987 年台灣開放兩岸探親前，兩岸之間對「民族認同」
仍是停留在對「民族歸屬性」的認同，認為兩岸是同文同種，
同是中華民族的炎黃子孫，因而中華民族的再統一也就成了對
歷史的一種責任。但是在兩岸互動日益頻繁後，兩岸的民間發
現，彼此在「信念價值」與「歷史的連續性」上有著不算短的
距離。台灣人民四百年來獨特的歷史經驗與大陸中原有著相當
的歧異，而五十年來意識形態的不同發展，也使得彼此間的感
覺並不是完全的熟悉。這時候的台灣有著兩種不同的複雜認同
感。一方面覺得兩岸應該是有著共同的民族認同，但另一方面
又覺得彼此在最近的四十年並沒有相同的歷史回憶與經驗。這
時候台灣人民對中華民族的民族認同其實是不確定的，而它的
發展也將因此充滿著變數。這種民族的認同容易受到客觀環境

的影響，如果環境有利於往共同的民族認同方面靠攏，它也很容易靠攏；但是如果有力量介入，使台灣與大陸在民族認同上產生歧異，台灣的文化土壤內也絕對有這個條件。也因此，「民族認同」成為三種認同中最具有可變性的一項認同。

在蔣介石至蔣經國總統時期，對中華民族的認同自然不需要再多著墨。值得討論的是李登輝總統時期，台灣民間社會對「民族認同」的轉變。

1991 年的《國統綱領》中，開宗明義的第一句話即稱：「中國的統一，在謀求國家的富強與民族長遠的發展，也是海內外中國人共同的願望。」表述出對「民族統一」的高度認同與期許。[11]

台灣在 1993 年以前，對整個中國而言，基本上，仍是強調對民族主義的認同。但是從 1994 年以後有了些改變。1994 年公布的《台海兩岸關係說明書》雖然仍維持對「民族認同」的表述，認為「中國的統一在謀求國家的富強與民族長遠的發展，也是海內外中國人共同的願望」。[12]但是在表述的重要性方面，從使用的篇幅來看，「民族認同」只有短短幾句語，其重要性卻遠不如對「制度認同」的著墨。

台灣內部政治發展與中共的外部因素紛紛在 1993-1994

---

[11] 張亞中在《兩岸主權論》一書中分析，《國統綱領》或許將其看成「後蔣經國時期」的大陸政策似乎較為合宜，嚴格而言，應該自 1993 年起才算是真正由李登輝總統主導的大陸政策，進入「李登輝時期」〔（台北：生智，1998 年），頁 84-85〕。

[12] 行政院大陸委員會，《台海兩岸關係說明書》，頁 33。

年間湧入了「民族認同」這個議題,使得台灣對兩岸共同的「民族認同」發生了變化。這些因素包括 1993 年 5 月台北發表《參與聯合國說帖》,一改其以往的立場積極尋求進入聯合國,中共相對地對台灣採取強硬的杯葛態度;1994 年 3 月 31 日大陸千島湖事件,李登輝總統所稱,中共「殘害我們的同胞」的看法,使得台灣對大陸不滿的情緒在毫無節制下加速宣泄[13]、4月 30 日李登輝總統接受訪問談到〈生爲台灣人的悲哀〉,這是李總統在心情輕鬆下毫不保留地表達對中華民族的疏離感,對台灣社會是有著影響。同年年底的台北市長大選,表面上是所謂的「保衛中華民國」的訴求,但其本質何嘗不是對「台灣分離主義」、「民族認同斷裂」的一種惶恐。

從圖 **2-2** 歷次的民意調查中,可以看到台灣對兩岸的「民族認同」的最大轉折點是在 1994 年間。從此以後,台灣人民對「民族認同」便沒有再回到 1994 年前的水準。

民意調查顯示,在 1993 年 1 月時,認爲自己是中國人的仍占 48.5%,既是中國人又是台灣人的占 32.7%,認同自己只是台灣人的僅有 16.7%。但是從 1994 年 2 月的民意調查開始,認同自己是中國人的逐漸下滑,從該月的 24.2%到 1999 年 10

---

[13] 千島湖事件,24 名台灣觀光客與 8 名大陸人員遭搶匪殺害,李總統指出中共「殘害我們的同胞」(《中央日報》,民國 83 年 4 月 10 日,版 1);行政院長連戰指中共「草菅人命」(《中央日報》,民國 83 年 4 月 8 日,版 1);蘇貞昌說,統一成為殘害台灣同胞的一個利器,(《中國時報》,民國 83 年 4 月 11 日,版 2);洪奇昌建議抱有統一幻想的人把夢放棄(《觀察》,第 5 期,1994 年 4 月 25 日,頁 12-14)。

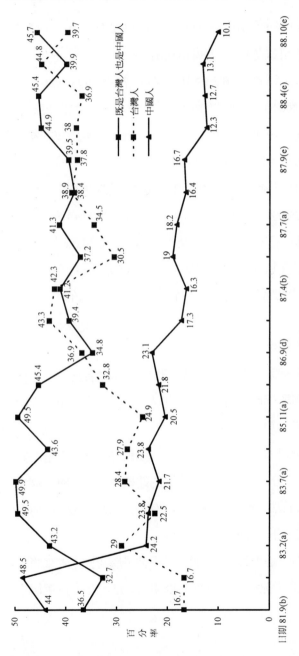

圖 2-2　民眾對於自我認同的看法

調查單位：(a)政治大學選舉研究中心。(b)柏克市場研究公司。(c)中華徵信所。(d)中山大學民意調查研究中心。(e)中正大學民意調查研究中心。調查
樣本數分別為 1067、1600、870、1209、1067、1205、1211、1240、1067、1067、1122、1098、1097、1078、1107、1112、1067、1119 人。調查樣本
1600 人以上為當面訪問，其餘為電話訪問。調查對象為台灣地區 20-69 歲之成年人。
資料來源：行政院大陸委員會。

月只剩下 10.1％，這顯示，台灣人民雖仍保有對中國人的認同，但基本上可以認爲是已經開始折裂。

在另一方面，對台灣人的單一認同，卻從 1993 年 1 月的 16.7％，逐步爬升到 1999 年 10 月的 39.7％左右。其間最高者曾達到 44.8％（1999 年 8 月）。這表示，台灣的主體認同在這近六年間已有很大的改變。

如果將 1993 年 1 月與 1999 年 10 月的民意調查來做個比較，單一認同中國人者，降了 38.4％，而單一認同台灣人者，則提升了 23％。對「台灣人」及「中國人」作複式認同者，則從 32.7％提升到 45.7％，增加了 13％，雖然沒有明確的數據顯示，這些增加者是從原有的哪一方認同轉過來的，但是，如果就整體來評估，絕大多數應該是由原有對「中國人」單一認同者轉移過來的。

這些趨勢顯示，對「中國人」作單一認同者應該不會再有突破性的進展，而未來將是對兩岸人民的「重疊認同」與對台灣人民「單一認同」的拉扯。

上述台灣民眾在「民族認同」上態度的轉變，正是在對於「共同信念、分享價值」與「歷史的連續性」上，與中國大陸有著歧異的看法，而這個歧異並沒有被有效地跨越，反而在其他因素的主導下，變得愈行愈遠。

在台灣的政治生態上，「水平式重疊民族認同」未來將會面臨兩種不同的挑戰。首先是在 1998 年 12 月台北市長選舉中

開始形成的「新台灣人」認同。[14]這個認同的概念基本上是爲
鞏固台灣人民在「閩南、客家、外省、原住民」四大族群爲目
的的主張。在另一方面等於是爲鞏固「我群」而尋求一新的概
念，而這個「我群」的強調，其實也等於間接地表達了與大陸
「他群」的距離。

　　其次是來自於傳統的台灣民族主義。吳乃德認爲，「台灣
民族主義的主要任務之一主要是脫離中國，至少脫離中國的民
族主義。」[15]從上述圖 2-2 的民意調查來看，台灣民族主義雖
然在 1947 年的「二二八事件」後即已開始，但是一直到 1993
年 1 月還只有 16.7%而已，但是在 1997 年 11 月，不到五年的
時間，就已達到 43.3%，很明顯的這主要是受到國家領導者的
主觀引導民意與中共不當反應的刺激所致，反對黨長期的努力
在其中所發揮的影響力其實並不顯著。未來這個數據會否再升
高，將會仍然取決於未來台灣領導階層與中共的反應。另外，
「台灣民族主義」者在現有的基礎上如果繼續不斷地進行政治
動員，也有可能會再增高現有的比率。

　　可預期的是，「新台灣人」與「台灣民族主義」兩種訴求

---

[14]　最早《遠見》雜誌已開始提出「新台灣人」的觀念，宋楚瑜在省長選
　　舉時，已提出此一看法，但是並沒有形成重要概念，一直到 1998 年
　　12 月台北市市長選舉，李登輝總統以這個口號呼籲台灣應不分族群
　　後，成為一個重要的意涵。1999 年 4 月馬英九市長成立「新台灣人基
　　金會」，2000 年總統大選，宋楚瑜陣營以新台灣人服務團隊名義作號
　　召。

[15]　吳乃德，〈搜尋台灣民族主義的意識形態基礎〉，《台灣政治學刊》，1996
　　年 7 月，頁 36。

將會持續地醱酵，因此，如果沒有兩岸的共同努力，兩岸間已
經折裂的「水平性重疊民族認同」將有可能變得更難重合。

　　至於中共方面，對於兩岸應有共同的「民族認同」這一
點是絕對堅持的，並且以此作為兩岸互動的最高原則。從早期
1979 年中共人大的《告台灣同胞書》、1981 年的《葉九條》[16]、
1983 年鄧小平對「一國兩制」的詮釋、1993 年公布的《台灣
問題與中國的統一》白皮書，到 1995 年江澤民的春節八點談
話（即俗稱之《江八點》），都是在向台灣作民族主義的訴求，
認為「促進中華民族的全面振興，仍然是所有中國人的神聖使
命和崇高目標」。在民族主義的原則下，《江八點》中雖然表示
「中國人不打中國人」，但也表示「武力是針對外國勢力干涉
中國統一和搞『台灣獨立』的圖謀的」。《江八點》的最後一段
也是以民族主義為號召：「我們呼籲所有中國人團結起來，高
舉愛國主義的偉大旗幟，堅持統一，反對分裂，全力推動兩岸
關係的發展，促進祖國統一大業的完成。中華民族現代發展進
程中這光輝燦爛的一天，一定會到來」。

　　台灣民眾到目前為止，仍保有對兩岸「水平性重疊民族
認同」。如圖 2-2 在歷次民意調查中，認為自己是「中國人」
加上「是中國人也是台灣人」的比率仍有 55%以上。但是中
國大陸的「民族認同」是單一對「中國」的「民族認同」。台
灣在面對「民族認同」這個議題時，其實是較之中共為彈性與

---

[16] 1981 年 9 月 30 日，中共人大常委葉劍英發表《進一步闡明關於台灣
　　回歸祖國、實現和平統一的方針與對策》，即俗稱的《葉九條》。

多元。近年來認為「我是台灣人」的比率已高達 35%以上，
也反映出兩岸在「民族認同」方面的差距已逐年在增加。如果
這個比率再持續增加，將會觸及到中共最敏感的「民族主義」
部分，這將會使得中共陷入到對台灣更為猜忌的情境。中共的
困境在於，如果以強制的手段對抗台灣，台灣的本土認同性將
會更高，這反而不利於兩岸「水平性重疊民族認同」的擴大。

三、兩岸間的制度認同

在一般國家的認同討論中，制度認同自然包括在國家認
同之中，但對分裂中國家的民眾而言，雖然彼此間可以有相同
的「民族認同」，但不必然就表示也連帶地須有相同的「制度
認同」。

一些自由主義者強調以憲政制度來作為國家認同的基
礎。他們認為在自由民主的社會中，一個人只要奉公守法，國
家自然會保護他的存在，而不會要求他去承擔文化的使命，個
人在憲政民主的規範下，有擺脫族群、宗教或文化等集體認同
的權利。[17]這些自由主義者的代表人物如哈伯瑪斯（Jürgen
Habermas）[18]、羅爾斯（John Rawls）[19]、Ronald Dwokin[20]等。

---

[17] 江宜樺，《自由主義、民族主義與國家認同》（台北：揚智，1998 年），
頁 106-113。

[18] Jürgen Habermas, "Citizenship and National Identity: Some Reflections
on the Future of Europe," *Praxis International* (1992) 12: 1-19; Jürgen
Habermas, "The European Nation States. Its Achievements and Its

　　這些主張者對國家認同的處理基本態度上是強調制度認同，而減低文化認同的作法，它鼓勵一個自由民主體制中的公民多思考一下自己想要認同的國家，是基於對它的經濟社會制度的肯定，而不只是基於對民族或文化的一種認同。從另一方面，憲政民主制度認同的主張者也反對文化認同在國家認同中

Limitations. On the Past and Future of Sovereignty and Citizenship," *Ratio Juris* (1996) 9:125-137.

[19] John Rawls, *Political Liberalism* (New York: Columbia University Press, 1993).這本書是羅爾斯在最近十幾年所發表的八篇重要論文經過修改後彙集編成。羅爾斯認為，在一個由自由公民所組成的社會中，由於公民間彼此擁有合理且不相容的宗教、哲學與道德信念，西方的多元社會不容易由單一的價值體系所取代。而在一個民主自由社會中，一個彼此間的「重疊共識」（overlapping consensus）是必要的。而這個共識，也就是「政治上的正義概念」（a political conception），其內容包括：平等的公民自由、機會、相互尊重、尊重公共理性（public reason）等（pp.139-41）。亦即維繫一個可以被公開證明合理（或合乎正義）的基本社會結構，乃是該理想社會中所有做為「自由、平等的個人」的公民應擔負起的目標（p.146）。

[20] Ronald Dwokin, "Liberal Community," in Shlomo Avineri and Avner de-Shalit eds., *Communitarianism and Individualism* (Oxford: Oxford University Press, 1992). Dowkin 在自由主義的社群建構上強調「倫理自由主義」（ethical liberalism）的同時，也堅持制度因素才是共同體號召認同的唯一憑藉，他說：「當一國之公民視其所身處的社群具有社群生命，而且承認個人生命的成敗在倫理意義上依附於社群生命的成敗，那麼他們就認同了這個政治社群」（p. 217）。因而，Dowkin 的政治認同概念有法制化的內涵，他將對國家的認同集中在對憲政制度及政府的施政作為。在這一點上，他與哈伯瑪斯及羅爾斯相似，都是不將族群或文化等因素納入國家認同的內涵中。中文可參考江宜樺，《自由主義、民族主義與國家認同》，頁 117-121。

的積極角色，因爲在多元文化的社會中，不可能爲社會提供一個共同的依歸，因而能夠爲民眾提供共識的，應該只有良善的政治經濟制度。[21]

哈伯瑪斯在討論國家認同時，雖然對民族國家在歷史上的出現表達其積極與正面的肯定，但是他也認爲「民族國家」此一概念在經過二百年後，已將走入盡頭。他認爲，「民族國家」嘗試結合「公民」（citizens, *Staatsbürger*）與「族民」（nationals, *Volksgenossen*）這兩個原本不相容的概念，前者是鼓勵個體以自由平等身分選擇所欲結合的團體，而後者則是傳承者不可改變的歷史命運。因此，「在民族國家的自我了解之中，永遠存在一種衝突；一方面是平等法律共同體所彰顯的普遍主義，另一方面則是共同起源、命運所形成的文化共同體所代表的特殊主義」。兩者終須分道揚鑣。[22]哈伯瑪斯認爲要擺脫此一情境的方法，就是建立人民間的「憲政認同」，以基本人權與民主憲政作爲國民凝聚向心力的焦點。

從二十世紀末世界大移民潮的產生，可以看出十九世紀以「民族國家」、二十世紀初以「民族自決」爲號召的訴求已有著本身解釋上的困境。對一般國家尚且如此，何況處於分裂中國家的民眾更會面臨如此的困境。究竟是「民族發展」重要，

---

[21] 江宜樺，《自由主義、民族主義與國家認同》，頁 106-110。

[22] Jürgen Habermas, "Citizenship and National Identity: Some Reflections on the Future of Europe," p.5; "The European Nation States. Its Achievements and Its Limitations. On the Past and Future of Sovereignty and Citizenship," p.131.

還是個人的「民主自由」重要？要堅持「民族統一」，還是絕
不放棄已有的「憲政民主」制度認同？是分裂國家普遍須面對
的問題，而兩岸正好也面臨著這樣的抉擇。

　　台灣的民主體制雖然不見得完全合乎哈伯瑪斯所稱的憲
政民主，但相較中國大陸，台灣的人民對自己所擁有的制度則
顯得較為肯定。對民主制度的凸顯，最早是在 1958 年，中華
民國政府在《中美聯合公報》中表示：

>「……鑒及兩國現正履行之條約係屬防禦性質，中華民
> 國政府認為恢復大陸人民之自由乃其神聖使命，並相信
> 此一使命之基礎，建立在中國人民之人心，而達成此一
> 使命之主要途徑，為實行孫中山先生之三民主義，而非
> 憑藉著武力。」[23]

　　在冷戰期間這種表述只是一種口頭上的宣示，對台灣與
中國大陸的內部談不上會有多大的意義。真正可以算作是台灣
方面以「制度認同」作為界定兩岸統一的指標，應該從 1981
年 4 月中國國民黨第十二次全國代表大會通過的〈貫徹以三民
主義統一中國案〉，及 1988 年 7 月 12 日中國國民黨第十三次
全國代表大會通過的〈中國國民黨現階段大陸政策〉，開始強
調台灣堅持三民主義。這也正是中華民國以三民主義的「制度

---

[23] 全文見 *American Foreign Policy, Current Documents, 1958* (Washington, D.C.: U.S. Government Printing Office, 1962), pp.1184-1185.cite, Hungdah, Chiu, ed., *China and Taiwan Issue* (New York: Praeger Publisher, 1979), Document 15, pp.237-239.

認同」來回應中共《葉九條》「民族認同」的起點。

　　在《國統綱領》中，主要內涵是強調對民族統一與兩岸對等相待的期許，並且也陳述了對「憲政民主認同」的堅持，但是其文件中所稱的「自由、民主、均富」，只是一種互動過程中應有的共識與努力的目標而已。從文件中還可以看出，台灣方面在意與堅持的是，兩岸交往過程中會否危及自身的安全與安定，中共是否會否定台灣的對等實體地位，似乎看不出台灣在兩岸過程中對自身「憲政民主」的太多著墨。

　　隨著兩岸關係逐漸往較冷淡的方向傾斜，台灣相對地也加重了對「制度認同」的分量與堅持。在「制度認同」方面，1994 年起再次回溯到中華民國在 1980 年代的主張[24]，以兩岸制度的差異作為兩岸分裂分治的原因與彼此無法統一的關鍵因素。1994 年的《台海兩岸關係說明書》中稱：

> 「中共如不進行政治改革，放棄「四個堅持」，將難切斷長期存在且時鬆時緊的經濟惡性循環規律。未來，大陸內部政治情勢的走向，將影響到台灣地區人民對統一問題的看法。台灣地區歷次民意調查顯示，假使中共能實施自由民主政治，則民眾贊成兩岸屆時可以統一的比率

---

[24] 包括 1979 年 1 月 11 日孫運璿先生任行政院長時在對中共《告台灣同胞書》所作的三點呼籲：排除馬列思想，放棄世界革命；廢除共產獨裁，保障民權自由；取消人民公社，發還人民財產；1981 年 4 月中國國民黨的〈貫徹以三民主義統一中國案〉及 1988 年 7 月 12 日中國國民黨的〈中國國民黨現階段大陸政策〉。

遠高於贊成台灣獨立者；反之，倘中共繼續實施一黨專
政，則希望中國統一的民眾比率遽降，而贊成台灣獨立
的比率則相對升高。由此可見，大陸地區民主化或專政
化的程度，將深切影響台灣地區人民對統一的看法。」[25]

可以說，從 1994 年起，台灣已將「制度認同」作為一種
防禦性的手段，而認為這是兩岸根本的差異與無法建立集體認
同的關鍵所在。台灣這種基調，一直延續到 1998 年辜汪會談
中，達到最高點。台灣以「民主化」作為區隔與中共的不同，
更以「民主認同」作為兩岸邁向統一的必要條件。

中共也是充分明瞭到兩岸制度方面的差異，因而在化解
「制度認同」對「民族認同」或「國家認同」的障礙時，在
1983 年提出「一國兩制」的主張，同意給予台灣高度的自治
權。[26]中共期盼將「一國兩制」作為對這些所有「認同」問題
的回答，也就是中共容許台灣對自己制度的認同，但是台灣也
必須服膺於中共所主張的國家與民族認同。

台灣的民眾對於「一國兩制」的反應可以視為對「制度
認同」的一項指標。**圖 2-3** 顯示，歷年來台灣內部所作的民意
調查都有七成以上的民眾並不認同於中共的「一國兩制」，這
也可以解釋為對中共現有制度的不認同。

從「國家認同」、「民族認同」與「制度認同」三個角度

[25] 行政院大陸委員會，《台海兩岸關係說明書》，頁 34。
[26] 1983 年 6 月 26 日鄧小平談中國大陸與台灣和平統一的設想，載於同
年 7 月 30 日的《人民日報》。

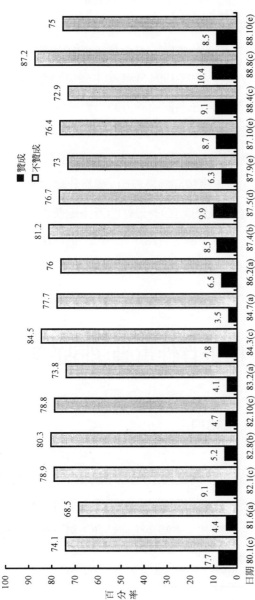

圖 2-3　民眾對於大陸當局提出「一國兩制」模式解決兩岸問題的看法

調查單位：(a)政治大學選舉研究中心。(b)柏克市場研究公司。(c)中華徵信所。(d)中山大學民意調查研究中心。(e)中正大學民意調查研究中心。調查
樣本數分別為 1067、3118、1067、1067、1600、1067、1621、1610、1067、1122、1078、1107、1112、1067、1119 人。調查樣本 1600 人以上
為當面訪問，其餘為電話訪問。調查對象為台灣地區 20-69 歲之成年人。

資料來源：行政院大陸委員會。

來看，兩岸間彼此有關「國家認同」與「制度認同」的「水平性重疊認同」從來就沒有建立過，其中最關鍵的「民族認同」則在 1994 年開始有了折裂的痕跡。而中華民國對中國的「垂直性重疊國家認同」也在 1993-1994 年間被主動地切斷。整體而言，1994 年以後的兩岸在有關認同方面已經是分離大於重疊。因此，如果我們仍想將統一作爲兩岸未來努力的一個目標，如何重構並重疊彼此的認同，應該是一個必要的工作。對一個分裂國家而言，在重構認同的過程中，要彼此建立水平式的重疊認同在邏輯上是很難成立的，最好的方法是在各自保有原有的認同原則下，新構一個包含兩岸在內的「垂直性重疊認同」，等到彼此對這個垂直性主體的認同逐漸拉近時，兩岸的統一也就自然水到渠成。

第二節　重構垂直性重疊認同的選擇

一、機械式的重建認同

機械式的重建認同指的是經由正式的憲政措施，以建構完成一個政治共同體。在兩岸關係上，有兩種主張可歸納於這一類。一個是以成立「聯邦」來解決兩岸問題，另一個則是中共所主張的「一國兩制」。[27]

---

[27] 「機械式的重建認同」也是作者所創用的概念，用以強調以政治力一

　　對主張聯邦主義而言，這個共同體一方面使得聯邦政府擁有足夠的政治權力、強制力，以及滿足成員國集體防衛、內在安全和經濟需要的能力；另一方面，也容許各成員的區域差異，維持其個別的認同，並在適當的政策領域內行使自治。[28]

　　對主張「一國兩制」者而言，容許台灣享有高度的自治，但非「完全自治」，台灣可以有自己的軍隊、保留現有的政、經、社體制及享有司法決策權，惟其前提是兩岸建立一個「政治共同體」，亦即共組一個國家。

　　「聯邦主義」所主張的統合是一種「由上而下」的統合，倡議者認為僅靠政府間組織的功能合作，並不能夠達到統合。如果要使各成員間真正的相互依存，應該建立超國家的憲政體制。[29]「一國兩制」也是一種「由上而下」的統合，強調可包容彼此對「制度認同」的歧異，但須有著共同的「國家認同」。

　　從統合的程序來看，主張以機械方式重建認同者認為政治統合應為優先，因為政治統合可以促進經濟統合，但是經濟統合卻不必然促成政治統合，所以先建構一個超國家的自主中央機構實屬必要。[30]也有人認為，經由聯邦政府透過控制與妥

次強行建構完成人民間的政治認同。

[28] Charles Pentland, "Functionalism and Theories of International Political Integration", in A. J. R. Groom & Paul Taylor ed., *Functionalism: Theory and Practice in International Relations* (N. Y.: Crane, Russak & Company, Inc., 1975), p. 12.

[29] Reginald J. Harrison, *Europe in Question: Theory of Regional Integration* (N. Y.: New York University Press, 1974), pp. 44-45.

[30] Ibid., pp. 235-236.

協的程序，針對各部門與地區的利益，並運用財政權影響成員國行為，可完成經濟統合與社會統合。[31]「一國兩制」並沒有處理政治統合如何可促進經濟或社會統合的問題，而僅凸顯兩岸政經社會制度的並存性，這顯示「一國兩制」本身是一種「國家認同」的強制性認同設計。

從認同的角度來解釋，主張以機械方式重建認同者認為，應將創設「國家認同」作為首要目標，在「國家認同」的共識建立後，自然可以透過現有的憲政機制，容易地解決彼此間對「民族認同」與「制度認同」的歧異。

但是，機械式重建認同最大的問題是，忽視了會員國間的社會因素差異，以及會員國對以共同在憲政架構解決問題的信任度。這些現象不只發生在一些戰後共組聯邦而失敗的國家中，例如，羅德西亞與尼亞薩蘭（Nyasaland）、英屬西印度群島（The British West Indies）、馬來西亞[32]、馬里（Mali）[33]以及阿拉伯共和聯邦（United Arab Republic，由敘利亞及埃及組成）等均是失敗的例子。即便像前蘇聯與南斯拉夫等聯邦國家，在冷戰後也經不起經濟與族群的騷動而告瓦解。而一些成功的聯邦國家，如德國、美國或瑞士等，其實都是已經經過相

---

[31] Ibid., pp. 236-237.

[32] 馬來西亞聯邦於 1963 年成立，新加坡於 1965 年退出馬來西亞聯邦。

[33] 馬里共和國為非洲西部撒哈拉沙漠南緣的內陸國。1948 年併入法屬西非洲。1956 年成為法蘭西聯邦的半自治共和國，稱蘇丹共和國。1959 年與塞內加爾結成馬里聯邦。只維持五個月，於同年 9 月 22 日宣布獨立，為馬里共和國。

當長的邦聯時間，或彼此已對「制度」認同有相當高的共識。不顧及政治、經濟、社會條件方式的機械式統合，其壽命多不會長，更不幸的，反而有可能引發內部的衝突。

　　晚期的聯邦主義者已充分了解到廣泛共同意識的重要。這個廣泛的共識還不止在政、經、社三方面，還包括對環境威脅的認知。在缺乏廣泛共同意識與認同下，聯邦制度是很難運作的。例如在歐洲統合過程中，在戰後初期，爲了因應蘇聯的西向擴張、美國經濟與政治獨強的刺激，歐洲國家內建立歐洲聯邦的呼聲很高。但是到了 1953 年史達林死後，蘇聯在歐洲的威脅已經降低，馬歇爾計畫也已經使得歐洲的經濟快速復甦，甚至超過了戰前的水準，這使得西歐成立「聯邦」的意願減弱，終至 1954 年法國國會拒絕了法國政府先前發起的「歐洲防禦共同體」（European Defense Community）。即使在歷經四十年的努力後，1992 年 2 月 7 日簽署的《馬斯垂克條約》（Treaty of Maastricht）〔正名爲《歐洲聯盟條約》（Treaty of European Union）〕中仍然未被接受使用「聯邦」一字。

　　聯邦的建立與運作都是需要如此多的先決條件，更何況是較聯邦制度更爲簡化的「一國兩制」，如果要「一國兩制」成功，除非是在面對武力威脅下的不得已屈服而完成，否則是需要更多的認同與共識。

　　基於兩岸目前在國家、民族與制度方面的認同，都已經有著折裂與斷裂的情形，因此貿然地以機械式的方式強迫建構對新國家的認同，是很難爲台灣人民接受的，這也是爲什麼台

灣民眾對「一國兩制」有七成以上的比率不表贊同的根本原
因。也因此，貿然地以「聯邦」或「一國兩制」方式建構新的
認同，並不是理想的選擇。

二、功能式的重建認同

功能式的重建認同指的是經由功能性的合作，以逐漸增
加彼此的了解，而增加相互間的認同。它與機械式建構認同途
徑不同的是，它認為垂直性重疊認同的另一個主體（統一後的
中國）會隨著功能性的合作而自然出現，原有的主體（如兩岸）
會自動地消失。中華民國政府為兩岸未來所設計的藍圖《國統
綱領》，以近程、中程、遠程三個階段對邁向統一的描繪，正
是反映出功能主義的實踐路徑與理念。

功能主義在理論上有兩個重要觀點：一是強調「互賴」
會自動擴張的邏輯性；另一是人民對國家的忠誠態度會改變。
[34]

在第一點方面，功能主義大師梅傳尼（David Mitrany）
以「分枝說」（doctrine of ramification）來強調功能合作的擴張
性，也就是某一部門的功能合作會有助於其他部門的合作。[35]

---

[34] P. Taylor, "Functionalism: The Approach of David Mitrany", in A. J. R.
Groom & Paul Taylor ed., *Frameworks for International Cooperation*
(London: Pinter, 1990), p. 133.

[35] David Mitrany, *A Working Peace System: An Argument for the Functional
Development of International Organization* (Chicago: Quadrangle Books,

亦即一個部門的合作是另一個部門合作的結果，又是另一個部門合作的動因。當幾個國家建立共同市場後，就會產生一種壓力與要求，推動他們在價格、投資、保險、稅收、工資、銀行以及貨幣政策等方面進行合作。最後這些功能部門的合作將會形成一種功能性的互賴網，逐漸侵蝕到政治部門，使得民族國家的獨立行動能力降低，甚而最後會吞噬政治領域。因此，開展功能性合作能夠改變國際動向，增進世界和平。

第二點有關人民對國家認同態度的改變方面，功能主義者基本上是不認為國家可以為世界帶來和平，以及為人民帶來福利。民族國家固然曾經取代了家庭，提供人民某些福利，但是國家有時也為了追求國家威望或顧及國家的基本利益，如國家安全，而犧牲公共福利。相反的，某些跨國間組織或超國家組織，由於不受狹隘的國界限制，反而較能為人民謀福利。所以國家應該讓位給滿足社會與經濟迫切需要而成立的國際功能機構，正如同以前家庭曾讓位給國家一樣。[36]而當人民覺得從功能性的機構中可以得到他們從民族國家所不能得到的需要時，他們即會將原來對國家的忠誠轉移到對功能性組織的效忠[37]，如此將有利於國際統合。

1966), p. 97.

[36] A. J. R. Groom & Paul Taylor ed., *Functionalism: Theory and Practice in International Relations* (N.Y.: Crane Russak & Company, Inc. 1975)., p. 4.

[37] James E. Dougherty & Robert L. Pfaltzgraff, Jr. *Contending Theories of International Relations* (N. Y.: Harper & Row Publishers, 2nd edition, 1981), p. 419.

　　國統綱領在近程階段所描繪的「以交流促進了解，以互惠化解敵意」，到中程階段「開放兩岸直接通郵、通航、通商……」，基本上就是功能主義的一種實踐。而最後進入遠程階段「協商統一」，更是將彼此對現有國家的忠誠轉移到一個新的主體，也就是統一後的新國家。

　　以功能主義方式建構新的認同，本身也有其理論的困境。有人認為互賴的體系並無法降低國家間的爭端，功能性的統合反而有可能使兩國間的議題政治化。例如，目前政府間爭議的焦點多已轉移到功能性的議題上，像是國際經濟體系中的一些問題，而不再局限於有關領土或主權等傳統的議題。但是在這些功能性問題上，功能性的統合組織體系並不能較之在國家體系內更有效的解決。[38]再則，戰爭的原因很多，單憑功能組織或功能合作，並不足以消弭戰爭。功能合作固然會強化不同成員國的共同利益，建立互惠互利的關係，但是在過程中也有可能出現利益衝突，緊張情勢有可能發生，反而引起戰爭。[39]

　　這一點在兩岸關係上也顯得格外明顯。兩岸之間的善意並沒有因為兩岸的互動頻繁增加，反而是在互動過程中發現了對方的歧異遠大於彼此的共通點，雙方的爭執也因為互動增加而增加，彼此間的敵意也沒有經由互動而消解。從圖 **2-4** 歷次

---

[38] P. Taylor, "Functionalism: The Approach of David Mitrany", p. 135.

[39] 林碧炤，〈歐洲整合：理論與爭議〉，《中山社會科學譯粹》，第 2 卷第 2 期（高雄：中山大學中山學術研究所，民國 76 年 4 月），頁 116。

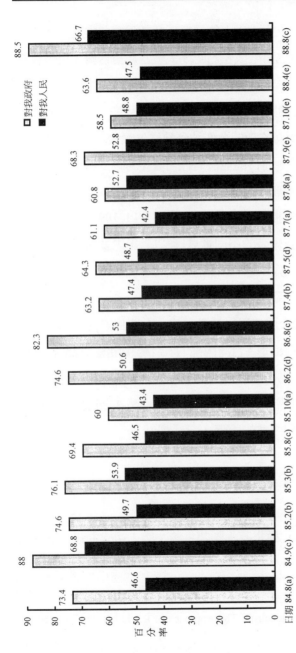

圖 2-4　民眾對於大陸當局對我敵意態度的看法

調查單位：(a)政治大學選舉研究中心。(b)柏克市場研究公司。(c)中華徵信所。(d)中山大學民意調查研究中心。(e)中正大學民意調查研究中心。調查樣本數分別為 1621、1067、1067、1067、1205、1231、1067、1122、1098、1097、1078、1107、1112、1067 人。調查樣本 1600 人以上為當面訪問，其餘為電話訪問。調查對象為台灣地區 20-69 歲之成年人。

資料來源：行政院大陸委員會。

的民意調查顯示，六成以上的民眾仍然認爲中共當局對台北政府是充滿敵意，也有五成左右認爲大陸當局對台灣人民是有敵意的。

其次，有關對國家忠誠態度可以轉移這一看法的批評在於，要從技術層面的功能合作達到轉移人類效忠對象的目的，實在是很困難[40]，而目前並沒有任何實證可以支持「國際機構有能力取代國家成爲忠誠焦點的對象」。[41]1992年6月2日丹麥公民投票反對批准《馬斯垂克條約》，以及與英國人民在對歐盟推動單一貨幣時的不同意見，可以看出忠誠的轉移並不容易，亦非當然。換言之，這個垂直性的主體並不是可以隨著功能的合作而自動建立。

從兩岸的交流也可以清楚看出，台灣民眾對於國家的認知與忠誠並沒有消退。台灣內部的「台灣共和國」思潮也沒有因兩岸交流而消失，對「中華民國」的國家認同反而成爲與大陸交往後台灣朝野的一個共識，其目的就是在表彰對自己國家的認同，以及與中共的區隔。

三、歐盟統合式的重建認同

在學術上，通常將「聯邦主義」與「功能主義」均納入

---

[40] 林碧炤，同上文。

[41] P. Taylor, "Functionalism: The Approach of David Mitrany", *op. cit.*, p. 133.

「統合」的理論思考，但是其區別在於，「聯邦主義」基本上是屬於「統一」範疇，屬於從政治走向統合，而「功能主義」則仍停留在「互動、合作」方面的思考，屬於從經濟與技術面達成統合。由上所述，這兩種用在兩岸關係時都有其應用上的困境，而兼顧政治與經濟面的統合思維，應該可以作為較理想的參考，而其代表正是到目前為止尚稱成功的歐洲共同體，通常我們以新功能主義來解釋歐洲的統合。[42]

　　歐洲人在二十世紀經歷了兩次世界大戰的災難。戰後的一片廢墟，使得他們決定要攜手共創家園。但是更深刻的體悟卻是，不能再讓歐洲的土地上發生戰爭，歐洲統合就是在這個思維下開啓的。前者需要借助於共同的發展經濟，後者則須仰賴創造他們新的「垂直性重疊認同」。

　　在人類的發展史來說，建立新的「垂直性認同」較共同發展經濟更爲困難，但是前者絕對是後者能夠成功與持久的先決條件，歐洲的統合也正是順著這個足跡前進。

　　1950 年代起，歐洲分別成立了煤鋼、原子能與經濟共同體。這一切主要是爲了經濟合作，但另一方面也是「垂直性認同」的開始建立。共同體的建立，代表歐洲人對歷史的徹底反省，等於在向所有的歐洲人宣告：歐洲人雖然仍舊可以擁有自己的國族主義，但是更應該建立一個新的跨國性區域認同，也就是對歐洲整體的認同，一種不只是歷史或文化，而是一種有

---

[42] 有關歐洲聯盟的統合經驗，可參考張亞中，《歐洲統合：政府間主義與超國家主義的互動》（台北：揚智，1998 年）。

政治意涵的認同。

在政治上,建立「垂直性認同」最快捷的方式就是建立共同的憲政機制,但是在不斷的反覆思辨與各國的角力後,以法國為代表的一方認為,絕對不可以在放棄國家認同的前提下,建構單一的歐洲認同,他們希望歐洲共同體只是他們「祖國的歐洲」,而不是「歐洲的祖國」,他們雖然贊同建立對歐洲的認同,但是不願意消除對自己國家的認同。

歐洲共同體為了創建新的認同主體,除了設有常設的運作機構,如執委會、歐洲議會、部長理事會、歐洲法院等等。在功能的範圍上也包括共同的農業政策、商業政策、區域政策等等。歐體也創造了「共同市場」、「經濟暨貨幣聯盟」、「共同外交暨安全政策」、「歐元」等非僅是合作性,而有強制性的一些政治功能性機構。這些組織、功能機構的存在,使得歐洲的「垂直性重疊認同」可以逐步地開始累積與推展。[43]

在眾多有助於建構「垂直性重疊認同」中,最值得一提也可以作為代表的,自然就是共同貨幣的使用。貨幣統合往往被看成是經濟統合的最終手段。使用相同的單一貨幣表示經濟統合已經邁入了最後階段,剩下的已經不再是方向或速度問題,而是共同體內部的經濟與金融的協調問題。這類似於一個聯邦國內各邦或許會對整體的經濟與金融政策看法不同,但並不妨害大家對「共同主體」存在的接受。

從政治社會學的觀點來看,經濟統合與貨幣統合的差異

---

[43] 有關這一段所述「機構與認同」的關聯部分,將另在第四章中討論。

是有距離的。前者只是屬於區域內集體認同的「建立期」，而後者可以看成是認同的「鞏固期」。沒有貨幣統合的完成，「重疊認同」不能算是已經完全建立。

從 1970 年代開始，歐洲共同體就爲貨幣統合而努力。從 1999 年起，歐元開始發行，2002 年各國的國家紙鈔與硬幣將不再爲法定貨幣。其間只經歷了三十年的光景，就完成了歐洲歷史上的最偉大嘗試。當代表各國文化、歷史、榮耀的貨幣逐漸在市場消失而成爲個人的收藏品時，它將徹底改變歐洲的風貌，影響到後代對歐洲的看法。雖然它不見得會影響到人民對自己國家的認同，但是一定會增加對歐洲整體一家的「重疊認同」。

除了希臘因爲經濟條件不符合被歐盟排斥在歐元之外，英國、瑞典與丹麥目前並沒有加入，對於是否在 2002 年加入，都還在猶豫。英國傳統上一直自視於歐洲大陸之外，戰後本來一直醉心於自由貿易區的建立，後來在經濟的壓力下，才勉強加入了歐體，但是由於堅持自己的主權，因此一直不能完全接受「歐盟高於英國」的看法。丹麥傳統對歐洲統合的質疑；瑞典戰後的長期中立，以及地處波羅的海的地緣關係，都使得他們與歐洲大陸有著心理的距離。這三個國家暫時沒有選擇加入歐元，一方面是他們在等著看使用歐元後的歐盟表現如何，另一方面更重要的是，他們是否願意放棄代表自己國家精神與象徵認同的貨幣。換言之，這三個國家在國家認同上仍然重於對歐盟的整體認同。

　　歐洲統合在發展的過程中，一直是個超國家主義與政府間主義的互動，簡單地說，即是「超國家重疊認同的建立」與「國家認同的維護」的拉扯。歐洲統合的建構者從戰後對超國家的極度熱情，經過四十年，在《馬斯垂克條約》終於回復到對「國家認同」以及對「地方認同」的再肯定。雖然歐元的發行，代表超國家集體認同的建立，但是歐盟「共同外交暨安全政策」的運作方式，仍代表對各個國家的尊重，而歐盟「區域政策」與具聯邦精神的「輔助性原則」更是對國家與地方認同的雙重維護。

　　四十多年來，歐洲統合的設計者終於明瞭到，一個能夠維持和平、尊重個體的真正理想歐洲，絕對不是一個只有超國家重疊認同的歐洲，而應該是顧及到各個國家不同傳統、文化與社會結構的歐洲。因此，歐洲統合的設計者的政策是在創建一個包含「歐洲」、「國家」與「地方」三者認同並存的共同體組織。

　　歐洲聯盟可以稱得上是人類二十世紀最偉大與最成功的設計。它不是傳統的大一統觀念設計，而是一種「分中有合、合中有分」的政治規劃。最可貴的是它創造了歐洲人包括「歐洲、國家、地方」的多重認同。因而歐洲聯盟的成功經驗與思維邏輯是值得兩岸中國人來共同思考的。[44]

---

[44] 有關歐盟實際運作面的經驗對兩岸可有的參考部分，請參考第四章。

第三節　歐盟統合模式中多重認同建立的實踐

一、多重認同的解釋

　　隨著歐洲共同體的成立，歐洲人民面臨著三種不同的認同，分別是對歐洲共同體、國家與地方的認同。就理論上而言，這三種不同的認同可以用**表 2-1**所列八種不同方式存在。

　　第一種類型則表示歐洲共同體努力的目標。第四、五、六、七是早期的四種不同模式，它們之間彼此互相排斥。第二、三種類型則是歐洲統合過程中可能發生的變體。

　　最能代表類型一「＋＋＋」的是比利時。比利時由於國內語言民族的歧異，是一個以政治學上著名的「協和式民主」（Consociational Democracy）維繫著國家的運作及人民對國家認同的國家。[45]比利時全境依使用語言不同可分為三大族群區，分別是南部法語區（瓦隆人）、北部荷語區（法蘭德斯人）及首都布魯塞爾雙語區。在比利時積極地參與歐體、歐洲統合後，比利時人民基本上共有著三種不同的認同，即對自己所屬

---

[45] Arend Lijhart, "Consociational Democracy," *World Politics*, January, 1969, pp.207-225.

表 2-1　對歐體、國家、地方三種認同的可能組合與解釋

	歐洲共同體	國家	地方	解　釋
一	+	+	+	三個認同主體重疊，表示對共同體、國家、地區都有歸屬意識與認同感。
二	+	+	－	多發生在中央集權體制的小國在參與統合後。
三	+	－	+	國家認同逐漸轉移至對歐體的認同。
四	－	+	+	傳統的聯邦國家可能有的複式認同。
五	+	－	－	傳統的歐洲主義和世界主義者。
六	－	+	－	傳統的民族國家模式。
七	－	－	+	傳統的主張獨立和地區主義者。
八	－	－	－	歐體中的「旁觀者」，他們是無歸屬的人群，例如外籍勞工或吉普賽人。

符號所代表的意義：「＋」表示有歸屬性與「認同」性。「－」則表示欠缺歸屬性與認同性。以上爲作者自行製表、解釋。

的語言地區、對自己的國家，以及對歐洲共建一同一家園的認同。

　　但是由於對歐盟的融入過深，而且國家愈來愈多的角色與功能爲歐盟所取代，有可能使得比利時在國家層級的認同減弱，而使得比利時趨向於第三種類型「＋－＋」。例如，比利時在 1993 年改爲聯邦制，授予三區更大的自治權，換言之，這等於是相對減弱了原有的中央政府的職權。

　　其他如德國等聯邦的國家，原有對「國家」與「地方」

的雙重認同度即頗高，在參與歐洲統合後，對「歐體」的認同逐漸增加，成為擁有「歐體、國家、地方」的三層「垂直性重疊認同」，屬於「＋＋＋」的類型。

歐洲早期的聯邦主義者，希望歐洲的未來是成為類型三「＋－＋」，也就是希望對國家的認同轉移到對整個「歐洲合眾國」的認同，而使得傳統民族國家的角色與功能減弱。

功能主義者的目標也是類型三「＋－＋」及類型五「＋－－」，只是他們主張不宜以機械式的憲政主義來建構超國家的認同或瓦解對自己民族國家的認同，而認為應以功能性的合作，讓人民對國家的忠誠逐漸減弱，自動地達到超國家的認同。

作為一個聯邦國家的瑞士，一直堅持不參加歐洲統合，它的認同表現應該可歸納於類型四「－＋＋」。

類型六「－＋－」民族國家的模式，也就是對自我國家的認同並沒有在統合過程中完全消失，特別如英國、丹麥在《馬斯垂克條約》批准過程與歐洲貨幣統合時，對國家主權表現得非常堅持。在另一方面，由於歐洲統合的成功，也有國家對歐盟持更支持的態度，例如荷蘭、比利時、盧森堡三個國家的情形即是如此，他們對歐洲統合的支持態度積極，反而大過他們對地方的認同，即正趨向於類型二「＋＋－」。

英國的威爾斯和蘇格蘭兩個地區在 1970 年代有著強烈的地方意識及對英國的認同疏離，屬「－－＋」類，但在 1973 年英國加入歐洲共同體後，歐體的政策卻因而滲入了蘇格蘭。早期英國重英格蘭輕蘇格蘭的情形，在經過歐體的「區域政策」

後得到改善。其實不只是蘇格蘭，其他的周邊地區，如義大利的南部和愛爾蘭的落後地區都同時受到歐體的照顧。歐體成功的區域政策，使得蘇格蘭的輿論往歐體靠攏，可看出蘇格蘭對英國及歐體，有著「＋－＋」的認同關係。北愛爾蘭也是「＋－＋」認同取向的範例。

但是，無論是聯邦主義或是功能主義的政治訴求，在實際的運作上是要達到消滅對國家的認同，這談何容易。我們從整個歐洲統合的經驗來看，其實並不是要完全消除個人對國家的忠誠與認同，而是複式建構一個新的超國家歐洲認同。

整個歐洲統合的建構過程，在認同意義的角度來說，就是建構一個能為大家接受的「垂直性重疊認同」，在這個意義上，它並不會刻意地消除成員對「國家」與「地方」的認同，反而是肯定國家與地方認同的重要性。

英國經由高度地融入歐體，因而對蘇格蘭或愛爾蘭的分離主義不再擔心，而更放心地容許該兩地舉行公投，建立自己的議會。但是高度超國家的統合也會使得北愛爾蘭更勇於擺脫英國，因為他們可以在離開英國後，還有對歐盟的歸屬感，而不必害怕被國際社會所孤立。

歐洲統合的進行是讓這三種認同之間不再相互排斥或零和，而是讓彼此可以相容。歐洲統合的目的絕不是要消滅各國的國家認同或地區認同，而是希望架構一個對整個歐洲的認同。

二、「垂直性重疊認同」建立的成果

本文分別以 1990 年《馬斯垂克條約》通過前，1996 年歐盟第三次擴大後及 1998 年 10-11 月「歐元」即將實施前三個階段來看，歐盟的人民如何看待他們的認同。

1990 年的民意調查在被問到「人們對於自己城鎮、地區、國家、歐體、整個歐洲有不同的依附感，請告訴我你對於……的依附感（attachment）為何？」[46]時，歐體十二國民眾的反映如表 2-2。

從表 2-2 中可以看出，整個歐體有 88%的受訪民眾認為他們對國家，87%對地區，85%對鄉鎮，48%對歐體，47%對整個歐洲有依附感；有 46%認為他們對於歐體或整個歐洲並沒有依附感。這顯示他們對歐體之間的認同與國家、地區、鄉鎮之間仍有差距。

同樣的問題在 1996 年 4-7 月的民意調查顯示如表 2-3。

從表 2-3 中可以看出，整個歐體有 90%的受訪民眾認為他們對國家，84%對地區，84%對鄉鎮，60%對整個歐洲有依附感；有 38%認為他們對於歐盟或整個歐洲並沒有依附感。其中盧森堡（78%）、丹麥（72%）、德國（70%）、義大利（70%）、

---

[46] 原文為：People may feel different degrees of attachment to their town or village, to their region, to their country, to the EC or to the Europe as a whole. Please tell me how attached you feel to ...?

表 2-2　1990 年歐體十二國民眾對於城鎮、地區、國家、歐體、整個歐洲的依附感

對城鎮的依附感

	B	DK	D	GR	E	F	IRL	I	L	NL	P	UK	EC12
＋	82	84	89	93	93	81	89	88	81	64	94	80	85
－	15	13	11	7	6	18	9	11	16	35	5	20	14

對地區的依附感

	B	DK	D	GR	E	F	IRL	I	L	NL	P	UK	EC12
＋	81	92	93	97	94	81	89	86	80	73	91	87	87
－	16	5	4	3	5	9	8	10	8	24	5	13	9

對國家的依附感

	B	DK	D	GR	E	F	IRL	I	L	NL	P	UK	EC12
＋	74	98	87	97	89	90	95	89	92	81	94	89	88
－	24	2	11	3	9	8	4	10	6	18	4	10	10

對歐體 12 國的依附感

	B	DK	D	GR	E	F	IRL	I	L	NL	P	UK	EC12
＋	47	42	44	49	58	54	36	61	55	28	47	35	48
－	47	55	52	47	36	38	61	40	38	69	47	62	46

對整個歐洲的依附感

	B	DK	D	GR	E	F	IRL	I	L	NL	P	UK	EC12
＋	47	61	46	52	52	50	34	59	52	31	41	37	46
－	47	37	47	45	41	40	60	40	40	66	53	61	46

附註：「十」表示包括「非常有依附感」(very attached)與「普通依附感」(fairly attached)兩種看法的人；「－」表示包括「沒有甚麼依附感」(not very attached)和「毫無依附感」(not at all attached)兩種看法的人。
　　　B（比利時）；DK（丹麥）；D（德國）；GR（希臘）；E（西班牙）；F（法國）；IRL（愛爾蘭）；I（義大利）；L（盧森堡）；NL（荷蘭）；P（葡萄牙）；UK（英國）；EC12（歐體）。

出自：Soledad Garcia, *European Identity and the Search for Legitimacy* (London: Pinter Publishers, 1993), p.139, table 8-3. Also Eurobarometer, *36.*

表2-3　1996年歐盟十五國民眾對城鎮、地區、國家、歐洲的依附感

對城鎮的依附感

	A	B	DK	D	GR	E	F	IRL	I	L	NL	P	FIN	S	UK	EU15
＋	90	75	86	86	89	89	81	85	86	77	73	78	84	82	79	84
－	10	24	23	14	11	11	18	15	14	22	27	20	16	18	21	16

對地區的依附感

	A	B	DK	D	GR	E	F	IRL	I	L	NL	P	FIN	S	UK	EU15
＋	93	78	88	87	86	91	82	83	85	82	72	79	76	85	81	84
－	7	21	12	13	14	9	17	17	15	18	27	19	23	14	19	15

對國家的依附感

	A	B	DK	D	GR	E	F	IRL	I	L	NL	P	FIN	S	UK	EU15
＋	94	82	99	87	96	89	92	96	93	92	89	88	95	93	89	90
－	5	18	1	13	4	11	7	4	6	8	10	9	5	7	11	9

對歐洲的依附感

	A	B	DK	D	GR	E	F	IRL	I	L	NL	P	FIN	S	UK	EU15
＋	69	67	72	70	42	50	61	50	70	78	67	36	61	58	43	60
－	28	30	27	28	57	46	36	49	28	22	30	56	36	40	54	38

出自：http://europa.eu.int/en/comm/dg10/infcom/epo/eo/eo9/tables9/tab08.htm
各英文字母所代表的國家除同上表外，另外：A（奧地利）；FIN（芬蘭）；S（瑞典）。

奧地利（69%）對歐盟的認同度高，而葡萄牙（36%）、希臘（42%）、英國（43%）則相對較低。但是整體而言，歐盟人民對歐盟的依附感有大約 13%的增加，但是在國家認同和區域認同上也並沒有減弱。

　　上述兩個民意調查並沒有處理認同重疊性的比較問題。在 1998 年 10-11 月所作的民意調查則顯示了重疊認同的比率，平均而言，歐盟十五國對歐盟的認同高於對自己國家的單一認同，有七個國家的人民對歐盟的認同大於對國家的單一認同，如盧森堡（73%）、義大利（69%）、法國（65%）、西班牙（63%）、荷蘭（59%）、比利時（53%）、德國（50%）。在希臘，包括對歐盟認同者與對希臘單一國家認同者各占 50%。在其他七個國家人民對自己所屬國家的認同占了大多數，不過在奧地利、丹麥、愛爾蘭及芬蘭等國，其差距非常小。較大差距的是英國（對國家認同占 62%），瑞典是 60%，葡萄牙 56%，詳如**圖 2-5**。

　　以上三個不同時期的民意調查結果可以看出，在經過長時期的歐洲統合後，這些已有上百年獨立自主的主權國家間已逐漸形成了一種超國家的集體認同，而且這個趨勢一直在往歐盟的認同方面傾斜。這可以做為以「統合」促進「認同」的最好實證型論證。

　　總結本章而論，本章認為，在兩岸間的「國家認同」方面，從 1949 年起就從未建立過，而中華民國對 1949 年以前「中

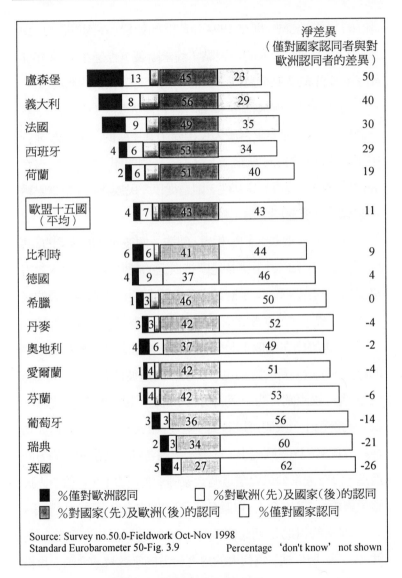

圖2-5 對歐洲及國家的認同

資料來源：European Commission, *Eurobarometer Report Number 50*
Oct.-Nov. 1998, p.59.

國」的「國家認同」則在 1994 年起開始斷裂。在兩岸間的「民族認同」方面，最大的折裂點（尚未斷裂）也是在 1994 年開始。在兩岸的「制度認同」方面，兩岸有著極大的鴻溝。

中共的「一國兩制」雖然容許台灣人民保有自己的「制度認同」，但是卻要求台灣人民接受中共主張的「國家認同」。中華民國政府的《國統綱領》、《對「一個中國」的涵義》、《台海兩岸關係說明書》等文件，則是從以「民族認同」為重點轉移到以「制度認同」為主軸。

如果兩岸要長久和平相處，創造一個彼此都能接受的「共同願景」，方法絕對不應該是堅持自己的認同觀，或要求對方接受自己的認同觀。而是應該在現有已經逐漸折裂或斷裂的歧異認同基礎上，再逐漸建構一個可為雙方接受的「垂直性認同主體」。再經由在這個主體內的合作逐漸加深彼此對這個主體的認同，而這個新的認同也將有助於促進彼此間的「水平式認同」。現今國際間有的一個成功例子即是「歐洲聯盟」。從歐洲統合的過程中，我們可以看到「垂直式的認同主體」如何成功地建立與鞏固，在政治上，它帶著歐洲各國往政治統合的方向邁進，沒有國家願意脫離這個大家園；在經濟上，它給予人民繁榮與福利；在安全上，它避免了在歐盟的土地上再發生戰爭。

本文的目的是期盼對兩岸未來的發展提出一個新的見解，以「歐盟模式」為代表的思考與方向應該較適合兩岸重構彼此的認同，也是未來兩岸互動中可以思考的一個方向。至於整個歐盟經驗的其他方面，如機構的設立、功能統合的範疇、

其運作的程序等等，是否可作爲在兩岸未來關係中的借鏡，請
容在第四章再專論申述。

第三章
兩岸統合：台灣追求
安全與發展的思考

✠ 台灣安全與發展的特殊性
✠ 以現實主義的思維來追求台灣的安全
✠ 以經濟自由主義的思維來追求台灣的
　安全與經濟發展
✠ 兩岸的策略：以統合方式建構兩岸的
　安全與經濟發展

第一節　台灣安全與發展的特殊性

「綜合性安全」（comprehensive security）已漸爲亞太區域所重視，包括東協、日本等均已用此概念來界定其國家的安全。[1]其安全的面向已擺脫了傳統的軍事安全，包括了非軍事因素，例如經濟、社會、環境、資訊、個人、傳染病、恐怖主義等範疇。一般而言，「綜合性安全」概念可以歸納出三種共通的特性：第一、承認在一個相互依賴的國際體系中，主權國家追求與維護安全的能力受到相當的限制。第二、承認當前的國際社會中所存在的安全問題存有高度的複雜性，國家安全威脅大都來自於非傳統的因素。第三、跳脫傳統上使用嚇阻方式，而改用建設性的預防性政策，創造出安全的環境。[2]

---

[1] 劉復國，〈綜合性安全與國家安全：亞太安全概念適用性之檢討〉，《問題與研究》，第 38 卷第 2 期，民國 88 年 2 月，頁 30。日本在 1980 年即首次將此概念納入其國家安全的思考，東協國家在冷戰期間也使用此種概念來界定國家安全。例如 1966 年上任的印尼總統蘇哈托（Suharto）即表示，印尼的國家安全包括政治、經濟、社會文化與軍事等範疇，而安全的威脅不只來自國外，亦來自國內，而且兩者之間經常會有關聯。Muthitah Alagappa, *Asian Security Practice: Material and Ideational Influences* (Stanford: Stanford University Press, 1998), p.624.

[2] Ivanica Vodanovich, "Comprehensive Security and Development: An Ambiguous Relationship," in David Dickens, ed., *No Better Alternative: Towards Comprehensive and Cooperative Security in the Asia-Pacific*

　　「綜合性安全」特別可以反映出冷戰後國際社會安全的複雜性，但是處於分裂國家地位而言的兩岸，其實並沒有完全跳離冷戰時的安全狀態。朝鮮半島仍有著軍事對峙，兩岸之間雖然有著高度的經貿往來，但是主權與軍事安全的問題還是彼此最重要的課題。因此，對於其他的東亞國家而言，「綜合性安全」固然可以作為詮釋國家安全的概念，但是在兩岸問題上，上述「綜合性安全」概念中，「主權國家追求與維護安全的能力受到相當的限制」與「國家安全威脅大都來自於非傳統的因素」的命題，其實就不全然為真。畢竟，主權與安全仍然是兩岸，特別是台灣所必須面對的問題，這並不因冷戰的結束而有改變。因而「綜合性安全」在兩岸安全的適用上是有其限制的。即使使用「綜合性安全」來討論兩岸的安全議題，還是不能忽視其「核心」，即「政治生存」（political survival）所占的絕對重要性。

　　任何一個國家在討論其國家安全時，經濟的發展與安全是一個絕對重要的因素，這不因冷戰是否結束而有差別。但是經濟發展對某些國家是屬於「政治生存」範疇，對某些國家則僅是屬於「經濟福祉」（well-being）範疇。在討論經濟發展對台灣安全關係時，可先從經濟安全的概念談起。

　　從概念上來區別，學者將經濟安全分為「激進經濟安全」（radical economic security）、「基礎經濟安全」（basic economic security）與「地緣經濟安全」（geo-economic security）三類。

(Wellington: Centre for Strategic Studies, 1997), pp.17-18.

「激進經濟安全」是以杜絕顛覆國家內部穩定威脅為國家發展
的基礎，亦即經濟的持續成長，成為延續政權穩定的必要條
件。經濟成長一旦受阻，人民對政權的信心即開始動搖，國內
政局亦可能陷入不安，而使得國家安全受到威脅。此可以體質
較弱的東協國家為代表。「基礎經濟安全」是以經濟力量為國
際生存的基石，強調其所追求經濟安全政策的目標，在於保障
市場管道暢通，杜絕市場干擾或中斷對國家整體經濟的威脅。
由於單憑經濟手段並不足以杜絕市場干擾或中斷對國家發展
的威脅，因而保障市場機制的穩定運作，必須運用政治或外交
等政策工具加以保護時，便開始運用經濟籌碼拓展對外關係，
但其政策目標仍以長期鞏固國家經濟發展所需要的市場為
主。這一類的經濟安全國家，可以日本為代表。「地緣經濟安
全」是以經濟優勢為國際地位的保障。是針對國內政治穩定、
經濟體質具相對優勢的強權國家而言，經濟問題雖會引發一些
國內社會、政治問題，但是不會造成國家的安全威脅。對這些
強權國家而言，在經濟衝突中取得的市場優勢，不僅確保本身
經濟繁榮的要件不受外力干擾，就長期策略目標而言，更及於
維持全面戰略優勢，杜絕經濟因素威脅本身在國際間的影響
力。這一類的經濟安全國家，可以美國為代表。[3]

　　上述第一類的「激進經濟安全」與第二類「基礎經濟安
全」的概念對於探討台灣的經濟安全應該是有啟示的。「激進

---

[3] 李瓊莉，〈經濟安全概念在亞太地區的發展〉，《問題與研究》，第 38
卷第 2 期，民國 88 年 2 月，頁 39-53。

經濟安全」對台灣有參考意義，並不是因為台灣的虛弱經濟體質會影響到國家政局，進而影響國家安全這種思維。兩岸的特殊情形與一般國家不同，一般國家不會因為經濟發展與他國相較落後，就會有被吞併的危險。但是由於兩岸目前仍處於「整個中國」下的分裂狀態，經濟發展的競爭，已成為兩岸政權正當性的重要泉源。如果台灣的經濟不能持續成長，或者相較於中國大陸為落後，則台灣很可能在經濟被中共「和平消化」後，政權的正當性也將逐步消失。

　　「基礎經濟安全」對台灣的啟示在於，台灣的國際貿易依賴性並不比日本為低，但是運用經濟籌碼拓展對外關係，或以其他政治外交力量來長期鞏固國家經濟發展所需要的市場方面，則更不如日本。基於台灣在國際現實社會中的不利地位，台灣可以運用非經濟手段來維護國家經濟安全的空間其實是有限的。「基礎經濟安全」原本是探究對外經貿問題如何影響以經濟為國本的國家發展。對於一般國家而言，對外經貿往來愈密切，愈有助國內經濟成長，愈有利國家安全，但是對台灣而言，疑慮在於，與大陸經貿往來愈密切，雖亦有助於台灣的經濟發展，但由於與大陸的高度經貿依存，會否愈影響到台灣的國家安全？

　　「激進經濟安全」與「基礎經濟安全」對台灣的困難在於：對外而言，由於台灣在國際間的不利地位，使得台灣並沒有辦法利用其他非經濟手段來鞏固其市場，而台灣的經貿能力，也未大到可以維護台灣的經貿利益，但是台灣又是非常需

要，或者說是依賴國際市場。台灣內部一直存在著與中國大陸經貿高度依存，到底是有利還是不利台灣的兩難爭論。這使得我們很難用一般傳統經濟安全思維來解決台灣的安全困境。

　　台灣的安全能否用傳統現實主義所主張的一些方法來維持？或者，台灣應該用何種較理想的方式來建構安全環境？另外，在一個經濟自由主義為主導、國際高度依存的冷戰後全球體系，以及在一個仍舊以現實主義精神為基本格局的亞太體系，特別是兩岸關係中，台灣如何加強其本身的發展，以保障其安全？本章即在嘗試提出一些思考。

第二節　以現實主義的思維來追求台灣的安全

　　現實主義者在討論國家安全議題時，所提出的維持和平的方法，可分為三種方式。第一、「行為－反應動態」（action-reaction dynamic）的思考，指國家發現他們置身於無政府狀態的環境中，與因而產生的安全困境（security dilemma，即甲國對武力安全的加強，將導致對手乙國的恐懼，而增加其軍備，因而使得甲國的安全狀態反而削弱），通常會將其他國家視為潛在的威脅，並且增加其防禦能力以作為回應。其他國家則接著將這些決定視為威脅，並利用進一步的方法來增加安全以作為回應，武器競賽因而經常發生。簡單地說，就是以軍

事對抗的角度來相互約束，使對方不敢輕易發起戰爭。一般而言，弱國較不會用這種單獨對抗的思維來尋求國家安全。

　　第二、以「權力平衡」（balance of power）為思維主體的是現實主義者維持國際和平最主要的途徑，指國家在面臨威脅時，不以單方面的行為來回應威脅國，而是以透過與第三者建立同盟的方式來反擊威脅，以使得彼此不會輕啓戰事。

　　第三、以「國際無政府下的合作」（cooperation under international anarchy）思維來維持和平。它指的是，雖然大部分的現實主義者都注意到在一個無政府的國際社會中國家之間的衝突，但是他們也認知到自私的國家可以經由理性的合作來追求相互之間的利益。這些合作的範疇可以延伸到各方面，包括武器控制，以及經貿、環境、社會等議題。在無政府的國際社會中，為了避免彼此誤會發生衝突，或是為了增加對彼此的了解，以合作的方式來防範衝突的發生。

　　在兩岸現有的軍備對峙上，台灣處於相對的弱勢，以軍事對抗的角度來思考並不合乎台灣的利益。1999 年 2 月美國國防部公布的〈台海安全情勢報告〉中，即對兩岸的軍事力量作評估，在兩岸的空軍軍力方面，預估在 2005 年時，中共的先進戰鬥機數量將會遠超過台灣，若再加上原有的作戰飛機，其無論是質與量，均凌越東亞各國。報告中也認為，台灣最大的弱點是對抗中共日益強大的彈道飛彈的能力有限。中共的飛彈對台灣的軍事目標和軍事設施構成嚴重威脅。[4]美國國防部

---

[4] Ministry of Defense U.S.A., *The Security Situation in the Taiwan Strait*, 26

的上述報告，顯示在兩岸的軍事對峙中，台灣很難取得優勢。

也有人主張所謂「毒蠍」戰術者，以使對方即使獲勝也必須付出代價。這種思維也必須面對一個事實，亦就是，只要兩岸戰端一起，無論台灣是否獲勝，或對方所付出的代價會多高，台灣都已經受到傷害了，而台灣的「毒蠍」到底可否嚇阻中共基於「民族主義」思考所作的行為，也是值得爭議的。[5]

基於純粹的軍事對抗不足以確保台灣的安全，因而不予多論，以下僅就現實主義中的「權力平衡」與「無政府下多邊合作」兩個思維來討論。

一、命題一：台灣可藉多邊安全主義，尋求安全的國際環境？

(一)亞太多邊安全機制的功能局限性

亞太地區現存的多邊安全對話機制，在以官方為主的第一軌道機制方面，有東協部長會議（ASEAN PMC）、東協區域論壇（ASEAN Regional Form，ARF）、東協加三非正式高

Feb. 1999. 該報告中有關兩岸的軍力比較，可參考張亞中、李英明，《中國大陸與兩岸關係概論》（台北：生智，2000 年 4 月），頁 103-128。

[5] 《中時晚報》，民國 88 年 5 月 26 日，版 2。吳安家，〈台灣應學習星發展毒蠍政策〉，《自由時報》，民國 88 年 5 月 27 日，版 2。陳隆志，〈發展毒蠍計畫〉，《自由時報》，民國 88 年 6 月 2 日，版 4。〈反擊中國動武軍方執行毒蠍計畫〉，《民眾日報》，民國 88 年 10 月 27 日，版 4。〈攻擊是最好的防衛，台灣毒蠍反制中國導彈〉，《民眾日報》，民國 88 年 11 月 26 日，版 1。

峰會議（ASEAN plus 3）、亞歐高峰會議（ASEM）、東北亞安
全對話（NEACD）、韓半島能源發展組織（KEDO）等；在以
非官方爲主的第二軌道機制方面，有東協戰略暨國際研究中心
（ ASEAN Institutes of Strategic and International Studies,
ASEAN-ISIS ）、亞太安全合作理事會（Council for Security
Cooperation in Asia Pacific, CSCAP）、南海會議（Workshop on
Managing Conflicts in the South China Sea）、東協區域論壇第二
軌道會議、亞歐合作理事會（CAEC）、亞太圓桌會議（APR）
等。

　　在這些多邊的安全合作對話機制方面，以國家爲參與會
員資格條件的第一軌道機制，台灣都無法參加。在第二軌道
中，台灣所獲參與的只有 CSCAP 與由加拿大贊助、印尼主辦
的南海會議。

　　亞太多邊安全機制或許在追求「綜合性安全」上有其功
能性，但是在涉及現實主義中所強調的國家安全議題時，其效
果有相當的局限性。例如以最具規模的「東協區域論壇」
（ASEAN Regional Form，ARF）而言，ARF 雖然自我定位在
一個多邊安全的對話與合作機制[6]，但是它卻是一個需要高度
妥協、保守與消極的決策機制，完全是「東協方式」的一貫精
神。[7]這一方面充分反映出各成員國對國家安全定義的差異；

---

[6] Chairman's Statement, The Fourth Meeting of the ASEAN Regional
Forum, Subang Java, 27 July 1997.

[7] 它的進行過程，是以所有參與者所「滿意的」步調來進行（at a pace
comfortable to all participants），Chairman's Statement, The Third

另一方面也顯示出 ARF 在信心建立措施(Confidence-Building Measures, CBMs) 與預防外交上的先天局限性。

亞太區域安全的第二軌道 (Track II) 的代表機構是 1993 年成立的「亞太安全合作理事會」(CSCAP)。[8]CSCAP 成立的目的在提供「一個具有非政府性質、更具有建設性之步驟,以建立區域之信心,建立與經由對話、磋商及合作增進區域的安全」。[9]

Meeting of the ASEAN Regional Forum, Burnei, 1 August 1995. 1997 年 ARF 第四屆時,再進一步要求其進行過程需要以所有參與者「接受的」步調來進行 (at a pace comfortable acceptable to all participants),Chairman's Statement, The Fourth Meeting of the ASEAN Regional Forum, Subang Java, 27 July 1997。這種必須顧及所有成員國利益與考量的模式,使得 ARF 的決策必然顯得格外保守與消極。

[8] 1991 年時,東協戰略與國際關係研究所 (ASEAN-ISIS)、美國夏威夷的太平洋論壇(Pacific Forum)、南韓的漢城國際事務論壇(Seoul Forum for International Affairs) 與東京的日本國際事務研究所 (Japan Institute of International Affairs),展開了一個為期二年的亞太區域安全合作計劃。在執行此一計劃的當時,於 1991 年至 1992 年之間先後在夏威夷、印尼峇里島與南韓漢城舉行會議。1992 年在漢城舉行的會議中達成決議,建立一個理事會,此即 CSCAP 的由來。經由多次的磋商與溝通後,CSCAP 在 1993 年 6 月 9 日依第七次亞太圓桌會議決議正式成立,由澳洲、加拿大、印尼、日本、南韓、馬來西亞、菲律賓、新加坡、泰國及美國的戰略及安全研究單位組成,並且成立了四個次級委員會,分別是法律、財政、會員及工作小組等,隨後亞太安全合作理事會並接受其他亞太地區國家相關戰略或安全研究所的加入。

[9] 漢城會議時決議成立 CSCAP 時所述。Desmond Ball, "The Council for Security Cooperation in the Asia-Pacific(CSCAP)," *The Indonesian Quarterly*, Vol. 21, No.4(4th. Quarter 1993), pp.500-501.

　　基於亞太國家的多樣性，以對話、磋商、合作來增加彼此之間的了解有其必要性，但是這些方式所能發揮的功能多是在「綜合性安全」中非「政治生存」範疇，對於亞太國家的傳統安全，特別是軍事力量的威脅（這也正是兩岸最需要解決的問題），亞太多邊安全機制所能發揮的功能仍有限。

(二)台灣在 CSCAP 中追求安全的限制

　　CSCAP 成立後，該理事會希望中共能夠加入，而台灣也希望能夠加入，中共將雙方入會問題聯結在一起，最後在中共的杯葛下，台灣以被迫接受從原先考量的正式會員（member）、副會員（associate member）、觀察員（observer），降至最後連 CSCAP 章程中都沒有規定的政治產物——「個別身分參與者」（individual capacity）。其次，台海兩岸問題不許在 CSCAP 任何會議中被列入討論議程。[10]

　　在實際運作上，CSCAP 的秘書處設在馬來西亞的戰略暨國際研究中心（Institute of Strategic and International Studies, ISIS），代表這是以東協為主的區域性多邊安全合作機制。但由於東協國家對中共的態度有所在意，例如馬來西亞的 ISIS 即向來唯北京馬首是瞻，致使 CSCAP 秘書處有時在台灣方面代表的人選上，也會向北京請示，而使得在實際運作上，北京

---

[10]　劉復國，〈亞太安全合作機制與我國參與區域合作的總體策略思維〉、「我國參與亞太區域策略」研討會，APEC 研究中心與 CSCAP 中華民國委員會共同舉辦。1999 年 12 月 14 日，頁 3。

可間接對台灣參與人選具有干預權。[11]

　　整體而言，ARF 與 CSCAP 在亞太區域安全事務上，能夠發揮的功能有限。ARF 是東協的組織，台灣無法參加。CSCAP 的機制只是提供各國智庫人士的國家安全對話管道，協助建立區域內各國對安全的共識。由於中共對台灣的政治杯葛以及其餘國家基於國際現實主義與本身國家利益的考量經常附和中共，使得台灣利益經常受到犧牲，以入會 CSCAP 為例，台灣被迫以個別身分參與，甚至連每年一度由 ASEAN-ISIS 贊助在馬來西亞 ISIS 舉辦區域內規模最大的安全會議亞太圓桌會議，馬國因懼於中共威脅要杯葛該會議，而自 1996 年起不敢邀請台灣任何專家與會。

　　台灣目前在參與 CSCAP 事務上所採取的作法是：務實參與、不計名分、徐圖爭取機會，並期在工作層次上與他國建立互信與默契。在大原則上，並期以非正式管道代替正式管道，以非官方接觸輔助官方關係的推展，並強化對區域內各鄰近國家人際網絡的建構。

　　台灣這種幾近委曲求全的作法，產生了一個質疑，即這種作法看起來是務實而不計名分，但是在一個以現實主義為主要思考的區域安全機制中，台灣的行為究竟能在安全事務中獲得多大的保障，更何況，這種長期「去主權化」的政治參與，是否反而凸顯並日益凝固了台灣的「非國家」地位。

　　作為亞太安全社區的一員，台灣自然無法自絕於亞太地

---

[11] 同上，頁 4。

區，但是對問題的思考，應該不是以委曲地參與去迴避真正應該面對的問題。

　　幾乎無人可以否認，假如世界政經局勢與中共內部沒有發生重大的改變，未來的中共在亞太安全事務的發言將愈來愈重要，相對的，台灣在亞太安全多邊機制中所能活動的空間也就愈來愈小。因此，問題的關鍵應該是中共的態度與立場。不去面對中共解決有關台灣可能發生的安全議題，而只在周邊安全上，如海事合作、社會安全等議題上，尋求建立台灣的影響力，是事倍功半，或甚可言，其效果是很有限的。

　　從上述的推動可以了解，「台灣可藉多邊安全主義，尋求安全的國際環境」這個命題並不全然為真。

二、命題二：兩岸可以 CBMs 方式來建立彼此互信？

(一)CBMs 內涵與功能的界定

　　在討論信心建立措施（CBMs）時，到底是使用狹義的還是廣義的定義應該先予確定，方能在精確的定義上討論其對兩岸關係的適用性。

　　史汀生中心（The Henry Stimson Center）對 CBMs 所下的定義為：「CBMs 是一種工具，它能夠使敵對國家減低緊張情勢和避開戰爭的可能。CBMs 在於消除敵對國在軍事行為的隱秘性，以協助國家區別由一個真實或潛在敵人的意圖與威脅

到底是有眞實的依據還是非眞實所引起的。CBMs 能夠保護或
提高國家的安全，使其避免遭受到危害」。[12]

交流措施（Communication measures）、限制措施
（Constraint measures）、軍事透明化措施（Transparency
measures）、軍備查核措施（Verification measures）等四種是
CBMs 的主要基本工具。這些工具能夠使國家的行爲是較可預
料的，並能夠促進國家間的溝通和建立國家使用軍事武力的一
些規則或行爲模式，並能使國家辨明與證實他們之間的承諾。
這四大項措施的內涵如下：[13]

交流措施：能夠在衝突國或具有緊張情勢的國家間幫助
建立開放的溝通管道，並且能夠幫助在危機情勢發生的瞬間去
除危險的緊張關係。就好像一個協商、諮詢的機制所建立的基
礎規則供國家公開抱怨彼此的不滿與避免危機的發生。而交流
工具其內涵包括：(1)熱線（Hotlines）；(2)區域溝通中心
（Regional communication centers）[14]；(3)規律的協商時間表
（Regularly scheduled consultations）。[15]

---

[12] 該中心從 1991 年起即支持對 CBMs 的研究與寫作工作。"What are
Confidence-Building Measures?" in http://stimson.org/CBMs/ CBMsdef.
htm (May 1999).

[13] 同上註。

[14] 能夠幫助區域國家間衝突與危機的管理，例如依歐洲模式所建立的安
全與溝通管道中心，就是歐洲安全暨合作會議（Conference on Security
and Cooperation in Europe, CSCE）。

[15] 例如在美國與蘇維埃／俄羅斯海軍之間所建立的一年一次的海事協
議（the 1972 Incidents at Sea Agreement, INCSEA）

　　限制措施：如此的設計特別針對國家的邊界，能夠互相讓軍事武力保持一個相當距離之一種形態。限制工具以某種形式預先提供國家某種程度的警告，如對於軍事的移動（以 1-2 年爲例子）。也試圖針對限制國家的能力，阻止其軍隊與軍備朝向大範圍攻勢之發展。限制措施其內涵包括：(1)非軍事接壤區（Thin-out zones）；(2)預先通報必需設施（Pre-notification requirements）。

　　軍事透明化措施：指國家致力於促進大規模的開放雙邊軍事能力與軍事活動，軍事透明化是 CBMs 的焦點，也是非常重要的第一步。其內涵包括：(1)預先通報必需設施[16]；(2)資料交換（Data exchange）；(3)志願性的觀察（Voluntary Observations）。

　　軍備查核措施；是被規劃用來集中資料或提供第一手報導，以確認或驗證國家是否有遵守條約與特別協議的承諾。其內涵包括：(1)飛行檢查（Aerial inspections）；(2)以電子科技爲基礎的偵測感應系統（Ground-based electronic censoring systems）；(3)軍事設施實地查核（On-site inspections）。

　　從上述國際間對 CBMs 定義來看，它基本上是強調如何從軍事面來建立彼此的互信。如果從嚴格的定義來看，兩岸的 CBMs 根本還沒有開始。不過，即使如此，如果仍將 CBMs 作爲一個課題來討論，那麼可以先就 CBMs 本身的邏輯性來

---

[16] 使國家的軍事更透明化，即有一定周期大家在軍事演習與軍隊活動的同時，協同一致的維持，並取得共識，建立通報系統。

思考，如此可能更有助於對這個問題的後續討論。

學術界已有不少從 CBMs 來探討如何促進兩岸之間的和解與和平發展。但是在討論 CBMs 時，一個非常重要的邏輯觀念可能需要先建立，就是到底是「彼此的信任可以靠 CBMs 來創造與維持」，還是「先有了基本的共識後，才可能藉由 CBMs 來建立長久的和平」。這兩個命題到底哪一個才是正確？或者哪一個命題應為先？

台灣的學者基本上是以第一個命題，即「彼此的信任可以靠 CBMs 來創造善意與和平」作為對兩岸的建言，例如，有專家學者建議，台海兩岸最簡單的 CBMs 安排，可由單方面先行主動宣布或默默執行，除「溝通性措施」如熱線、「查證性措施」之外，片面可採取的措施有「資訊性措施」、「通知性措施」、「限制性措施」，台海兩岸各自公布自己的「國防白皮書」。渠等認為：台灣已經片面地在每年年度之初，即已公布該年度排定的各種軍事演習、活動時間表；並已採取防禦性的國防政策，不發展核子武器等，均是台灣自我設限與克制的措施，因此，「中共可片面宣布對台放棄使用武力或和平解決一切爭端」、「中共可宣布不使用核子武器攻擊台灣、傳統武器不攻擊台灣核電廠」、「中共開放軍事基地、戰技表演供台灣訪客參觀」，另外，「台海雙方不挑釁長期以來所維持的海峽中線行為準則，若發生危險軍事意外時，主動即時通報對方」，「北京可以公布它的年度軍事演習計畫及地點，而不單是國防預算多寡而已」，中共如採行這些片面的「限制性措施」，「不僅不

需台灣同意，反而可展現北京對台灣的善意」。[17]

　　我們可以從以下國際間的例子來檢視這種「彼此的信任可以靠 CBMs 來創造善意與和平」的命題是否爲真。

(二)以 CBMs 追求安全的前提與限制

　　有關 CBMs 最著名的例子，也可以說是 CBMs 成功的一個例子，就是 1975 年 8 月 1 日，東西方國家在芬蘭首都赫爾辛基簽署了《歐洲安全暨合作會議最後議定書》。該議定書分爲三大部分，第一部分是關於歐洲安全，發表「與會國家間相互關係指導原則聲明」(Declaration on Principles Guiding Relations Between Participating States)，共有十個原則，分別爲：尊重主權、主權平等、不使用武力或武力威脅、疆界不可破壞、和平解決爭端、不介入內政、尊重人權與基本自由、各民族權利平等與自決、國家間合作、善盡國際義務。換言之，對蘇聯與東歐國家而言，他們得到了最大的收穫，也就是第二次大戰後所形成的疆界，在這個議定書內被充分地認可。

　　在這個基本的共識達成後，才同時達成了《信心建立措施、安全與裁軍之文件》(Document on Confidence-Building Measures and Certain Aspects of Security and Disarmament)，以後續性對第二部分與第三部分的共識。[18]1986 年在斯德哥爾摩

---

[17] 林正義，〈台海兩岸建立信心措施〉，《國策專刊》（國策研究院，1999年 7 月 15 日），頁 16-18。

[18]歐安會議於 1973 年開議，歐洲各國除阿爾巴尼亞外都參加該項會議，另外包括美、加、土耳其三國。首次歐安會議於芬蘭赫辛基舉行，

舉行的「建立歐洲信心與安全方案暨裁軍會議」(Conference on Confidence and Security Building Measures and Disarmament in Europe, CDE),也是屬於赫爾辛基議定書後續過程的一部分,要求北約與華沙公約國家採取多方行動,以因應危機時的溝通,並降低意外攻擊或奇襲的危險性,其中還包括了在軍事演習時設置觀察員等。從上述歐安會議所達成的協議來看,如果 1975 年當時沒有對戰後新疆界達成共識,CBMs 可能根本沒有落實的機會。

再看另外一個例子日本。學者在討論到日本政府在冷戰期間如何建立與其他國家的 CBMs 時,認為在冷戰時期,日本政府建立 CBMs 本質上是單方面的,尤其是宣言措施。例如日本憲法第九條本身就是一個 CBMs,透過重複的外交聲明,讓鄰國了解到日本避免再變成一個威脅。其他如,1967 年日本首相佐藤榮作(Sato Eisaku)宣布日本不發展、不擁有、不引入核武的非核三原則(Three Non-nuclear Principles);1968 年對共產國家、衝突中國家、有可能陷於衝突國家的限制武器輸出三原則(Three Principles on Arms Exports);1976 年首相

歷時三年,於 1975 年 8 月 1 日簽訂「最後議定書」(Final Act),該議定書被稱為是「一份具有條約文字規範但卻不是條約的重要文件」,歐安會議期間特別凸顯的議題是下列三項:(一)政治軍事上之信心建構方案。(二)科學、文化、教育合作事項。(三)人權問題,涵蓋人道及其他範疇方面的合作,包括促進家庭團圓、資訊流通、文化和教育交流、跨國通婚等交流與合作。歐安會議所累積的知名度及合法性,都足以做為建構歐洲地區協商安全架構的藍本。

三木武夫（Miki Takeo）宣布國防經費不超過 GNP 百分之一的上限。

　　學者在討論到日本在冷戰時期對於 CBMs 的主要缺失在於，日本雖然做了很多政策性的宣示，但是他卻沒有以具體的行動來促使鄰國安心。日本到目前為止，仍保有相當強大的海、空軍力量。日本雖然有非核三原則，但是置身於在美國核子傘的保護並擁有能夠製造核子的基礎工業。日本也有生產具載運能力的航太科技。日本對出現在日本港口的美國軍艦，是否有攜帶核武器，既不承認也不否認。另外，百分之一的上限也在 1987 年被日本首相中曾根康弘（Nakasone Yasuhiro）宣稱戰後對日本防禦的政治限制已經結束後被打破。因此，由於缺乏有效地執行所作的宣言，日本在冷戰期間以宣言的方式來作 CBMs 是失敗的。[19]

　　日本在冷戰期間的 CBMs 雖然被認為是不成功的，但是其中仍有值得注意與參考的：第一、作為一個當時在國際間被懷疑與不信任的國家，日本不斷用單方面的宣示方式來重複表明日本對放棄戰爭與摒棄核武的立場，其中最重要的是以不斷重申憲法第九條的規定來自我約束。第二、日本政府也充分了解到，沒有憲法第九條的規定，日本根本就不可能被視為是一個「和平主義」（pacifism）的國家，他也就根本沒有辦法和其

---

[19] Benjamin L. Self, "Confidence-Building Measures and Japanese Security Policy," in Ranjeet K. Singh ed., *Investigating Confidence-Building Measures in the Asia-Pacific Region,* The Henry L. Stimson Center, Report No.28, May, 1999, pp. 30-31.

他東亞國家建立 CBMs。換言之，雖然宣示性的單方面 CBMs
的功能值得探討，但是，如果日本沒有明確而不斷地向鄰國做
宣示，CBMs 根本就無從開啓。也就是說，日本充分了解到，
要想與鄰國建立信心，基本的共識就是日本不再有侵略他國的
意圖。第三、單方面的 CBMs 宣示，還是需要有後續的可信
行爲，才能爲其他國家所接受。

　　日本雖然在冷戰後，在外交議程上，明顯地以雙邊或多
邊主義作爲其與他國的信心，包括透過多邊論壇（如 ARF），
以使東南亞國家了解日本對 CBMs 的努力，也參與聯合國和
平維持部隊，表明日本的安全政策不會脫離聯合國的規範，公
開日本的防衛政策，以透明化來化解鄰國的疑慮。但是由於在
歷史問題上沒有做出明確與具體的回應，使得日本與中共的
CBMs 總是有著一些障礙。

　　由 1975 年赫爾辛基《歐洲安全暨合作會議最後議定書》
與冷戰時期日本 CBMs 政策的成果檢視，第二個命題「先有
了基本的共識後，才可能藉由 CBMs 來建立長久的和平」較
之第一個命題「彼此的信任可以靠 CBMs 來創造與維持」似
乎顯得較爲合乎邏輯。這對兩岸應該是有啓示的。「整個中國」
原則與「中共不武、台灣不獨」應該是兩岸 CBMs 的最基本
共識。如果這個共識都無法達成，而來談任何形式的 CBMs，
其實都有本末倒置之疑。

　　另外，也有一點是值得關注的，即中共本身並不排除
CBMs，1990 年代起，中共將熱線運用在較低的層次，例如跨

越國境的軍事武力及海事救難。1998 年間，北京分別與莫斯科及華府建立層峰熱線，1998 年 7 月公布其國防白皮書，在其白皮書中有三頁是專注中共在區域與國際間 CBMs 的參與。[20]但是，從中共的觀點來看，CBMs 是應用在國與國間的關係。[21]

　　從廣義的定義角度，即從一般非軍事性的互信來看，兩岸之間的互信可以說從 1991 年海基會與海協會成立後即開始推動。在經歷了多年的交往，兩會間的確達成了一些協議，也確定了一些互訪的承諾，但是基於兩岸在基本問題上無法取得共識，使得辜汪會談所達成的協議很難成爲長久的依據。自1993 年新加坡協議以來，辜振甫與汪道涵就未能每年會晤一次，兩會的聯繫協商管道都受到兩岸政治關係的影響，未能發揮原來期盼建立互信的功能。在兩岸中斷協商後，台灣不斷要求對岸應盡速恢復制度化協商，以解決雙方交流所衍生的問題，逐步建立兩岸和平穩定的機制，並「擴大兩岸交流合作的項目與範圍，累積彼此的互信，謀求雙方的互惠互利」。台北提議兩會同步磋商「建設性對話」與恢復「事務性協商」的雙軌商談，但是另一方面也拒絕大陸海協會所提的「兩岸論壇」。

---

[20] 中華人民共和國，國務院新聞辦公室，《中國的國防》，1998 年 7 月，北京。

[21] Kenneth W. Allen, "Military Confidence-Building Measures Across the Taiwan Strait," in Ranjeet K. Singh ed., *Investigating Confidence-Building Measures in the Asia-Pacific Region*, p.111.作者在訪問中國大陸軍事與民間分析家時，所獲得的看法。

北京希望兩岸直接開啓政治性的商談，對於事務性的協議已較失興趣。這種雙方在會議與議題上的歧見，正凸顯了兩岸基本互信的不足，懷疑對方是否有其他的意圖，而使得業已建立的途徑很容易就被忽視。

　　Michael Krepon 引用了中東、南亞、朝鮮半島、東西方經驗的例子，驗證早期對信心建立的步驟，實際上爲一種衝突避免措施（Conflict Avoidance Measures , CAMs），而此種安全措施實施的過程必須是先建構在一些非常適量的政治資本（very modest amounts of political capital）上，然後才可以啓動更多信心建構措施的作爲。[22]從兩岸的例子上，可以發現由於雙方在基本立場的堅持，使得彼此對於「適量的政治資本」都不太願意支付，這使得兩岸最基本的「衝突避免措施」都難以建立。

　　因此，從上述的推論可以看出，「兩岸可以 CBMs 方式來建立彼此互信」的這個命題也是很難成立，除非就政治議題的基本共識獲得解決，否則兩岸邁向軍事信心建立措施合作還有一段很遠的距離。

---

[22] "What are Confidence-Building Measures?" in http://stimson.org/CBMs/CBMsdef.htm (May 1999).

三、命題三：台灣可依賴美國對保護台灣安全的承諾？

(一)美國對台灣安全的「保護與約束」

美國在東亞的雙邊軍事同盟安全體系包括：1952 年的《美日安保條約》、1953 年的《美韓共同防禦條約》、1951 年《美菲共同防禦條約》、1951 年的《美澳紐公約》、1950 年的《美泰軍事協助協定》、1990 年的《美、新加坡後勤設施使用諒解備忘錄》。這些由美國所擁有主導權的雙邊條約，使得美國得以在東亞「出現」，並維持十萬軍力的部署。可是在這些美國所主導的雙邊關係中，卻看不到台灣與美國的雙邊外交關係。台灣與美國有關安全的連繫全仰賴美國在 1979 年所制訂的美國國內法《台灣關係法》。

簡單地說，台灣的安全從 1950 年代起就是完全依賴美國。1950 年代雙邊有關安全協議與承諾，例如美國國會在 1955 年 1 月 28 日通過的《授權美國總統協防台灣及澎湖之決議案》〔俗稱《台海決議案》（Formosa Resolution）〕、同年 2 月 9 日美國國會通過 1954 年 12 月 2 日簽署的《中美共同防禦條約》（ Mutual Defense Treaty between the United States and the Republic of China），以及 1958 年 10 月 23 日中華民國外交部與美國駐華大使館同時發表的《中美聯合公報》（ ROC-U.S.

Joint Communiqué）。[23]這些有關台灣安全的國際法承諾，除了
《台海決議案》在 1973 年爲美國國會終止效力外，其餘兩份
文件都隨著 1979 年中華民國與美國斷交而終止。綜觀這三個
有關台灣安全的文件，美國對台灣安全的保障並不是一般國際
間的同盟協定，而是單方面地給予台灣若干限制，也就是美國
爲出兵台灣設定若干條件，包括：台灣本島與外島的軍事調動
權需要美國的同意；台灣不使用武力（not the use of force）光
復大陸。[24]簡單地說，這些有關同盟的協議，其實傳達了一個
重要的訊息，美國固然會維護台灣安全，但也不希望台海發生
戰事，而使美國被迫捲入。「保護與約束」即是美國對台灣安
全的基本立場。

美國與中華民國斷交後，美國以國內法的方式來保障台
灣的安全，但是其「保護與約束」的基本精神仍然沒有改變。

在延續「保護」的精神方面，1979 年在《台灣關係法》
中，美國表明：

「西太平洋地區的和平及安定符合美國的政治、安全及
經濟利益，而且是國際間關切的事」（第 2.(b)(2)條）；「任
何企圖以非和平方式來決定台灣的前途之舉──包括使
用經濟抵制及禁運手段在內，將被視為對西太平洋地區
和平及安定的威脅，而為美國嚴重關切」（第 2.(b)(4)

---

[23] 詳請參考林正義，《1958 年台海危機期間美國對華政策》（台北：商
務，民國 74 年）。

[24] 張亞中，《兩岸主權論》（台北：生智，1998 年），頁 37-43。

條);「提供防禦性武器給台灣人民」(第 2.(b)(5)條);「維持美國的能力，以抵抗任何訴諸武力或使用其他高壓手段，危及台灣人民安全及社會經濟制度的行動」(第 2.(b)(6)條)。

在延續「約束」台灣，以避免兩岸發生衝突的精神方面，已不再是如以往對台灣軍事調動權或不使用武力的約束，而是轉移到了另一個政治層面。這個政治層面可再回溯到 1972 年美國與中共的《上海公報》開始，連同 1979 年中共與美國的《建交公報》，以及《台灣關係法》，及 1982 年的《八一七公報》，整體構成了美國對台灣在國家前途上的若干限制。

綜合這「三公報一法」，美國為兩岸關係發展所設下的框架與限制為：「一個中國的原則」與「兩岸未來和平的解決」。第一項「一個中國原則」是源自美國與中共基於國際協定而來的承諾，其目標是針對台灣，其內涵是美國不支持「台灣獨立」、不支持「一中一台」與「兩個中國」、不支持台灣加入以國家為主體的國際組織[25]，第二項「兩岸未來和平的解決」則

---

25 美國對「一個中國」政策立場的逐步改變如下：美國的「一個中國」政策涵義，其間經過了三個階段的演變。第一個階段在 1972 年的《上海公報》中，美國只是「認識到」中共對「一個中國」所持的立場，即認識到中共堅決反對任何製造「兩個中國」、「一中一台」、「台灣獨立」、「台灣地位未定論」的立場。美國在《建交公報》與《台灣關係法》中絕口不提美國對中共此一問題的立場。在中共的看法，接受「一個中國」，就是接受「反對一中一台、兩個中國、台灣獨立」；但是美國在《上海公報》中卻沒有同意中共的立場。

可算是對中國大陸的約束。但是第一項原則又是第二項原則的
前提，也就是說，假如台灣違反了第一項原則，美國將很難在
第二項原則上給予中共合法與合理的約束。

(二)台灣的自我約束是美國提供安全保護的前提

從美國對維護台灣安全認知的改變來看，美國在 1970 年
代以前，對台灣的支持是以戰略安全為主要考量。1970 年以
代以後，特別是中共與美國建交後，對台灣的認知從 1950 及
1960 年代冷戰期間的戰略需要到道義責任。美國在道義責任
上，為台灣制定了《台灣關係法》以保障台灣的安全。

1993 年起台灣積極尋求加入聯合國，1995 年李登輝總統
的訪美，以及 1996 年中共飛彈試射台海海峽等事件，中共採
取強硬的反應，使得美國重新思考台灣「民主」向「自決」無
限上綱的發展，是否對美國而言一定是個正數。台灣人民在國
家與統獨認同上的困境，使得台獨的聲浪在台灣的主流思潮中
已有一定的地位。美國在中共的壓力以及本身對亞太安全與穩

第二個階段是在 1982 年的《八一七公報》，在公報中，美國表示「無
意干涉中國的內政，也無意在追求『兩個中國』或『一中一台』的政
策」。美國已開始附和中共的看法，而非如《上海公報》中純粹的各
說各話。可以算是中共的一項成功。
第三個階段則是 1998 年美國總統柯林頓的公開「三不政策」宣示：「不
支持台灣獨立、不支持『一中一台』與『兩個中國』、不支持台灣參
加以國家為主體的國際組織」。美國從 1982 年的「無意追求」到 1998
年的「不支持」，美國又對中共的立場作了讓步。這等於美國完全接
受了中共對「一個中國」的解釋。

定的考量下，終於公開宣示了美國的「三不政策」，其最重要
的目的即是打壓台獨的聲浪。

美國在二十世紀末時對台灣的認定，已擺脫掉以道義責
任或肯定台灣政經發展為主的雙向思維，而將台灣放在亞太安
全與穩定的多元格局中來思考。美國不希望台灣的一些作法使
得亞太地區的穩定受到影響。美國不願台灣單方面的認為，《台
灣關係法》是一張無限制的空白支票。台灣要想得到美國的保
護，就必須充分了解美國對中國政策的基本立場。

換言之，在 1997 年美國與中共建立「建設性戰略夥伴關
係」前，如果認為美國曾將所謂「台灣牌」作為「遏制」中共
的一項手段，那麼在此以後，「台灣問題」反而是美國要想與
中共建立亞太穩定格局時，必須替中共解決的一項問題，在「台
灣問題」上美國有可能愈來愈逐漸往中共的一邊靠攏。

也就是說，美國對保障台灣安全承諾是有條件性的。從
整個亞太的安全來看，台灣基於本身國力，並不能對亞太安全
做出多大的具體貢獻，但是台灣絕對有可能成為美國亞太安全
戰略格局的「麻煩製造者」。這其間並不牽涉到理想主義所謂
的價值對錯問題，例如台灣人民可否有權利以公民投票方式走
向台獨，而是現實主義者所在意的和平與穩定的問題。

從以上的論述來看，「台灣可依賴美國對保護台灣安全的
承諾」這個命題如果為真是有前提的。其前提就是台灣必須對
自己的行為有所約束。

四、命題四：台灣可期望與美國建立虛擬同盟關係以保障台灣的安全？

(一)台灣藉由參與 TMD 以尋求安全的限制

在現實的國際政治上，美國不太可能與台灣建立同盟關係。但是倘若美國將台灣納入美國的「戰區飛彈防禦」（Theater Missile Defense, TMD）體系，或是美國特別為台灣通過一個可協助美國在戰略上達成對假想敵有「嚇阻」功能的法案，則應該可以說，在政治意義上，美國已與台灣建立了「虛擬式的同盟」（virtual alliance）。因此，上述的命題可從台灣與 TMD 及《台灣安全加強法案》（Taiwan Security Enhancement Act）兩個議題來討論。

1995 年與 1996 年中共的飛彈演習，使得台灣感受到中共二砲部隊的威懾，而急思加強反飛彈能力。在 1996 年即編列二十一億八千多萬新台幣購置反飛彈系統。[26]據悉台灣在 1997 年 2 月已接獲六套具有部分反飛彈能力的愛國者二號（PAC-2）飛彈和改良防空系統（Modified Air Defense System，MADS）。[27]另外，台灣除了積極研發天弓三型飛彈[28]，

---

[26] 〈85 年國防預算重要武器裝備整備購置一覽表〉，《聯合報》，民國 85 年 3 月 30 日，版 4。

[27] Robert Karniol, "Taiwan gains strength from strategy over haul," *Jane's Defense Weekly*, Vol.27, No.5 (5 Feb. 1997), p.15.

[28] 據悉國防部已有一筆五年三十九億新台幣的預算，作為天弓型基礎的

也向美國表達具有反飛彈能力的神盾級驅逐艦（Aegis-class
destroyer）四艘和更爲先進的愛國者三號（PAC-3）飛彈防禦
系統，以作爲台灣飛彈防禦的意願。1998 年，美國在基於減
少長期研發 TMD 系統所承受的資金風險，爭取東亞國家參加
以美國爲首的「亞太戰區飛彈防禦」研究發展計畫，以獲得資
金的奧援，在同年 8 月，北韓火箭衛星試射後，美國國會通過
了《國防授權法案》，要求美國政府將台灣、日本、南韓等納
入 TMD 的開發計畫。[29]

　　台灣內部對是否要參與美國的 TMD 有不同的看法。贊
成者以台灣軍事安全威脅的迫切性、台灣在反飛彈系統製造的
技術有限性、當前 TMD 的研究成果、軍購的成本效益和區域
安全的戰略觀，來作爲其支持的論點。但是反對者認爲，美國
的 TMD 技術並非無懈可擊、人類的科技不可能達到可以布下
完美的天羅地網、台灣希望要部署神盾級的驅逐艦最快也要到
2008 年才能服役、TMD 是一個無底洞的錢坑，台灣倘加入不
僅必須支出天文數字的經費，而且可能會對現有的國防經費發

科技研發經費，此型飛彈最大射程為一百公里，首批可以在 2000 年
左右服役。〈彈道飛彈威脅與防禦〉，《全球防衛雜誌》，第 149 期，1997
年 1 月，頁 16。

[29] 1998 年 9 月 24 日，美國眾院通過《國防授權法案》，見《中國時報》，
民國 87 年 9 月 26 日。1998 年 10 月 1 日，美國參院以九十六比二票
數通過《國防授權法案》兩院協調報告，見《中國時報》，民國 87 年
10 月 3 日。吳興佐，〈美國加速開發東亞戰區導彈防禦系統〉，《現代
軍事》，第 268 期，1999 年 5 月，頁 43。

生排擠的效應。[30]

　　美國的 TMD，是美國「國家飛彈防禦」（National Missile
Defense, NMD）的計畫之一，乃美國爲了防禦其海外部隊與
盟邦所設計的「彈道飛彈防禦」（Ballistic Missile Defense,
BMD），其主要內容包括：(一)愛國者三型（PAC-3）飛彈及
其系統：此爲攔截攻擊部隊與固定設施中、短程的陸軍系統。
(二)「海軍區域飛彈防禦計畫」（Navy Area BMD Program）：
此爲海軍神盾級巡洋艦和驅逐艦爲基礎的低空攔截系統，其目
的在對付中、短程飛彈的攻擊。(三)「戰區高空區域防禦計畫」
（Theater High Altitude Area Defense, THAAD Program），主要
是在高空攔截長程飛彈的陸基系統（Ground-Based System,
GBS），採用外大氣層與內大氣層截殺方式來攔截外大氣層來
的飛彈。(四)「海軍全區彈道飛彈防禦計畫」（Navy Theater
Wide BMD Program）：此爲一海基系統（Sea-Based System,
SBS），使用海軍神盾系統與改良型長程飛彈（SM-3）攔截外
大氣層的來襲飛彈。(五)「空中雷射」（Airborne Laser, ABL），
此爲美國空軍的計畫，係將高能雷射（HEL）設於廣體飛機內，
以擊毀來襲的飛彈。[31]

---

[30] 林宗達，〈台灣加入「戰區飛彈防禦」計畫之評析〉，《問題與研究》，
　　第 38 卷第 7 期，民國 88 年，頁 1-22。林郁方，〈中華民國部署「飛
　　彈防禦系統」的戰略意涵〉，「中華民國世界和平教授協會八十八年度
　　自然科學組學術研討會」，民國 88 年 10 月 16 日，台北。

[31] 高一中譯，〈彈道飛彈的威脅和防禦〉，《國防譯粹》，第 26 卷第 2 期，
　　民國 88 年 2 月 1 日，頁 40。王政盛，〈戰區飛彈防禦系統的發展沿革

從目前台灣已採購愛國者三型反彈道飛彈和準備購買神盾級驅逐艦的狀況而論，中華民國國防部事實上已投入低層的 TMD 進程中。但是這並不等於表示台灣已進入了美國的 TMD，而只能解釋成，美國基於台灣防禦的需要，將有關武器與系統售予台灣，也是協助台灣建構自己的「台灣飛彈防禦」（Taiwan Missile Defense, TMD）體系。同樣是一個英文的「TMD」，但是其意義是相差千里。

美國發展 TMD 還有一個潛在的政治問題必須面對。1999 年 12 月 1 日，聯合國大會以絕對壓倒性的多數（八十票贊成、六十八票棄權、四票反對）通過關於《限制導彈條約》〔Treaty on the Limitation of Anti-Ballistic Missile (ABM) Systems〕的決議，明白要求，ABM 條約簽署國應自我限制，不要在本國領土部署反彈道飛彈防禦系統，且勿為此系統提供基地或在他國部署。[32]這個訊息等於明確地向美國表示，國際社會不希望看到美國發展 NMD 與 TMD 體系。

值得注意的是，該決議案有四票反對，表示僅有除美國外的三個國家支持美國的立場。歐盟的十五個國家中，法國與愛爾蘭明確地以贊成票來表達對美國的不滿，而其他十三個歐盟國家則全部以棄權表示，這顯示美國的北約夥伴對於美國發展 NMD 與 TMD 的態度是不支持的。

與現況〉，「中華民國世界和平教授協會八十八年度自然科學組學術研討會」，民國 88 年 10 月 16 日，台北。http://www.fas.org/spp/starwars/program/nmd.htm

[32] General Assembly, Press Release GA/9675, 1 Dec. 1999.

從聯合國大會的決議來看，TMD 所引發的問題還很大，
台灣有無必要或有無可能將如此在國際上有爭議的計畫，納入
國家的安全依據，是值得考慮的。再加上美國到目前為止，對
於是否要在東亞地區部署 TMD 尚無定論[33]，台灣有無必要將
精力用在一個根本尚未定案的爭論？

　　從以上的論述可以得知，美國不會希望與台灣建立虛擬
的同盟關係。如果說，美國希望台灣參與 TMD，其財務考量
應是最主要因素。對美國而言，如果售予台灣 TMD 的相關裝
備，仍舊是基於《台灣關係法》的法源，對台灣安全防禦需要
的認定，而不是基於美國力量擴散的一種思考。因而，「台灣
最好以與美國建立虛擬的同盟關係來保障台灣的安全」這個命
題可能也很難為真，最多只是台灣的一個單方面期望而已。

(二)台灣藉由《台灣安全加強法》尋求安全的限制

　　1999 年 3 月 24 日，美國參院外交委員會主席赫姆斯
（Jessie Helms）與參議員陶瑞契利（Torricelli）提出《台灣安

---

[33] 美國國務次卿皮克林（Thomas R. Pickering）於 1999 年 10 月 27 日在
北京外交學院講演時，針對中共對美國在東亞地區戰區飛彈防禦系統
的疑慮提出說明，稱：「美國除了就保護美軍的必要飛彈防禦措施之
外，尚未對部署戰區飛彈防禦系統做出最後決定」。（全文為 China has
expressed its concerns over Theater Missile Defense in this region, and
over National Missile Defense. On the former, no decision has been made
to deploy TMD except where it is necessary to protect U.S. forces. On the
latter, the proposal is to amend the ABM treaty to permit defense against
rogue states without disrupting the strategic deterrent relationships that
exist with others.）

全加強法》(Taiwan Security Enhancement Act, S.693)。[34]繼參
議院之後，美國眾議院共和黨黨鞭戴雷（ Delay ）等十五位眾
議員也在同年 5 月 18 日提出《台灣安全加強法》(Taiwan
Security Enhancement Act, H.R1838)。[35]兩者的內容大綱為：
第一條：確定該法的名稱；第二條：國會對兩岸事實的認定；
第三條：國會的意見，包括台灣軍官的訓練、對外軍售；第四
條：對台灣防禦需求的決定，包括美國在台協會技術組員額的
增加、總統定期向國會作年度報告；第五條：強化台灣的防禦，
包括(A)維持台灣充足自衛能力。(B)關於結合訓練及人才交流
的計畫。(C)美國與台灣軍事指揮部門的聯繫。(D)飛彈防禦裝
備。(E) 衛星早期預警資料。(F)空防裝備。(G)海防系統。(H)
與武器出口管制法的關係。

　　美國行政部門對這個法案是明確地表達不同意的立場。
美國亞太事務助理國務卿陸士達在 1999 年 8 月 4 日就第 693
號《台灣安全加強法》作以下的證詞[36]：

　　「本政府認為此一立法可能造成嚴重、預想不到的負面
　　後果，以致削弱台灣的安全並衝擊到我們本身在該地區
　　的安全利益。會造成這些後果，是因為此一立法會被台

---

[34] http://thomas.loc.gov/cgi-bin/query/C?c106:./temp/~c106cRfRah

[35] http://thomas.loc.gov/cgi-bin/query/C?c106:./temp/~c1067ZPM0j《中國
時報》，民國 88 年 5 月 20 日。

[36] Testimony before the Senate Foreign Relations Committee on S. 693 The
Taiwan Security Enhancement Act by Stanley O. Roth, Assistant
Secretary of State, For East Asian and Pacific Affairs, 4 Aug. 1999.

灣及中國解釋成對《台灣關係法》的重大修改，而《台灣關係法》已經成功地規範美國在兩岸問題的角色達二十年之久。此舉將被視為有意改變我們對非官方關係的承諾，並將以重建與台灣的正式軍事關係取而代之。」

陸士達並指出，《台灣關係法》運作二十年，對於維持兩岸的和平是非常成功的，他並提醒台灣，要想確保台灣，不可一直依賴武力保護，而是應該用與中共加強對話的方式來保障台灣的安全。他說[37]：

「我可以毫不猶豫地說，《台灣關係法》非常成功。過去二十年，它不但協助保持我們與台灣的實質關係，對促成美國、中國與台灣可獲得更多成就的條件也貢獻良多……最後我想提出，《台灣關係法》雖然成功，但無法單靠它維持台灣的安全。有鑑於中國與台灣幅員差距之大，維持該島的安全不可一直依賴軍事硬體。若想降低緊張，增加安全，就必須以和平互動方式，包括台灣與中國對話，以補《台灣關係法》的不足。」

柯林頓也在聽證會前夕（8月3日）公開表達反對該項法案的立場。這顯示，美國在思考亞太區域安全時，並不是僅以台灣安全的角度，而是以美國在亞太區域的整體為考量，中共的立場自然是美國行政部門所必要顧及的。

---

[37] Ibid.

　　美國眾議院國際關係委員會在 10 月 26 日通過修改後的
《台灣安全加強法》與原案相較，已刪除美國對台戰略地位的
認知與軍售武器項目的重要內容。就戰略地位來看，在原案
中，主張「台灣維持足夠之防禦與嚇阻軍力（the maintenance
by Taiwan of forces adequate for defense and deterrence）符合美
國的利益，俾協助維持台海地區之和平」（第二條第七項），在
修正案中，將「防禦與嚇阻」改為「自我防禦」（第二條第八
項），顯示排除了台灣作為嚇阻戰略的功能。原案中「行政部
門業於不同場合多次確認《台灣關係法》之條文在法律上優於
與中華人民共和國所簽訂之任何公報」（第二條第十一項）等
文字全部刪除。對於中共武力發展造成台灣受到威脅的描述
（第二條第十三至十七項）全部刪除。

　　在原案中最受矚目的是第五條有關「強化台灣的防禦」
內對台軍售武器項目全部刪除：(一)飛彈防禦裝備，包括陸基
與海基飛彈防禦系統及相關的偵察通訊系統（D 項）；(二)衛
星早期預警資料（E 項）；(三)空防裝備，包括 AIM-120，
ARMAAM 空對空飛彈，先進戰機及空中預警管制系統
（AWACS），更有效防禦空域免受空中及飛彈攻擊之裝備，促
進台灣聯合部隊空防作戰的基礎通訊設施（F 項）；(四)海防系
統，包括柴電式潛艦、包括空中系統在內的足以偵測 Kilo 級
潛艦及中共先進核子潛艦的反潛系統、包括神盾級驅逐艦在內
的足以擊退俄製超音速攻擊飛彈的海軍反飛彈系統、促進台灣
聯合部隊海防作戰的通訊系統（G 項）。

在這些武器項目刪除後，其實《台灣安全加強法》已經
成為一個沒有實質內容的空架子，其內容也將不會脫離《台灣
關係法》可有的規範。但是即使如此，美國的行政部門仍舊不
願看到這個徒具軀殼的法案通過。

11 月 9 日美國在台協會主席卜睿哲（Richard C. Bush）
在美台工商聯合會上，以「美國對台灣的政策」為題發表演說
時，重申美國行政部門對《台灣安全加強法》的立場，並以較
為嚴厲的語句對與會的來賓表示，該法對台灣有害無益，僅依
賴軍事，不足以保障台灣的安全[38]：

> 「我不認為台灣的朋友應該因為某些主張看似對台灣有
> 利，就想當然耳地以為一定是那樣。也不要因為美國行
> 政部門反對那些主張，就以為那是反台灣。我指的特別
> 是《台灣安全加強法》。該法案名稱很好聽，但卻有危險，
> 一旦立法成功，它對台灣的安全將有害無益。我建議台
> 灣人民仔細閱讀《台灣安全加強法》之後，再自行決定，
> 它必會造成的改變和廣泛的政治後果，是否真的對台灣
> 有利。歸根究柢，台灣的安全依賴的不僅是、甚至也不
> 主要是軍備採購和戰備能力。更重要的是雙方推動降低
> 緊張氣氛的能力，從而使軍事衝突不可能發生。」

---

[38] Richard C. Bush, "United States Policy Towards Taiwan," speech on
Joint Conference of the US/ROC and the ROC/USA Business Councils,
19 Nov. 1999.

　　《台灣安全加強法》要成為正式的法案，還有一段極為崎嶇的路要走。[39]美國行政部門已明確表示出不支持的態度，這個法案會不會成為美國國會兩黨鬥爭的工具，或是美國極保守陣營拿來對抗中共的工具？那麼台灣等於陷入了美國國內政治衝突，這應該非台灣之福。

　　從上述的論述可以得到如下的看法，即「台灣最好以與美國建立虛擬的同盟關係來保障台灣的安全」這個命題，可能也很難為真，期盼美國立法加強對台灣安全的保護，有其本身思考邏輯性的困境。在美國眾議院國際關係委員會對《台灣安全加強法》中，雖然已刪除了美國可經由台灣發揮對中共的「嚇阻」有關文字及對台具體軍售規定，但是美國行政部門仍然表示堅定排斥態度，即顯示了美國行政部門擔心這個仍具「政治性」的法案將有可能影響到美國在亞太地區的戰略布局，美國與台灣安全關係的加強不可以觸及到中共不能接受的底線，美國不願意台灣扮演「嚇阻」這個應屬於美國本身擁有的功能，只同意台灣擁有「自衛能力」的武力，因此期望美國會與台灣建立任何形式的虛擬同盟關係是有些不切實際。

　　從以上分析來看，依現實主義的思維來追求台灣的國家安全，可以得到以下三個結論：

　　第一，從參與多邊對話機制來看，在一個仍然強調現實

---

[39] 眾議院國際關係委員會以三十二票對六票通過本案。該法案將提交眾議院院會辯論和表決。如果該法經眾議院及參議院通過，但美國總統仍可否決。屆時參眾兩院都必須再次表決，並以三分之二多數通過維持原案，才能推翻總統的決定，使之成為法律。

主義的亞太地區，現有的亞太多邊對話機制功能仍然有限。基於國際政治的現實，台灣在亞太現有的安全論壇機制中「出現」（presence）的機會不大，目前也僅能以非官方的個人名義出席 CSCAP。台灣在未能得到中共的同意下，無法以國家的名義出席亞太的多邊組織。台灣或許可以在多邊組織的架構中，貢獻思維給其他國家以解決共同的問題，但是無法在多邊架構下解決自己最切身的安全問題。雖然「聊勝於無」是一個努力的動力，但是可預期的是，亞太的這些論壇愈是接近國家的傳統安全議題時，台灣所能發揮的空間也就愈是有限。嚴格而言，台灣在整個亞太多邊安全機制中所能獲得的效果是極為有限的。換句話說，台灣不太容易從亞太現有的多邊安全機制中獲得國家的安全。

第二，從建立兩岸的信心建立措施來看，如果兩岸不能在基本問題上達成共識，似乎不太容易建構一個可長久運作的CBMs。即使能夠在初期達成一些簡單的協議（例如 1993 年的辜汪共同協議），但是在運作上並不能持久，容易受到內部政治的影響。另外，就像冷戰期間日本單方面的宣示性措施仍然很難取信於東亞國家一樣，即使單方面地採行一些宣示性措施，但是由於兩岸的根本互信不夠，其他的一些政治作為（例如台灣對於「一個中國」立場的改變，從主張兩岸為政治實體關係到特殊國與國關係）都會使得對方懷疑其原本單方面宣示的真正意圖。而這個基本的共識就是兩岸的定位問題。

再則，宣示性措施固然可以被視為是 CBMs 中最容易達

成的作法，也是極爲善意的一個表現，但是「單方面宣示」的意涵應該是在一個國家「可以有所爲，而願意放棄其所爲」的基礎上，才有建立互信的意義。從這個角度來看，台灣主動放棄武力解決兩岸問題的意義就遠較中共爲小了，換言之，台灣對以和平方式互動的主張，可能並不能歸類於 CBMs 的宣示性措施之內。但是如果台灣對「整個中國」不永久分裂作出具體性的承諾，那將是單方面宣示性措施的具體行爲，就有其建立 CBMs 的重大意義了。

第三，從軍事對抗的角度來看，台灣有其本身的限制。台灣所面臨的思考是有無可能在與中共的武力競賽中獲勝。在兩岸現有的軍備對峙上，台灣處於相對的弱勢，台灣所秉持的其實就是美國的支持。在國家安全議題上，台灣其實是相當缺乏自主性，而完全必須仰賴美國的善意與其當時的國家立場。固然美國期盼在亞太地區仍舊維持其霸權的地位，但是美國會否希望經由與台灣建構虛擬的同盟關係來達到這個目標，是非常值得懷疑的。台灣如果想企求經由參與 TMD 或是《台灣安全加強法》來與美國成爲一種虛擬的同盟關係，這種想法有其現實的困難性。將台灣納入美國的 TMD 範圍內，其面臨最大的難關將是中共的激烈反應。如果從國際政治理論中所謂之「安全困境」來看，台灣以加入美國 TMD 來維持和平的思考，恐怕反而會使得兩岸處於長期的軍事對峙，是否有利於台灣內部經濟發展之需要，值得思考。

另外，在亞太格局中，台灣幾乎無法找到一個同盟的對

象,甚至與美國的虛擬同盟都很難達成。日本由於本身在國際
間的主動性有限,也不可能與台灣共同扮演平衡中共的角色。
因此,以權力平衡的思維來建構台灣安全的想法,基本上是不
務實的。

台灣可能必須面臨的思考是,保障台灣安全的途徑並不
是依據傳統的安全觀。現實主義者所主張的一些維持國家安全
的國際政治理論,都不足以維護台灣的安全。台灣是否可以自
由主義的思維來追求國家安全與發展是下一節討論的主題。

第三節　以經濟自由主義的思維來追求台灣的安全與經濟發展

台灣的幅員、地理位置與有限的物產資源,使得台灣幾
乎命定式地必須經由對外經貿來謀求發展。從 1950 年代起,
台灣就進入了全球的分工體系,在整個台灣經貿的發展中,政
府扮演著重要的推手角色,美國與日本提供了台灣出口與進口
的重要市場。換言之,台灣雖然是隨著自由化的腳步在走,但
是台灣其實從來沒有面對一個真正的全球自由市場。在政府干
預權力逐漸減弱,市場機能逐漸自由的情形下,這個冷戰後的
全球自由市場到底能否為台灣帶來發展與安全?特別是當兩
岸加入 WTO,代表著兩岸都共同進入了全球自由貿易體制的
規範,雙方是否可以在這個全球的機制中建立起彼此的正常化

關係？台灣在WTO體系中真能得到足夠的經濟安全嗎？在回答這個問題前，更需要探討的是，這種以強調「自由主義」的全球經貿體系，是否仍然是以強權爲主的殺戮戰場？在這個「自由主義」的戰場中，經濟民族主義是否仍然扮演著重要的角色？

一、命題一：台灣可藉由全球經濟自由主義追求台灣的發展？

(一)經濟民族主義與經濟自由主義的糾纏

　　政治經濟學的三種意識形態，分別爲經濟民族主義（economic nationalism）、經濟自由主義（economic liberalism）與馬克思主義（Maxism）。[40]對於台灣所處的國際政經社會，前兩者與台灣的關係較密切，因此將其作爲論證的參考，馬克思主義的結構主義則不在本文討論範圍之內。

　　經濟民族主義，或是如最初所稱的重商主義（mercantilism），將現實主義的概念與理論延伸至經濟面。重商主義的原理隨著現代國家與國家體系而形成，同時也是十六與十七世紀主宰國家與市場關聯的政治經濟思想。重商主義導出國家對於出口及進口部門的支持，使用補助與保護關稅保護來鼓勵其工業。

---

[40] Robert Gilpin, *The Political Economy of International Relations* (Princeton: Princeton University Press, 1987).

二十世紀中期以後的後殖民時代，新重商主義
（neomercantilism）國家雖然不再將金銀的價值看得很高，但
是他們仍然重視財富，例如透過貯存大量美元、日幣、馬克。
另外透過支持研發工作、發展基礎建設、補助特定的產業、關
稅、並且配合貿易的非關稅障礙，因此鼓勵出口多於進口。

亞當‧史密斯（Adam Smith）在 1776 年出版的著作《國
家財富的本質與原因之探究》（*Inquiry into the Nature and
Causes of the Wealth of Nation*，即廣為人所熟知的《國富論》）
中，則提出了相對於重商主義的經濟自由主義的經典論述。在
經濟自由主義的思考中，個人（或是其公司與家庭的集合體）
為了相互的利益交換（mutually beneficial exchange）而進入市
場，彼此間透過相互有利的貿易（mutually beneficial trade），
生產最有效率的物品來交換他們無法輕易製造的物品。

經濟自由主義核心價值觀念是成長與效率（efficiency，
指以有限的資源達到可能的生產極大化），並將社會視為一個
整體。基本上，有關分配的價值並不是自由主義者視為核心的
價值，他們認為分配的議題已超過經濟的範疇，而是屬於社會
決策與政治的事件。自由主義強調公正〔equity，指公平
（impartiality）與公開（fairness）〕更甚於平等（equality，指
完全相同的收入與財富分配）。[41]

自由經濟的世界觀價值強調「效率」與「成長」，他們認

---

[41] Barry B. Hughes, *Continuity and Change in World Politics: Competing
Perspectives* (New Jersey: Prentice Hall, 1997), pp.308-309.

爲這才是最適合所有人的利益，因爲其有助於將整個資源大餅加大，而非將資源再進行分割。重商主義則認爲只有強大的國力，才能夠爲國人創造經濟福利。因此，自由經濟的信條是自由放任（laissez faire），政府對商業的規範應無限制，它的國際理想，就是建立一個全球自由的貿易體系。但是經濟民族主義的信條則是確定國家的發展目標與保護特定的產業，在作法上，經濟民族主義的國家不惜以貿易戰來維護自己的國家利益。

經濟自由主義原本的中心概念是個人、公司爲市場的中心；而經濟民族主義則是強調國家是國際無政府狀態下的運作主體。但是在二次大戰以後，我們也很難再用如此簡單的概念去描繪。在戰後，可以看到美國如何以國家的力量來推動自由貿易體制，又如何在自由貿易體制中獲得自己的利益，還可以看到，傳統以國家爲主體的歐洲也以結合爲共同體的方式，集體以區域力量的新重商主義在國際自由體制下追求歐洲的利益，以個別國家爲主體的新重商主義已經很難在全球經濟自由主義體系中找尋有利的地位。

（二）霸權決定貿易規則與挑戰

十七和十八世紀的歐洲是一個沒有霸主的多元體系，重商主義的競爭和民族主義的政策占著上風。直到拿破崙戰爭結束，以英國做爲自由主義的霸主國崛起之後，歐洲才進入了自由貿易時代。但是歐洲的自由貿易對於其他非歐洲的國家而言，特別是亞洲與非洲，卻是個以民族經濟主義爲主的貿易形

態，原因很簡單，貿易的規則是由強權來制訂。歐洲心目中的自由主義，卻是亞洲心目中的重商主義。

十九世紀末，歐洲以經濟自由主義爲名的重商主義帶來的是海外殖民地資產的爭奪，資本帝國主義國家間終於引爆了第一次世界大戰，自由主義貿易規則的世界經濟崩潰。戰後，「以鄰爲壑」政策的經濟民族主義很容易找到自己的舞台，帝國主義之間爭逐的擴大，復興自由體系的努力付諸東流。

第二次世界大戰後，美國取代了英國的霸主地位，主導建立世界的自由主義體制。當美國發起建立布列頓森林體系（Bretton Woods System），實施馬歇爾計畫，率先參加關稅暨貿易總協定（GATT）的貿易自由化談判時，他也基於本身利益考量原則行事。藉由降低貿易的壁壘，美國和其他國家都獲得了好處。至少進入 1960 年代中期，以及此後甘迺迪回合（Kennedy Round）降低關稅協議執行期間，由於美國的科技壟斷與堅強的世界市場競爭能力，使得美國毫無疑問地也從貿易自由化中獲得了不少的利益。

1971 年 8 月美國在沒有與外國政府諮商之下，停止美元與黃金固定匯率。1973 年，美國將美元貶值 10%，並將其未來價值由國際市場決定，美元價值依供需情況開始浮動，其他國家立即追隨此一舉動。原有的布列頓森林體系也就正式結束，開啓了「後布列頓森林體系」或「修正的（modified）布列頓森林體系」時代。在「修正的布列頓森林體系」時期[42]，

---

[42] Ibid., pp.332-333.

雖然美國將美元與黃金固定匯率單方面行動概念廢止，但是國
際貨幣基金、世界銀行、關稅暨貿易總協定／世界貿易組織
（WTO）等仍處於有利的位置，爲自由與成熟的貿易作全面
國際性的保證。但是這個全球政經的修正體系仍然面臨著新重
商主義的挑戰。

　　GATT 談判在減少戰後關稅與促使全球經濟結構轉變獲
得成果，但也帶來了 1970 年代與 1980 年代新的問題，其中較
爲重要者，即是隨著關稅的減低，國家間更加訴諸貿易的非關
稅障礙，單單在 1987 年至 1989 年間，美國與歐洲市場將出口
限制的措施，從一百三十五項增加到二百八十九項。[43]

　　非關稅障礙象徵著新重商主義的陰影並未消除。在GATT
主導下的自由主義時代，政府仍然例行性地介入國內的經濟，
即使英國與美國，仍然以透過免稅、研發補助、基礎建設發展、
貸款來協助特定產業的發展。

　　美國所建構的戰後經濟體制在 1960 年代末期起開始受
到歐洲與日本的挑戰，雖然他們並不以挑戰自由主義爲本質，
但是歐洲卻加速地進行其經貿的整合，以整體的力量來因應全
球自由化對歐洲可能產生的衝擊。1979 年 3 月起，「歐洲貨幣
體系」正式生效，1987 年 7 月 1 日《單一歐洲法案》（Single
Europe Act, SEA）亦生效，歐體向「經濟暨貨幣聯盟」邁進。

---

[43] Barry Eichengreen and Peter B. Kenen, "Managing the World Economy
under the Bretton Woods System," in Peter B. Kenen ed., *Managing the
World Economy* (Washington, DC: Institute for International Economics,
1994), p.51.

可以說，隨著歐洲經濟的發展，美國已不再是全球經濟的唯一霸權。

1990 年代初，意識形態的冷戰結束，在政治上可以說是民主主義戰勝了共產主義，但是經濟自由主義並不必然地成為全球的普世價值。在全球經濟自由化方面，1995 年 1 月 1 日起，GATT 轉化為 WTO，象徵著以美國為首的經濟自由主義已經掌握了世界主要的貿易規則，任何一個國家想要在當今的國際經濟體系中發展，都必須遵守自由世界的經貿規則。但是仍有兩個現象值得注意，第一、區域經濟也快速整合，扮演著與全球貿易自由化同樣重要的另一種經貿形態。第二、經濟自由主義的價值觀仍舊受到質疑。

首先，從區域經濟的成長來看。區域經濟可分兩種形態。一個是以自由貿易為內涵的經濟體，這些組織雖然從表面上來看，是一個區域經濟體，但是其內涵其實仍舊是以自由貿易為核心，是一種「開放性區域主義」（Open regionalism）[44]，它是強調以經濟及技術合作為主要手段，以促進貿易自由化並達成經濟持續成長為目標。嚴格地說，這種區域經濟體其實只是

---

[44] 「開放性區域主義」此一用語早已出現在 1989 年在澳洲坎培拉召開的部長級會議中，後來在 1991 年的漢城會議，1993 年第一次領導人高峰會議中皆有做相同的表達。學者有關的討論可見：Peter Drysdale and Ross Garnaut, " The Pacific: An Application of a General Theory of Economic Integration." In C. Fred Bergsten and Marcus Noland, eds., *Pacific Dynamism and the International Economic System* (Washington, D.C.: Institute for International Economics, 1993), pp.183-223.

全球經濟自由主義的一個部分，它們存在的目的是協助全球經濟自由主義的形成，它們無法發揮區域為主體的新重商主義精神，區域之間各主體也缺少相互平衡的機制。在這種區域經濟體中，霸權仍然是最大的獲利者，「亞太經濟合作會議」（Asia Pacific Economic Cooperation，APEC）即是這種區域經濟體。

　　區域主義的第二種形態是以新重商主義為內涵的經濟體，它們之間有排他性的貿易經濟規範，從關稅同盟到共同市場、經濟同盟，甚而到最後的貨幣整合，這種區域性的經濟體事實上是區域內的國家力量的整合，在全球的經濟體系中取得有利的地位。歐洲共同體就是這種區域經濟體，它以集體的力量來參與全球的自由商業體系，以共同的力量來對抗其他的霸權，尋求制定有利於其集團的自由經貿規則。

　　其次，經濟自由主義的普世價值觀仍舊沒有得到世人的廣泛信從。亞當‧史密斯《國富論》所說的那一隻自由市場看不見的手，到底給窮人或是窮國帶來多少福音，又給社會的公平帶來多少的壓抑，一直是個爭議的問題。1999 年 11 月 30 日舉行的 WTO 西雅圖部長會議的失敗，近三萬人的街頭示威顯示出，一個全球自由主義的貿易體系雖已存在，但是對於進一步的自由化則仍有疑慮。自從 GATT 烏拉圭回合貿易談判結束後，國際貿易體系所存在尚待解決的問題，都是一些極為棘手項目，包括農業與服務業貿易、反傾銷、補貼、安全防衛、投資措施、電子商務、競爭政策、漁業、政府採購、技術援助、環境與貿易、智慧財產保護等等，都需要會員國共同解決。另

外，開發中國家也有他們特別關切的議題，例如特殊的差異性
待遇問題、已開發國家的反傾銷措施、食品以及動植物衛生及
安全標準的適用、農業補貼等，也是爭議不休的問題。這些問
題都需要極大的努力來協商，要在一百三十五個會員國間建立
彼此的互信，確非易事。[45]

　　西雅圖會議失敗的例子其實給世人另一個省思：未來的
全球貿易體系已非是某一個國家或某一些集團所能掌控。或者
換句話說，沒有組織的個別國家在這場全球經濟貿易的討價還
價中，很難發揮出具體的作用。對於台灣的啟示是，台灣未來
進入 WTO 後，或者處於全球的自由市場中，有沒有發言爭取
本身利益的能力，還是台灣只能選擇接受。沒有一個集團經
濟，特別是缺乏一個區塊經濟作為後盾，是很難在這場全球的
貿易體系中找尋到依靠。換言之，假如沒有一個可以依靠的區
塊經濟，台灣的經濟安全是值得憂慮的。

　　對於馬克思主義而言，經濟自由主義其實就是標準「弱
肉強食」的資本主義，他們認為，全球的政治經濟關係不是發
生在相等的行為者間，而是在核心（富有、強國）與邊陲（貧
窮、通常是弱國）之間，這兩方的關係是不平衡的，也因而同
時導致了交易的不平等。結構主義者在思考如何促進國家的發
展時，想出了多種策略，包括退出經濟自由主義體系與以進口
替代（import substitution）為主的自力更生策略，或以集體的

---

[45] 林欽明，〈WTO 西雅圖部長會議的省思〉，《國際經濟情勢周報》，第
.1315 期，民國 88 年 12 月 16 日，頁 6-14。

力量，例如在政治上成立不結盟運動（Nonaligned Movement）[46]，在經濟上成立「七七集團」[47]，或要求改變國際經濟結構，例如主張與已開發國家共同建立「新興國際經濟秩序」（New International Economic Order）[48]來爭取窮國的經濟權益。但是這訴求終究難以成功，一方面是由於這些窮國本身的政經差異，不可能團結；另一方面在於北方的已開發富國不太願意交出他們可以得到的利益。從 GATT 能夠成功地過渡到 WTO，其所代表的意義正是馬克思主義者長久呼籲的挫敗。

　　或許對於結構主義者解決經濟不均衡的發展策略有不同的意見，但是結構主義者將經濟自由主義描繪為達爾文式資本主義的看法，倒是值得重視的。現今的強權，例如歐洲大國與美國，即使在他們高唱自由主義的同時，也不忘建構自己所屬的勢力區塊經濟體，以做為他們國家與他國經貿關係的後盾。從上述的推論，或可得出「台灣可藉由全球經濟自由主義追求台灣的發展」這個命題並不全然為真，畢竟經濟自由主義與經

---

[46] 1955 年，27 個國家領導人在印尼的萬隆集會，在前南斯拉夫狄托與印度尼赫魯領導下成立「不結盟運動」，共同反抗超強。但是「不結盟運動」並無法逃脫東西冷戰的對立，無論對於越戰中的美國，或是蘇聯入侵捷克，都無法發揮其制衡的功能。

[47] 「七七集團」由第三世界國家所組成，成立於 1964 年，因成立時有七十七個國家，故有此稱，目前有一百四十四個會員國，作為反殖民主義、人權、軍火控制議題與經濟相關的諮商會議。

[48] 1973 年在阿爾及利亞舉行的「不結盟會議」，南半球國家的領導者要求建立「新興國際經濟秩序」。第一世界對第三世界所提的議題並不感到興趣，但是仍將該等議題作為南北對話的基礎。

濟民族主義的內在差別是愈來愈難以完全區分了。

　　「區塊經濟」與「質變」的經濟民族主義發展所帶給台灣的啓示是，如果台灣沒有一個後盾，或可說缺乏一個緊密性的經貿腹地，那麼台灣就很容易在這場全球的自由化均勢中被不斷侵蝕。兩岸經貿的發展，應該給了台灣一個機會，但是由於兩岸的政治對峙，台灣並沒有積極地運用這個優勢，反而是在 1993 年以後，台灣嘗試以「亞太營運中心」或「南向政策」來建構自己可能的經貿區域網絡。

二、命題二：台灣可藉由 APEC 追求台灣的安全與發展？

(一)APEC 的國際政治經濟本質

　　在討論 APEC 是否能夠有效地成爲協助台灣經濟發展與安全的區域經濟體前，有必要對 APEC 的本質再進一步了解後，才能有所依循討論。

　　APEC 作爲一個區域主義經濟，最重要的原則就是它的開放性。作爲開放性區域主義倡議學者之一的 Ross Garnaut 認爲，非歧視區域性貿易自由化的主張係基於三大理由。第一，亞太地區個別國家的經濟發展程度相去甚大，如果要將環太平洋各國水平懸殊的經濟體同步執行貿易障礙的減讓與掃除，顯然是窒礙難行的。第二，從經濟性的角度而言，歧視性的貿易會帶來不必要的貿易扭曲，從而造成資源配置的扭曲，

違背市場機能的原理。第三，APEC 經濟體對域外的地區，仍有可觀的貿易，倘若自行作為傳統的排他性自由貿易區，勢必導致 APEC 各經濟體與域外原貿易對手產生緊張關係，特別是推遲了其中的開放中國家及轉型中經濟體的改革與成長。[49]

APEC 的運作，的確也依循著開放性區域主義的腳步前進，從 1994 年的茂物（Bogor）宣言，到大阪行動綱領（OAA，1995），再由馬尼拉行動計畫（MAPA，1996），進入自願性部門提前自由化（EVSL，1997），在在顯示了 APEC 會員體追求經濟自由化的心路歷程。APEC 區域內貿易自由化的措施，原則上由會員國自願參與，自由化的成果原則上也可與區域外國家分享。

Garnaut 的解釋是從經濟面來看，固然有其合理性，但是僅從此角度，並不能夠一窺全貌。另一位 APEC 的策士 Bergsten 就從現實主義的政治面來看這個問題。他認為，自 1990 年代中期，GATT 烏拉圭回合談判遲滯不前，與此時歐洲共同體通過《單一歐洲法案》及《美加自由貿易協定》這兩個屬於「內向型貿易集團」亦達成協議有關。APEC 於 1989 年所揭櫫開放性區域主義，適時為多邊貿易體系護盤彰顯普遍性原則，力圖消弭一場貿易大戰之爆發。[50]

---

[49] Ross Garnaut, *Open Regionalism and Trade Liberalism: An Asia-Pacific Contribution to the World Trade System* (Singapore: Institute of Southeast Asian Studies, 1996), pp.1-15.

[50] C. Fred Bergsten, "APEC and World Trade: A Force for Worldwide Liberalization," *Foreign Affairs*, 73:3 (May/June 1994), pp.20-25

　　Bergsten 的解釋也不完全地解決了 APEC 在全球經貿體系的定位問題。畢竟美國在 1993 年推動 APEC 工作的同時，也完成《北美自由貿易協定》(North America Free Trade Agreement，NAFTA) 的立法。前者標榜開放性區域主義，後者卻是樹立起壁壘的區域經濟。美國的兩手策略，正可以爲 APEC 在全球經貿體的角色作出定位。

　　從政治經濟學的角度來看，APEC 仍是美國爲主導的一個自由區域經濟體，美國嘗試從 APEC 中獲取其政治與經濟的利益。回顧 APEC 成立初期，美國並非主動，對於亞太地區成立區域組織並不以爲然，後來基於下列三個因素使得美國改變了原有的不積極立場。第一，冷戰結束初期，美國在亞太的傳統安全影響力降低，美國希望透過 APEC 做爲美國在亞太地區的重要施力點，以維護美國的政治與經濟利益。第二，隨著德國的統一、歐體貨幣整合的快速發展，特別是 1991 年《馬斯垂克條約》通過，美國一方面在其美洲的土地上促使 NAFTA 的簽定，另一方面積極參與 APEC，共同抗衡歐洲經濟快速整合所帶來的挑戰，以確保美國在世界經濟的三個區塊中，以支配其中 APEC 與 NAFTA 兩個區塊的優勢來制衡歐盟，另一方面，又可以歐盟與 NAFTA 來影響 APEC 的會員體。第三，透過與 APEC 的諮商與對話，不但可以透過群體的力量與利益，讓會員體自動放棄本身的關稅與非關稅障礙，並可在互動中，充分掌握美國的主導地位。藉由 APEC，美國可以較無障礙地進入正在蓬勃發展的亞太地區市場。

　　因此，對美國而言，APEC 有其多重意義，一方面，美國將 APEC 做為主導亞太經濟體的工具，以推動自由化為訴求，而排除了亞洲地區建構封閉性區域經濟的可能，從而使美國可以主導亞洲的經濟發展方向。另一方面，美國可以將APEC 做為美國推動其全球自由化的一個重要工具，也可以說，APEC 區域自由化正是 WTO 全球自由化的基礎，而 APEC定位在「開放性區域主義」，而不走向封閉式的區域經濟，其最終目的其實正反映出，假若 WTO 的全球自由化體系建構完成，APEC 就沒有多大存在的意義了。

　　APEC 會員體之間的權力布局相當複雜，幾種相互激盪的勢力更是使得 APEC 根本就不是個區域共同體。除了美國外，中共、日本都想藉著 APEC 來提高自己在亞太地區的影響力。在政治上，東協傾向於聯美或聯日來制衡中共，但是在經濟上，又想聯合中共來制衡美國，澳洲一方面扮演美國在亞太的代理人角色，另一方面也想藉由 APEC 來發揮其在亞太的影響力。在 APEC 自由化的過程中，美國、加拿大及澳洲是加速自由化的主要推動者，但是中國大陸、韓國、馬來西亞及泰國則持負面的看法。[51]後者正處於經濟發展階段，他們不願見到外來政治壓力所導引的區域自由化。總而言之，太多的自我利益，以及太複雜的各國內部差異，使得 APEC 不太容易發揮其經貿事務以外的功能，在某種意義上，從它的訴求來

---

[51] A. S. Bhalla and P. Bahalla, *Regional Bloc: Building Blocks or Stumbling Blocs?* (London: Macmillan, 1997), chapter 5.

看，它是一個以經濟自由主義爲內涵的組織，但是它實際運作還是難脫現實主義的色彩。

從表面上來看，APEC 似乎也在每年度開會時在會外有涉及若干的政治安全議題。例如 1991 年，南韓利用機會與各國討論北韓的核武問題，1992 年在曼谷會議上，澳洲在部長級會議中最重要的議案不是經濟問題，而是柬埔寨與波布的和平協議，1993 年美國總統柯林頓與中共江澤民第一次見面即討論有關中共軍售巴基斯坦及銀河號事件。1994 年雅加達會議的會外會中，美國與印尼討論人權、勞工權力及東帝汶等問題，1995 年與 1996 年大阪與馬尼拉非正式雙邊會談則討論成立四邊會談，解決北韓問題的可能性。[52]這些重要的問題，看似在 APEC 的會晤中提出討論，但是，其效果只是凸顯了該議題的受關切性而已，並不可能在 APEC 的機制中尋求解決。另外，從 ARF 機制的運作情形就可看出，即使在東協內部，ARF 對於解決東協內部的安全都有其局限性，更何況整個亞太地區。兩岸問題所牽涉到的更是中共所稱的主權問題，可預期的，在兩岸的安全議題方面，APEC 也不太容易有多少的貢獻。

(二)APEC 對台灣經濟安全與政治功能的局限

政治上，APEC 對台灣而言，是提供了一個與外國領袖或部長進行雙邊會談諮商的機會。例如，1997 年溫哥華部長

---

[52] 吳玲君，〈以 APEC 爲基點發展爲亞太安全共同體的構想與理想〉，《中華台北 APEC 通訊》，民國 88 年 1 月，頁 64。

會談開幕之前，台灣的代表經濟部長王志剛與美國貿易代表署貿易代表白茜芙，就台灣加入 WTO 雙方仍有爭議的問題，進行意見交換，並就雙方未來諮商談判的時間達成共識。在 1998 年吉隆坡會議舉行時，美國已經和台灣簽署雙邊入會同意書，但是雙方仍然再就台灣加入 WTO 事交換意見，包括美國對台灣何時加入 WTO，支持 WTO 應該依照申請入會會員的市場開放程度，來作爲是否同意入會的審查標準。台灣主其事者即認爲這種「Diplomacy at APEC」對於台灣而言是最具意義者。[53]

因爲台灣與 APEC 各會員國間並沒有外交關係，因此對於這個可以提供與各國政府首長與官員直接溝通管道相當重視。但是對於其他亞太國家而言，APEC 的政治性功能只是其雙邊與多邊關係中的一環而已。因而台灣不可過分誇大 APEC 所帶來的政治性功能，也不宜將其解釋成提升台灣國際地位的場所，或再將其推演成可協助台灣安全的機制。其他成員國與台灣的對話，是承認台灣在全球經貿體系中的力量與存在價值，但是並不表示對台灣國際地位的認知即會有所改變。

揆諸 APEC 近十年來的發展方向與動力，有政治力量的介入，但是推動 APEC 的進程並不是受到外交或政治的主要影響爲導向，而是受到經濟全球化、商品、貨幣、資訊與科技

---

[53] 謝其旺，〈跨世紀之工作展望：APEC 的新思考、新視野、新挑戰〉，《中華台北 APEC 通訊》，民國 88 年 1 月，頁 88-90。作者以外交部國際組織司專門委員兼 APEC 組長名義撰文。

的快速流動所驅動。如前所述,它只是全球自由化的一個基地
而已,當台灣加入 WTO 後,APEC 的經濟功能也就自然有它
的局限了,至於它能否扮演政治性的功能,在亞太複雜的情形
下,答案可能並不樂觀。

假如同意上節有關完全自由化的市場經濟並不盡然能夠
滿足台灣的經濟安全與發展,那麼基於 WTO 與 APEC 在國際
政治經濟上的高度同質性,在 APEC 體制下,應該也可得到
相同的推論。另外,依目前的發展,APEC 不太容易發展成為
一個亞太安全共同體,也不太有希望成為一個有效率的安全機
制。APEC 對台灣而言,在政治上只是多了一個與亞太領袖的
會晤機會,但是,如果就據以認為這對維護台灣的安全有助
益,那就是過遠的推論了。

基於上述的推論,應該可以認為「台灣可藉由 APEC 追
求台灣的安全與發展」的命題有其不足與局限性。

三、命題三:台灣可藉由「亞太營運中心」與「南向政策」追求台灣的安全與發展?

台灣在 1993 年將「發展台灣地區亞太營運中心」列為經
濟發展的長程目標,並於 1995 年 1 月通過「發展台灣成為亞
太營運中心計畫」。[54]建設台灣成為亞太營運中心之意義,從

---

[54] 行政院經濟建設委員會,〈亞太營運中心計畫之回顧與展望〉,《自由
中國之工業》,第 85 卷第 4 期,1996 年 4 月,頁 9-10。

總體經濟面而言，加速推動台灣自由化與國際化之環境，積極發展與亞太地區各經濟體間全方位的經貿關係，使台灣成為區域內製造、海運、空運、金融、通信及傳播等活動的中心；從企業層面而言，鼓勵台灣與其他跨國企業以台灣為營業據點，從事投資與開發經營亞太地區之市場。[55]要言之，「亞太營運中心」計畫乃企圖藉由整個亞太地區高速發展的動力、與跨國企業建立策略聯盟、並整合區域經濟資源，以促進台灣經濟的持續成長與產業的升級。[56]「亞太營運中心」的提出，是希望鼓勵外商企業及本土企業能以台灣為基地，而以中國大陸及東南亞國家為腹地，從事跨國性高附加價值的經濟活動，避免其他勞動力更為廉價的開發中國家的產品競爭。

　　除了上述經濟目標外，「亞太營運中心」還有其政治上的功能。一方面配合「南向」政策，其目的是為了避免對大陸投資過熱，貿易依存度快速增加，而失去了政治上的談判籌碼，因而鼓勵廠商轉往東南亞投資，另一方面，則希望加強與東南亞國家的經貿往來，將來能成為東協的對話夥伴，以及增進彼此間務實外交關係，突破中共對台灣國際活動空間的壓縮。

　　簡言之，從政治經濟學的角度來看，「亞太營運中心」是希望能夠使得台灣在全球的自由貿易體系中取得樞紐的中心

---

[55] 行政院經濟建設委員會，〈亞太營運中心計畫之回顧與展望〉，頁 12；夏鑄九，〈全球經濟中的台灣城市與社會〉，《台灣社會研究季刊》，第 20 期，1995 年 8 月，頁 68。

[56] 行政院經濟建設委員會，〈亞太營運中心計畫之回顧與展望〉，頁 9；夏鑄九，〈全球經濟中的台灣城市與社會〉，頁 67。

地位,「南向政策」則是希望將東南亞納入台灣的經濟腹地,在「西進」與「南向」的投資環境間取得平衡。在作法上,都有著政府介入的新重商主義精神。換言之,「亞太營運中心」與「南向政策」兩者並不能算是台灣以經濟自由主義的思維來推動經濟發展,而是想以政府的力量來增加國際競爭力與達到國家的安全性,完成國家安全與經濟發展的雙重目標。

除了目前「亞太營運中心」的計畫呈現出一些問題,如國家機關自主性的降低、計畫目標受政治領導人意志所左右、缺乏領航機構對計畫監督執行、政府行政效率低落外[57],「南向政策」也因為亞洲金融風暴,而顯得欲振乏力。這兩個由政府所主導的構想,還是沒有辦法迴避掉它們原來想要解決的問題,這也是經濟地緣政治所必然不能迴避的問題,就是中國大陸這個廣大市場存在的事實。換言之,如果缺少了對中國大陸經貿關係整體的積極思維,「亞太營運中心」與「南向政策」很難發揮其預期的功能。特別是在兩岸都加入 WTO 後,中國大陸與國際經濟體系的互動,勢必日趨頻繁,台灣有著外貿依存度甚高的經濟特性,更不能忽視此一國際經濟發展的重要趨勢,「三通」遂成為台灣加入此一經濟體系、加速兩岸經貿整合,及實現「亞太營運中心」計畫的重要捷徑。

[57] 曾怡仁,〈從國家論觀點看「亞太營運中心」計畫〉,《亞太經濟管理評論》,第 1 卷第 2 期,1998 年 3 月,頁 35-38。

第四節　兩岸的策略：以統合方式建構兩岸的安全與經濟發展

一、以兩岸統合來面對全球經濟自由主義的挑戰

　　在兩岸加入 WTO 後，在 WTO 規範之下，中國大陸勢必改革其外貿體制，同時加速法制化，而台灣原來的兩岸經貿政策也面臨調整，市場機制的力量在兩岸經貿關係中所扮演的角色將更爲吃重。在 WTO 這個強調普遍、無歧視的貿易架構下，台灣想以「排除條款」來排除與中共直接三通的可能性其實非常有限。[58]台灣的兩岸經貿政策勢必需要調整。

　　如果台灣完全依據 WTO 的經貿規範與中國大陸往來，兩岸等於共同進入一個共有的自由市場，在兩岸經貿互動中，台灣將會面臨下列的挑戰。

---

[58] 所謂「排除條款」係指任何經濟體在申請入會時必須先提出聲明，排除與特定成員之間適用各項多邊協議。這一聲明必須在 WTO 部長會議時提出，作爲表決時的重要參考。而依據規定，申請加入 WTO，須獲得全體成員三分之二以上贊同，才能通過。目前 WTO 成員有一百三十五個，台灣入會須獲九十一個成員支持，亦即若有四十五個成員反對，即可阻止台灣入會。換言之，台灣若想在入會時提出對中共的「排除條款」，只要中共動員四十五個成員，台灣就無法入會。

(一)台灣在兩岸貿易互動中的挑戰

雙邊貿易金額將更爲擴大，兩岸經貿依存度也更爲提高。台灣對中國大陸的貿易順差有可能會逐漸縮小。過去雙邊貿易金額的差距，主要是台灣政府對大陸貨品之進口採取嚴格管制措施所致。兩岸加入 WTO 之後，在 WTO 貿易自由化的原則下，台灣必須對中國大陸貨品之進口採取開放的態度，增加大陸貨品的輸入，縮小台灣對大陸的貿易順差。同時，兩岸海上走私猖獗的情形，也會因爲貿易的自由化而大量減低。另外，由於雙邊貿易範圍的大幅放寬，兩岸的貿易依存度也就水漲船高地提升。

其次，雙邊貿易的互補關係將更爲深化。由於大陸經濟發展促成產業技術的提升，所製造的產品，尤其是台商赴大陸投資設廠所製造的產品，將更爲符合台灣企業做進一步加工的材料，因此，大陸生產而回銷台灣的情況將日益增多，使得兩岸間貿易互補的關係更爲深化。

第三，雙邊間接貿易的形式爲直接貿易所取代。過去礙於台灣政府對雙邊貿易必須採取經第三地的規定，廠商在不得已情形下，經由香港與中國大陸進行轉口貿易，增加台商的成本。如今這套規範在加入 WTO 之後並不適用，雙邊貿易也將從轉口貿易而轉爲直接貿易，大大降低運輸成本，同時也活絡了雙邊的運輸業。

第四，台灣對大陸的出口貿易面臨成長的停滯。由於台商赴大陸投資形態集團化的增多，下游廠商所需原材料將直接

向當地台商採購，因而減少對台的需求，使得由投資帶動貿易的效果遞減，台灣對大陸的出口成長將因此受到限制。[59]

第五，台灣對大陸的出口貿易，面臨國際競爭的壓力。根據台灣經濟研究院所做的實證研究顯示，中國大陸加入WTO之後，隨著另一波國際赴大陸投資及銷售的熱潮，對以技術密集型產業和以大陸內銷市場為主的台商而言，將面臨國際競爭的威脅，使得台灣對大陸的出口成長受到限制。[60]

(二)台灣在大陸投資中的挑戰

首先，在兩岸加入WTO後，平均投資規模將持續擴大。根據一項對台商所做的調查顯示，在中國大陸加入WTO之後，由於一連串的開放措施，將吸引台商另一波的投資熱潮。此乃因為台商對中國大陸加入WTO後，將逐步開放大陸地區的內銷市場之預期。[61]同時，1998年的大陸經濟即陷入通貨緊縮，在採行一連串擴張性財政政策效果卻不彰後，內需市場的開放也就可能勢在必行。為了積極攻擊其市場占有率，台商赴大陸投資的規模也有可能日益增大。

其次，增加第三級產業的投資勢在必行。中國大陸在加入WTO後，將擴大服務業的對外開放，外國金融機構可申請

[59] 蔡宏明，〈加入WTO對兩岸關係的影響〉，《理論與政策》，第11卷第3期，民國86年9月，頁155；蔡宏明，〈加入WTO對兩岸經貿及產業互動的影響〉，《經濟情勢暨評論》，第4卷第4期，民國88年3月，頁251。

[60] 蔡宏明，〈加入WTO對兩岸經貿及產業互動的影響〉，頁251-252。

[61] 蔡宏明，〈加入WTO對兩岸關係的影響〉，頁155。

在大陸各地設立金融機構,並逐步放大外資保險公司在大陸的營業據點。台灣金融保險等產業勢必增設及擴大在大陸的營業據點,一方面與其原來在台的顧客進行聯結,擴大對原有顧客之服務。另一方面,積極攻占大陸市場,以擴大其經營規模。

第三,台商投資地區深入中國大陸內陸地區,投資形態以擴張型投資為主。根據經濟部統計處「製造業對外投資實況調查報告(1998 年版)」,海外投資廠商有打算增加據點的占52.53%,其中有 55.38%的廠商表示將赴中國大陸投資,欲赴美國投資的占 18.06%,居於第二位,顯示大陸由於具市場吸引力,因此多數業者皆以中國大陸為主要投資地點之考量。[62]此種以接近市場的考量所做的投資,屬於擴張性投資。同時,為節省運輸成本,加上中國大陸對投資中西部的優惠,台商深入大陸內陸地區的投資趨勢將日益增加。

第四,兩岸產業分工的形態將以產業內水平分工為主流。台灣企業在經過多年的經濟發展之後,經濟實力逐漸茁壯,中國大陸生產技術也逐漸提升。同時,中國大陸是以開發中國家身分入會,在國際市場上享有比台灣以已開發國家身分入會更多的優惠。所以,台商將利用兩岸間要素優劣的差異,以比較利益原則進行產業內水平分工,以進攻國際市場。

第五,台商赴大陸投資,將面對歐美等大型跨國企業的競爭。以往台商赴大陸投資,多為中小型企業,同時在投資上,也享有較其他外資優惠的待遇。中共入會之後,不僅會引起另

---

[62] 蔡宏明,〈加入 WTO 對兩岸經貿及產業互動的影響〉,頁 250。

一波跨國企業赴大陸投資的熱潮，對台商的特殊優惠，將在WTO 的基本規範下，與其他外資的投資優惠趨於一致，這都使得台商面臨前所未有的競爭壓力。[63]

假如台灣的邏輯是「兩岸經貿的高度依存將會影響國家安全」，或「台灣產業外移中國大陸會使得台灣產業空洞化，進而影響國家安全與發展」，那麼台灣其實已經要準備面對這個挑戰了。

在政策的設計上，特別是在東南亞金融風暴後，已顯示出「亞太營運中心」與「南向政策」不太容易為台灣營造出一個可以依靠的區塊經濟。兩岸加入 WTO 後，台灣原本所設計的一些保護台灣經濟安全的政策也將被迫放棄，共同與中國大陸進入一個以弱肉強食為本質的經濟自由主義體系。如果台灣不能持續領先，那麼台灣就可能在 WTO 體系下接受全球與中國大陸所帶來的雙邊壓力，前者將繼續淡化台灣國家色彩，後者更將使得台灣的經濟安全受到影響，特別是假若兩岸的政治敵意沒有消失，WTO 內的兩岸經貿互動長久地發展，對台灣而言，並不是全然有利的。因此，台灣必須以另外一種思維來同時解決台灣安全與經濟發展問題。如果兩岸能夠在經貿方面適度地整合，對台灣而言，原本的挑戰反而可能成為台灣的優勢，對兩岸而言，將可在經貿上產生相輔相成的功效。兩岸共同成為彼此的經濟腹地，這種兩岸的「區塊經濟」雖然非必要的排他，但是彼此的緊密互助將可因適度的統合而可共同因應

---

[63] 同上註，頁 252。

國際經貿危機或困境。

二、「歐洲統合」經驗對兩岸的啓示

(一)追求一個兼顧和平與發展的安全共同體

維持一個和平的環境，以利雙方的發展，是兩岸間的共識。但是如何達到這個目標，雙方則各有看法。

對中共兩言，「一個中國」原則是最基本的條件，「一國兩制」是最佳的選擇。但是台灣的內部卻有不同的看法，有主張以法律上「劃清界限」的方式作爲基礎，讓彼此以一般「正常化」的國家與國家關係來定位彼此的關係，這個觀點的代表口號是「台灣獨立」或「一邊一國」。另一種主張是以「國統綱領」中兩岸爲「政治實體」以及 1999 年認定兩岸爲「特殊的國與國」關係爲基礎，強調兩岸應在對等的基礎上，以功能式的合作來化解彼此敵意，加強互惠互利。還有主張兩岸可以「聯邦」或「邦聯」的方法將兩岸的根本問題畢其功於一役。

在學理上，「一國兩制」與「聯邦」都是「一步到位」式地解決兩岸主權爭議。簡單地說，就是台灣主權的消失，因而也就沒有所謂的台灣「國家安全」問題。「台灣獨立」或「一邊一國」看似爲台灣爭取到主權，但是其結果可能會使台灣因爲戰爭而喪失了所有的主權。即使只談台獨而不落實，都會讓兩岸長期處於緊張狀態，這對台灣的安全與經濟發展毫無助益。單純「功能式的合作」有其本身的限制，即如果這種功能

性合作的基礎是建立在「自己優先」的思維，那麼它不太容易
發生擴散作用，這種合作，雖然可以美其名為「以合作加強了
解」，其結果很可能是彼此在合作過程中，愈發敵視、貶抑、
甚而妖魔化對方。再則，沒有機制化的功能合作，並不能產生
長久的共識，往往是人息政亡。換言之，功能式的合作對於一
般彼此關係正常化的國家可能有其絕對的功能，但是對於已經
存在重大爭議的國家間，恐不易達到維護國家安全與促進經濟
發展的功能。

　　由於兩岸在現實世界中的力量不均等，以強調務實，不
惜委曲求全，求取國家安定與發展的「芬蘭化」國家戰略曾被
學者提及。[64]但是還有一個政治的學說可以作為參考，就是杜
意奇（Karl W. Deutsch）所提出的「多元主義安全共同體」
（Pluralistic security community）概念。杜意奇將其界定為一
個國際性的區域，在其中可確認以下的發展：「制度與行為足
夠強大且流傳夠廣，因此可以確保人民之間的『和平變遷』
（political change），是一種『長』時間、可信任的期望」。[65]

---

[64] 嚴震生，〈「芬蘭化」的歷史經驗與兩岸關係發展之比較〉，《問題與研究》，第 34 卷第 12 期，民國 84 年 12 月，頁 73-83。

[65] Karl W. Deutsch, et al., *Political Community and the North Atlantic Area: International Organization in the Light of Historical Experience* (Princeton: Princeton University Press, 1957), p.2. 另有關的概念與理論探討，可參考：Donald J. Puchala, "Integration Theory and the Study of International Relations," in Richard L. Merritt and Bruce M. Russett eds., *From National Development to Global Community: Essays in Honor of Karl W. Deutsh* (London: George Allen and Unwin, 1981), pp.145-162.

　　在實踐上，美國與加拿大構成了安全共同體，且已經在長達一個世紀沒有感受到在綿延國境之設防的需要。另外，經濟合作暨發展組織（Organization for Economic Cooperation and Development, OECD）也是屬於這一類的安全共同體。這一個如今擁有二十五個會員國的國際組織，到目前為止，從未出現過會員國間的任何一場戰爭。另一個最重要的安全共同體自然就是現今廣為全球矚目的歐洲共同體。

　　對於深受創傷的歐洲而言，如何使得歐洲的土地上不要再發生戰爭，確保永久的和平，以及如何在百廢待舉的殘破戰後經濟上，重新再起，是歐洲政治菁英所面臨的兩個嚴肅課題。

　　以什麼樣的方式來維持歐洲的和平與促進經濟的發展？各個主權國家是否應該將主權交出來？或者應該將何種政策的主權交出？是歐洲菁英思考的問題。成立一個「歐洲聯邦共和國」是一個從十八世紀起就不斷被討論的主要思維，但是如此「機械式的統合」方式並不為當時歐洲社會，特別是一些大國所認同。例如，以象徵成員國交出國防的「歐洲防衛共同體」（European Defense Community，EDC），就因為法國的反對而胎死腹中。

　　「和平」與「發展」兩個思考主導了歐洲的統合。在確保「和平」方面，1951 年簽署的《巴黎條約》，由法、德、義、荷、比、盧等六國，成立了煤鋼共同體，將各國煤、鋼資源的所有權轉移給一個超國家的機構，由這個機構負責煤鋼的生產。煤鋼資源的共管聯營，使得各國的利益結合且共存共榮，

而達到確保歐洲和平的目的。在確保「和平」的原則下，1957
年，上述六個國家再成立歐洲原子能共同體（European Atomic
Energy Community，EAEC or Euratom），以共管彼此對原子能
的發展。

在促進經濟「發展」方面，1957 年《羅馬條約》成立歐
洲經濟共同體（European Economic Community，EEC），建立
「共同市場，促進成員國的經濟擴張、就業成長和提高生活水
準」（條約第二條）。歐洲六國期盼以區域經濟整合，而不是以
各個國家為主體、各自發展的方式來重建歐洲的經濟。

經過了近半個世紀的發展，歐洲共同體內已發展出統合
程度不同的農業、區域、經濟、貨幣、外交、安全等政策，並
在 1993 年結合為歐洲聯盟。在整個統合中，「分中有合、合中
有分」一直是成員國間的共識，這種「主權共儲共享」的思維
與作法，使得歐洲統合成為人類歷史上的一個偉大嘗試。不論
未來的可能形態為何，幾乎可以確定的是，歐盟成員國間要發
生戰爭是不太可能的事，另外，也沒有一個成員國願意完全脫
離歐盟，回到歐洲共同體成立之前，各國「主權獨立」的時期。

（二）放下對主權的執著以求共同的安全與發展

或許有人會認為，歐洲共同體能夠展開是因為彼此都承
認對方是一個主權獨立的國家，在兩岸彼此仍舊敵視的狀況
下，台灣的主權並不為中共所承認，彼此如何能夠啟動第一
步？

回答這個問題以前，可能需要展閱一下歐洲的歷史。在

近一個世紀中，歐洲引發了兩次世界大戰，對於法國而言，德意志帝國是在 1871 年在巴黎的凡爾賽宮宣布德意志的統一的。兩次世界大戰中，德國的軍隊也兩次兵臨巴黎。其他的歐洲國家爲什麼在第一次世界大戰後要對德國百般羞辱，但是第二次大戰卻願意與德國共同成立共同體？原因應該很簡單，歐洲國家在兩次的人類浩劫後，終於了解到「主權」與「民族國家」這兩個歐洲人所創造出來的概念，給他們自己帶來了慘痛的經驗。歐洲人終於了解到應該學會放下主權，走向統合。因此他們接納了當時仍然沒有完整主權的西德[66]，一起重建歐洲的家園。

對西德而言，作爲二次大戰的戰敗國，西德失去了行使國家主權的權利與權力，追求主權獨立與化解他國對德國的疑慮，便成爲戰後西德外交政策的首要目標。在這個理念下，西德外交政策的最主要著眼點，即在於將英美法三國片面加諸西德的主權限制，轉化爲所有國家共同的負擔。總理艾德諾（Konrad Adenauer）認爲，唯有藉由與歐洲的政經統合，才能使西德獲得主權與化解他國的猜忌。對西德而言，爲爭取其

---

[66] 西德到底是何時才獲得國家主權的説法不一。西德自己認爲在 1955 年，英美法三國結束對西德的占領時，西德就獲得了主權，但是一般學術界認爲，當時的西德並沒有獲得完整的主權。其中有的學者認爲西德在 1968 年基本法通過「緊急憲法條款」（Notstandsverfassungsgesetz），排除了英美法三國在緊急狀況下採取措施以維持其駐軍安全的保留權時，西德才獲得了完整的主權。當然也有認爲西德一直到 1990 年完成德國統一才是真正的主權獨立國家。張亞中，《德國問題：國際法與憲法的爭議》（台北：揚智，民國 88 年 4 月），頁 36-43。

主權獨立的地位，應盡可能地多加入國際組織，以助於取得他們平等的地位。「歐洲統合」並不會限制西德原本就欠缺的主權權力，但卻有助於從統合中獲得他國的主權權力。與英、法兩國不同，西德認為，當其他國家與西德一起將國家主權一部分的權力交予歐體時，西德國家主權權力所受到的限制即減輕了一層，所以西德的策略是「以合作換取自主」。

對西德而言，由於本身的弱勢，開始時也忍受了必要的「不對等」。例如，當 1951 年艾德諾總理搭乘法國所提供的專機飛抵巴黎參加「歐洲煤鋼共同體」的簽字儀式時，在巴黎機場卻沒有出現任何一位部長級的官員迎接。同一年，當西德在巴黎的總領事親自前往法國外交部遞交西德政府批准過的煤鋼共同體條約時，卻在大廳的走廊等了整整一小時，後來出來的官員也只在接受文件後回應一句「謝謝，先生」，而不再有任何的交談。[67]

這些在國際禮儀上幾近羞辱的做法，並沒有影響到西德的既定目標。在「以合作換取自主」的最高原則下，西德積極地參與戰後包括歐洲經濟共同體在內的幾乎所有國際組織，亦毫不猶豫地支持「歐洲防衛共同體」的構想。所有強化歐體權能的看法，西德皆全力支持，不論這些主張是建立超國家的組織，還是國家間的合作機構。

隨著經濟繁榮，西德政府更充分地感受到歐體帶來的不

---

[67] Christian Hack, *Weltmacht wider Willen: Die Aussenpolitik der Bundesrepublik Deutschland* (Frankfurt/M: Ullstein, 1993), pp.64-65.

只是政治與安全上的利益，還有最實質的經濟利益。歐體使得
西德的經貿實力不斷擴張，使西德成為一個經濟巨人。對西德
而言，歐洲統合逐漸變成西德在獲取其他國家所受限制的主權
權力，西德已經是一個實質的最大獲利者。

　　對英國而言，擁有主權的處境與對主權的看法與西德不
同，但是英國最後也是願意將自己融入歐洲的大家園。他有著
下列的思維。

　　從英國的傳統歐陸政策來看，英國一向都是採取「孤立
主義」政策，也就是英國要超越歐陸國家之上，在歐陸國家之
間縱橫捭闔。英國可以說是所有歐洲國家中唯一的戰勝國，要
英國參與歐洲大陸國家所建構的共同體，並交出一部分的主
權，的確是讓當時的英國很難接受的一件事。英國首先婉拒成
為煤鋼共同體的創始會員國。在歐洲經濟共同體成立後，英國
立刻聯結北歐各國、愛爾蘭及奧地利成立歐洲自由貿易協會
（European Free Trade Association, EFTA），形成所謂的「內六
外七」(Inner Six Outer Seven)，區域經濟與自由貿易經濟對抗
的局面。

　　歐洲共同體六個國家以關稅同盟的方式，達成了經濟的
成長，而另一方面，英國本身的經濟發展有了障礙，EFTA 也
沒有達到英國所預期的經濟效果。英國在經濟利益的考慮下，
決定要向歐洲共同體靠攏，1961 年起申請加入歐洲共同體。
換言之，從 1957 年歐洲經濟共同體成立，不到五年間，就證
明了英國自由貿易的訴求敵不過歐洲大陸關稅同盟的區域經

濟。這也證明了另外一個事實，只有強權才能夠決定商業的規則。二次大戰後的英國已非是世界強權，自然他也就沒有足夠的實力來迫使歐陸各國依循他的主張，英國也只能選擇參與歐陸所建立的商業架構了。

　　英國在面臨是否要加入歐洲共同體時，內心是複雜的。一方面，如果不加入歐洲共同體，英國的經濟很難與歐陸整合在一起，但是，如果加入，自己不但是否定了長期所主張的自由貿易精神，更會使國家的主權受到侵蝕。英國工黨前黨魁蓋茨基（Hugh Gaiskell）在 1962 年即曾表示：「對英國而言，放棄他的主權，或任何部分的主權，即意味著英國，一個獨立歐洲國家的結束……一千年歷史的終結」。[68]從這句話可以看出，加入歐洲共同體所面臨的主權衝擊，對一個曾經是日不落國的世界強權而言，是何等地情何以堪。

　　英國最終的選擇還是加入。在 1962 年及 1966 年兩次申請都被法國否決後，在 1972 年第三次申請後，1973 年終於得以加入。從此，特別是在戴高樂離職後，英國的柴契爾接續了在歐體中扮演著一個平衡歐體往超國家主義快速發展的角色。英國用參與歐洲統合的方式來影響歐洲共同體的發展。在歐洲共同體的預算、農業、經濟暨貨幣整合中，都可以看到英國獨排眾議的影子。

---

[68] 引自劉復國，〈英國與歐洲共同體：國家利益與區域整合的矛盾〉，《歐美研究》，第 25 卷第 3 期，民國 84 年 9 月，頁 102。

(三)經驗的啓示

歐洲統合經驗對兩岸的啓示在於：

第一、歐洲國家面對安全與發展兩項議題時，所採取的策略就是建構彼此的「命運共同體」。他們認為僅是國家間的傳統合作方式，並不足以化解彼此的疑慮，唯有以超國家統合的方式，建立一個「多元的安全共同體」，才能徹底消除戰爭的可能。但是歐洲國家並不想太快速地將國家終結，他們只是將部分的權力移交給超國家的組織，其餘的還是由各國政府間的相互合作。這種「分中有合、合中有分」的統合方式，既不是屬於「聯邦制」或「一國兩制」這種以「一步到位」先「解決主權爭議」方式的「機械式統合」，也不屬於類似「國統綱領」這種先「迴避主權爭議」純粹以合作為主軸思考的「功能性統合」。這種方式的統合是有助於兩岸參考，也是兩岸現有主張的折衷點

第二、歐洲國家並沒有將「主權」視為是彼此統合的障礙。在這一方面應該是拜第一次世界大戰後的痛苦經驗所賜，對於鄰邦德國的打壓，並不能解決問題，反而引發了第二次世界大戰。因此，在西德還沒有獲得主權的情形下，歐洲國家就願意將他拉入未來的統合陣營，以求共存共榮。歐洲共同體各國願意讓沒有主權的西德，來共同分享其他國家所擁有的主權，這種心胸是值得兩岸共同，特別是中共思考的。

第三、西德在沒有主權的情形下，所採取的作為並不是高喊主權的重要，也沒有以凸顯「西德主體性」的方式來追求

主權，反而是很低姿態的「以合作來爭取自主」。西德如果將
主權的獲得視為是與歐洲合作的先決條件，可能會造成歐洲國
家對西德的更大猜疑。西德的作為對於台灣的啟示在於，處於
弱勢的一方，其主權的爭取必須顧及國際政治的現實以及本身
的環境條件。主權並不是靠對抗式的方式爭取，而是從合作中
逐步獲得。西德以積極贊同歐洲統合的態度，於日後再經由歐
洲共同體累積到他的主權，並最後在歐體中取得了舉足輕重的
地位。兩岸如果能夠建構統合的關係，台灣的主權反而更能夠
經由共同體而彰顯，如果選擇用其他「遠交近攻」的方法可能
並不容易達到目標。

　　第四、歐洲聯盟的統合經驗是人類歷史上的一項偉大創
見。它的可貴在於它一方面建構超國家的組織，但是另一方面
仍舊強調政府間的合作。至於哪些事務交由超國家組織管理，
哪些事務交由政府間合作，歐盟有自己的需要與看法。對於兩
岸而言，我們不可能全盤抄襲，而是基於自己的需要有不同的
安排，但是在某些事務上，開始建構超國家的運作，以培養彼
此「生命共同體」的認同則是必須的。

　　第五、地緣政經仍然是國際政治經濟學中一個不可忽視
的觀念。即令是像英國這個以經濟自由主義為信條的昔日強
國，都不得不與其相鄰的歐洲大陸建立堡壘式的區塊經濟。以
台灣所擁有的經濟實力，如果只是投身於全球經濟自由主義市
場，而沒有任何的區塊經濟可以依附，在國際間也將只能遵循
強國所訂的各種規則運作，台灣既沒有實力，也沒有後盾支

持，台灣只能選擇接受或不接受，而很難有其他的權利。

　　第六、參與才有發言權。英國在 1970 年代後，因爲參加了歐洲共同體，才得到了對歐洲統合進程看法的合法權利。倘若兩岸在某些事務上建立了整合的關係，共同參與政策的規劃與制定，那麼台灣也自然在兩岸的事務中取得發言權。如果台灣擔心中共對台灣的敵意，那麼「以統合來達到遏制」是較之「以對抗來達到遏制」的效果大得多。兩岸的地緣關係，似乎註定了台灣與中國大陸在經貿關係上的不可分割性。如果台灣希望中國大陸往台灣所期盼的方向發展，那麼「以統合來影響方向」更是台灣應該思考的嚴肅課題。

　　第七、如果要參與一個區域統合，那麼愈早愈好，愈早參加愈能發揮影響力。曾任歐體執委會主席的英國前工黨籍任金斯（Roy Jenkins）即回顧指出，英國政府初期的錯估，使其無法參與創建歐體，因而失去了扮演制定與塑造歐體角色的機會。後來英國加入歐體後，在預算、捐助問題與其他成員國發生齟齬，這都是因爲英國沒有自始參加與籌劃預算方式所致。[69]假如台灣同意地緣政治是個無法避免的命定，或是同意兩岸的統合也可能是未來大勢所趨，那麼及早與中國大陸建立統合關係，不僅可盡早化解彼此的敵意，也可能更合乎台灣的利益。

---

[69] 引自劉復國，〈英國與歐洲共同體：國家利益與區域整合的矛盾〉，108。

三、東西德在歐體內經貿關係對兩岸的啓示

　　GATT 的基本規範原則，包括最惠國待遇(Most-Favored-Nation Clause)[70]、國民待遇原則(National Treatment)[71]、關稅減讓原則(Tariff Negotiation)[72]、普遍廢除數量管制原則(Quantity Control Abolition)[73]、減少非關稅障礙原則(Non-tariff Barriers Reduction)[74]、相互諮商原則(Mutual Consultation)[75]，其目的在促進貿易自由化[76]，而其會員體間的

[70] 最惠國待遇原則：任何一個締約的成員，其任何貿易措施，必須立即且無條件地適用於其他任何一個參與締約的成員，不得單獨對任一締約的成員施行禁止或限制輸出入的措施。

[71] 國民待遇原則：任何成員對於來自其他締約之成員的輸入品，應給予與其境內同類產品相同的待遇，亦不得採用任何保護境內生產者的措施。

[72] 關稅減讓原則：各締約成員應基於互惠、不歧視原則，相互協商以制訂關稅減讓承諾表，一旦關稅減讓達成後，不得任意修改或撤銷，亦不得採取任何其他形式的保護措施。

[73] 廢除數量管制原則：任一締約成員對其他成員輸入之產品，除在國家安全及國際收支嚴重失衡的情況下，不得以配額、輸出入許可證，或其他措施來限制輸入的數量。

[74] 減少非關稅障礙原則：對於諸如補貼、傾銷、海關估價、各項標準、行政遲延等非關稅貿易障礙之措施，任一締約成員國應減少或消除，以有效使貿易正常的流通。

[75] 相互諮商原則：締約的成員間的貿易爭端，應先行透過相互諮商予以解決。如未能獲得有效解決，提交大會的仲裁小組調查，調查結果交付大會以集體諮商作成決議，並監督執行。

關係也是以自由市場中的非歧視原則作為考量。

WTO 基本上除承襲著過去 GATT 的精神外，另建立五大原則[77]，分別是：非歧視原則(without discrimination)[78]、進一步自由化原則（freer）[79]、可預測性原則（predictable）[80]、更具競爭性原則（more competitive）[81]、協助低度開發國家原則（more beneficial for less developed countries）[82]。

在非歧視原則下，對兩岸而言，碰到了一個問題，就是

---

[76] 侯山林，〈加入 WTO 對兩岸經貿關係發展之影響〉，《經濟情勢暨評論》，第 3 卷第 2 期，1997 年 8 月，頁 82-83；李淑娟，前引文，頁 7；李文瑞，〈加入 WTO 對我國中小企業與政府政策之衝擊〉，《理論與政策》，第 13 卷第 2 期，1999 年 7 月，頁 86-87。

[77] WTO 官方網站，14 April 2000，http://www.wto.org/wto/about/facts2.htm

[78] 非歧視原則：WTO 之任何一會員國，不得對其貿易夥伴國之間，或在本國與他國的產品與服務之間有所差別或歧視性的待遇，必須均予以最惠國待遇，且對任何其他國家之產品，應予以本國產品待遇。

[79] 進一步自由化原則：透過談判的方式，達成降低對國外產品與服務進口障礙之協定，以期逐漸促成國際貿易之自由化。

[80] 可預測性原則：會員國不應任意改變貿易障礙的規定，包括了關稅（tariffs）與非關稅性（non-tariff）障礙，應讓外國企業、政府及投資者均能對其市場產生信心，增加可預測的情形，減少不確定的可能性。因此 WTO 已賦予會員國比過去更多的稅負穩定責任與市場開放義務。

[81] 更具競爭性原則：透過法規的規範來導正市場競爭的環境，如：對出口補貼（export subsidies），及以低於成本價格方式傾銷（dumping）產品，來爭奪市場等不公平的方式與措施予以制裁。

[82] 協助低度開發國家原則：對於低度開發的國家，應給予更為充裕的調整時間、更大的彈性空間（greater flexibility），以及特權（special privileges）。

在兩岸均加入 WTO 後，彼此之間可否有與其他會員體不同的
經貿關係。以往基於兩岸彼此的敵視，對這個問題的討論都是
從負面的角度來思考，也就是台灣可否用「排除條款」來排除
與中共的全面關係。其實這個問題可以從正面的角度來思考，
也就是兩岸未來在WTO內可否享受一些其他會員體無法享受
或比照的優惠措施。

　　中共方面或許會認為，只要台灣同意「一國兩制」，兩岸
的關係自可比照國內關係，台灣將可享有如同大陸人一樣的待
遇。但是台灣官方不可能接受以這種理論依據所給予的優惠。
有沒有其他的方式，可以讓兩岸共同存在 WTO，又可以相互
享受特殊的待遇，而又不需要改變兩岸現有的國家屬性？答案
是有的，可以從東西德的案例中，找尋參考。

(一)歐洲共同體對東西德貿易形態的看法

　　1945 年 8 月 2 日《波茨坦協定》規定「在占領期間，德
國應被視為一個經濟單位」。[83]基於此項規定，英、美、法與
蘇聯占領區乃於1946年至1948年簽訂有關兩區域內的貿易協
定。[84]

　　1951 年 9 月 20 日東西德雙方簽署《西德馬克與東德馬
克幣制區間之貿易協定》〔Abkommen über den Handel

---

[83] *Documents on Germany 1944-1985* (United States Department of States), p.57-58.

[84] Fritz Federau, "Der Interzonenhandel Deutschlands von 1946 bis Mitte 1953" *Vierteljahreshefte für Wirtschaftsforschung* (1953), p.386.

zwischen der Währungsgebiet der Deutschen Mark (DM-West) und den Währungsgebiet der Deutschen Mark der Deutschen Notenbank (DM-Ost)〕，本協定又稱之爲《柏林協定》(Berliner Abkommen)，在 1960 年 8 月 16 日並曾由雙方重新修訂，規範東西德（含東西柏林）間的貨物、服務業往來及付款方式。[85]一直持續到德國統一前，兩德間的法律依據及權限架構，均未脫離《柏林協定》的範疇。

在西德，東西德間貿易通常被稱之爲「內部貿易」(Binnenhandel) 或「德國內部貿易」(Der innerdeutsche Handel，簡稱爲「內德貿易」)。其理由在於兩德間並無關稅的界限。[86]雖然在 1951 年 7 月 9 日的〈區間內監督規定〉(Inzonenüberwachungsverordnung) 稱，雙方的貿易可由兩德關稅官署管制，但事實上與東德的貿易均未課徵關稅。例如西德 1961 年 6 月 4 日的「關稅法」(Zollgesetze) 第二條即規定，東德爲西德關稅的內部地區 (Zollinland)。[87]

[85] *Dokumente des geteilten Deutschland,* Hrsg. von Ingo von Münch, Band II (Stuttgart, 1976), S.218 ff. *DDR-Handbuch,* Bundesministerium für innerdeutsche Beziehungen, Bd.I, 3 Auflage (Köln, 1985), p.644.

[86] *DDR-Handbuch*, p.110.

[87] 同前。但亦有學者認爲，「內部貿易」的定義應係指在一個國家領域內進行的經濟貿易形態，其交易所須遵守的法則由國家機關制定，國與國間的貿易是指雙方的經濟交往越過國界進行，亦即在兩國司法管轄權範圍內進行。故唯有在東西德間不存在國界或二者共同在一最高管轄機構內進行貿易時，在法律意義上才能稱之爲「內部貿易」。上述歧異的看法，全在於對德國是否已經在 1945 年經由被占領而滅亡

　　一個值得探究的問題是，歐洲共同體（後簡稱「歐體」）
如何看待東西德的貿易形態問題。1957 年西德加入歐洲共同
體，在簽署《羅馬條約》時，首先提出如下意見：(一)為執行
此條約，不須改變目前德國內部貿易的規定，亦不須改變目前
的貿易情況。(二)每一會員國可採適當措施，以防止該會員國
與西德以外的德國地區（指東德）貿易所發生的困難。[88]

　　當時其他歐體國家對此表示反對，認為倘採納西德意
見，不改變兩德貿易形態，則不啻使得歐體在蘇聯占領區（指
東德）與西德間開了個缺口，亦使得蘇聯與歐體的經貿市場中
有了個漏洞，故主張在歐體內設立一專責機構以管制歐體與東
德的貿易。[89]但西德政府認為，由於「德國問題」仍未解決，
西德有責任維持「德國」國家上與經濟上的統一，倘若東西德
間的貨物須繳納關稅，則等於放棄了上述理念，故東西德間的
貿易應維持其特殊性，並主張東西德的貿易僅須由西德管制即
可。[90]

　　經協商後，歐體各國同意：(一)西德與西德「基本法管轄
範圍以外的德國地區」（指東德）進行貿易，歐體不改變目前

　　認知的不同。若認為德國尚未滅亡，東西德只是還沒有滅亡的「德國」
　　下的兩個暫時分裂主體，則東西德的貿易可視為是一種在「德國」內
　　的「內部貿易」，反之則否。

[88] Fritz Harald Wenig, *Rechtsproblem des innerdeutschen Handels*
　　 (Frankfurt/Main, 1975), p.132.

[89] 同前，頁 133。

[90] 同前。

內德（指兩德間）貿易的規定，亦不改變此種貿易形態。(二)
各會員國均有義務將其與東德貿易的情形告知其餘各會員
國。[91]

　　基於上述認知，歐體各國簽署「內德貿易與相關問題議
定書」(Das Protokoll über den innerdeutschen Handel und die
damit zusammenhangenden Fragen)。依此議定書，授予西德政
府制訂對東德貿易政策的權限[92]。另 1951 年《關稅貿易總協
定》(GATT) 的《多奎瑞議定書》(Torquay-Protokoll) 增列：
「德意志聯邦共和國的加入並不影響其內德貿易的現有規定
及現有形態」。[93]

　　依歐體的規定，只要是由東德出產的產品，在東西德間
無關稅，但從其他非歐體國家，如波蘭，經過東德到西德再出
口到其他歐體國家的產品，皆需要在東西德邊界依歐體的共同
關稅繳稅。惟若原產地為東德，經由西德出口到其他歐體國家
則不須繳關稅。東德物品倘不經過西德而逕自出口到其他歐體
國家，應與其他非歐體國家的物品相同，均必須繳稅。[94]

---

[91] 同前。

[92] 同前。

[93] *DDR-Handbuch*, p.650.

[94] Rudolf Morawitz, "Der innderdeutsche Handel und die EWG nach dem
Grundvertrag," *Europa Archiv* (1973), p.359.

Peter Scharpf, "Die europäische Wirtschaftsgemeinschaft und ihre
Rechtsbeziehungen seit 1958 unter besonderer Berücksichtigung des
innerdeutschen Handels," *Dissertation* (Tübingen, 1973),p.125.

Christian Tomuschat, "EWG und DDR - Völkerrechtliche überlegungen

　　由於《內德貿易與相關問題議定書》及《多奎瑞議定書》的簽署使得東西德間貿易的特殊形態得到國際間認同,也等於國際間同意東西德之間的貿易形態可以不同於一般的國際貿易。

（二）《基礎條約》簽署後的東西德貿易形態

　　《基礎條約》中,西德承認了東德是一個國家,但是並不承認東德是一個外國。這種雙方的新關係會否影響到他們彼此之間的貿易形態。對西德而言,採行內部貿易形態的原有目的,是一種以法律為基礎的政治手段,1950 年代的主要目的係藉此保障西柏林的安全。[95]在《基礎條約》後,「內部貿易」的目的則為促進東西德人民的交往。對東德而言,則完全是以經濟利益為考慮所作的政治妥協。在《基礎條約》簽署後,東德在政治上積極推動其「分離政策」(Abgrenzungspolitik),但基於經濟利益考慮,仍同意維持與西德如昔的貿易交往形態,此可從《基礎條約》的《附加議定書》中得知。

　　《基礎條約》第七條的《附加議定書》稱,東西德「將在現有協定之基礎上發展貿易關係」。此即表示東西德的貿易仍將維持以《柏林協定》為基礎的交往架構,屬於一種「內部貿易」形態。當時曾有大眾傳播媒體、歐洲議會議員持異議。他們認為,由於東西德已是兩個獨立的主權國家,1957 年《柏

---

zum Sonderstatus des Außenseiters einer Wirtschaftsunion," *Europa Recht* (1969), p.307.

[95] *DDR-Handbuch,* p.649-650.

林協定》得以簽訂的法律基礎已不存在。[96]西德學者麥爾(Gert
Meier)亦持相同看法,並認爲基於《基礎條約》第六條的規定,
雙方已同意各國的主權只限於其領土內,且相互尊重對方的獨
立與自主,倘雙方仍維持現有的貿易形態,等於傷害了簽約國
的獨立性。[97]

　　西德聯邦憲法法院在判決中,雖然沒有特別述明理由,
但認爲兩德貿易不是一種「對外貿易」[98],歐洲共同體亦持相
同看法,認爲《柏林協定》仍然有效。[99]甚而爲了經濟利益,
東德何內克亦在多次場合肯定這種特殊貿易的進行方式。[100]

　　雖然有學者認爲,兩德貿易特殊性與四強保留權利無

[96] Christian Tomuschat, "EWG und DDR - Völkerrechtliche überlegungen
zum Sonderstatus des Außenseiters einer Wirtschaftsunion," *Europa
Recht* (1969), p.310.

Manfred Zuleeg, "Grundvertrag und EWA-Protokoll über den inner-
deutschen Handel," *Europa Recht* (1973), p.207.

[97] Gert Meier, "Grundvertrag, EWA-Vertrag und innerdeutscher Handel,"
Betriebsberater (1972), p.1522.

[98] *BVerfGE 36,* 1 ff/23. (Urteil vom 31. Juli 1973. Grundlagenvertrag
Bundesrepublik Deutschland und Deutsche Demokratische Republik).

[99] Morawitz, *Der innderdeutsche Handel und die EWG nach dem
Grundvertrag*, p.357.

Wilke, Kay-Michael. *Bundesrepublik Deutschland und Deutsche
Demokratische Republik - Grundlagen und ausgewählte Probleme des
gegenseitigen Verhältnisses der beiden deutschen Staaten* (Berlin, 1976),
p.246.

[100] Deutschland Archiv, (1973), S.90 (1972 年 11 月 22 日何內克接受《紐
約時報》訪問所稱)。*DDR-Handbuch*, p.652.

關，亦與德國是否分裂無關，兩國可自行協商互相給予對方貿易上的優惠待遇，即東西德特殊貿易形態可在雙方同意的基礎上建立。[101]但這種說法並不足取。原因在於，倘這種特殊關係純係兩德協商的產物，歐洲共同體斷然無接受此種關係的可能。西方容許東西德採特殊貿易形態，全是基於在法律上仍支持「德國問題」尚未解決，又就是雖然對東西德都做了國家與國際法上的承認，但是也仍然遵守《波茨坦協定》當時認為主張德國經濟應為一致的看法。另一方面，也就是因為西方接受了東西德關係為特殊性的看法，才會同意東西德的貿易形態不受一般國與國貿易的約束。

（三）經驗的啟示

GATT 中同意有些事務不用「最惠國待遇原則」，也就是在該等事務中，可有「排除」規範。包括：(一)原有共同主權、宗主權或保護關係的領域間的既有優惠，例如美、英、法與其原殖民地間的優惠。(二)關稅同盟、自由貿易區以及鄰近國家為便利交通所給予的優惠。(三)已開發國家所給予開發中國家的普遍化優惠關稅制度。(四)任何締約國為確保其國際收支平衡時的措施。在「國民待遇原則」方面的例外則是指，任何一締約國以其國內稅收補貼其國內生產者、政府機關為政府用途採購物品的有關法規、漁產品的輸入等，均不適用於禁止限制

---

[101] Wenig, *Bundesrepublik Deutschland und Deutsche Demokratische Republik - Grundlagen und ausgewählte Probleme des gegenseitigen Verhältnisses der beiden deutschen Staaten*, p.66.

數量的規定。在「消除數量限制」方面的例外為，任一締約國
為確保國際收支平衡、防止食糧不足而限制輸出，以及有關
農、漁產品的輸入等，均不適用於禁止限制數量的規定。

　　WTO 中雖然上述的規定已經更形寬鬆，也就是成員之間
幾乎已沒有任何的差異。但是仍有一個問題是 WTO 目前所沒
有面對的，也就是分裂國家之間兩個部分的交往，是否與一般
成員關係仍有不同。二次大戰後僅存的兩個分裂國家就是兩岸
與南北韓。北韓短期內並不會進入 WTO，因此，只有兩岸會
面臨這個問題。如果台灣願意將「一個中國」不要看成是一政
治上的「負債」，而將其視為政治上的「資產」，那麼兩岸將可
以在 WTO 架構下，找到更有利於兩岸的互動方式。

　　東西德在經貿方面的獨特關係，自然無法完全套用在兩
岸關係上，但是它的精神卻是可以為兩岸關係所參考。在「一
個中國」（「中國作為一個整體」、「整個中國」）的原則下，兩
岸之間是「整個中國」內部的特殊關係，因此自然可以有別於
國際貿易的規則行事。由於「一個中國」原則早已為國際間所
同意，正如同在德國問題中，「德國問題沒有解決」也是西方
的共識一樣。

　　因此，在 WTO 體制中，兩岸其實可以「特殊關係」來
避免其他依據國家「比照」的原則辦理。由於兩岸是「整個中
國的內部關係」，因此兩岸給對方特殊的優惠待遇，並不會造
成其他 WTO 會員體也可要求適用的情形，更不會違背 WTO
的基本精神。

　　這種兩岸在 WTO 內「特殊關係」的思維完全不同於以政治敵對理由的「排除條款」來思考，反而是一種正面互利的思考。這一方面可以有助於兩岸未來在經濟方面的整合，又可以有利於未來結合成一個區塊經濟體，以共同因應全球自由化市場的挑戰。

　　總結本章而論，做為一個分裂國家，台灣的經濟發展與安全結合在一起。與其他一般國家不同，台灣的經濟如果不能持續發展，特別是與中國大陸相較時的劣勢，台灣所面臨的不只是政府政權的轉換，更是國家安全的可能喪失。經濟發展與國家安全的關係對台灣而言，已是個高度相互依存的概念。

　　台灣要追求國家安全與發展，必須有一個和平的環境，這是無庸置疑的。選擇用現實主義的策略並不符合台灣的利益。如果期盼從經濟自由主義中來找尋台灣的安全與發展，在台灣目前國際地位並不為國際間廣泛承認的情形下，台灣在全球自由化的過程中所必須負擔的代價更是其他國家所不及。

　　美國有其介入兩岸事務的立場，以及有所為有所不為的主觀認定。1999 年 11 月 9 日美國在台協會主席卜睿哲（Richard C. Bush）在美台工商聯合會上以「美國對台灣的政策」為題發表演說時，重申美國行政部門對台海問題的八項原則[102]：

---

[102] Richard C. Bush, "United States Policy Towards Taiwan," speech on Joint Conference of the US/ROC and the ROC/USA Business Councils, 19 Nov. 1999.

一、清楚並一致地再肯定我們在三個公報中所闡明的一
　　個中國政策,此一政策仍舊是台、中、美關係的基
　　石,它有助和平與穩定,並促進了台灣傑出的發展。

二、堅持台灣問題必須以和平方式解決,最近一次表達
　　是柯林頓總統在九月間於奧克蘭向江澤民提出。

三、依照台灣關係法繼續對台灣出售武器,以確保島上
　　的軍隊具有足夠的自衛能力。

四、對兩岸有創意自行解決其問題,不須美國政府調解,
　　具有信心。

五、拒絕向任一方施壓,使之接受任何被視為不符其利
　　益的安排。

六、了解北京與台北之間所做的安排必須為雙方所接
　　受,而不是由一方強加於另一方。

七、了解由於台灣是民主體制,雙方所做的安排最後必
　　須能為台灣民眾接受。

八、樂意支持任何台海兩岸自願達成的結果。[103]

　　從上述的談話,可以清晰地了解美國的立場。美國行政
部門不斷地再三向台灣表示,兩岸應以和為貴,美國會依據《台

---

[103] 美國在台協會台北辦事處處長薄瑞光,於 1999 年 12 月 17 日在他來
台赴任後的第一次公開演說中,也表達了內容幾乎完全一致的聲明。
美國對兩岸基本政策可參考張亞中、孫國祥,《美國的中國政策:圍
堵、交往、戰略夥伴》(台北:生智,民國 88 年 3 月),頁 56-72,135-164,
214-226。

灣關係法》出售必要的武器給台灣，以滿足台灣的自衛能力。台灣經由《台灣關係法》的允諾與中國大陸在軍力上維持著「不均衡的均衡」（unequilibrium balance）。但是美國也說得很清楚，兩岸的未來還是需要兩岸來解決，並不要完全依靠美國，美國尊重兩岸所自願達成的協議。

　　以歐盟統合經驗的精神來追求台灣的安全與發展應該是一個值得思考的選擇，特別是在台灣目前還能得到美國適度的保護，與美國尊重台灣決定的原則下，台灣應有足夠的信心與中共開展統合的互動。任何模式均不可完全套用，但是它的精神應該可以學習。兩岸之間可能開啓的事務自然不同於歐洲國家。礙於篇幅，有關兩岸可能開啓統合的事務將在下一章中討論。

第四章
兩岸統合之理論與實踐：
歐盟經驗的啓示

✠ 統合理論的啓示
✠ 兩岸統合方向的思考
✠ 兩岸統合的可啓動實例
✠ 歐盟機構經驗對兩岸統合的啓示

「一國兩制」與「國統綱領」是兩岸追求統一的不同訴求，「聯邦」、「邦聯」、「共同體」則是民間對兩岸未來走向的可能思考。這些主張看似不同，但是從統合的理論來看，彼此間仍然可以明確地界定其相同與相異點。

二次世界大戰後的國際情勢有兩個大趨勢，一是分離主義在一些國家的內部興起，前蘇聯的瓦解、南斯拉夫的內戰，都是其中的典型代表；另一是統合主義在區域間逐漸形成，1990 年德國的統一、1993 年歐洲聯盟正式成立可為範例。歐洲的統合從 1950 年代開始，已經跨過了第五個十年，它在維持和平、促進經濟繁榮、建立歐洲整體認同方面，都有非常卓越的成果，或者可以說，歐洲統合的經驗是二十世紀人類最偉大的成就之一也不為過。

兩岸已經經歷了五十年的分隔，在這五十年之間，幾乎年年月月都在主張統一、討論統一，但是兩岸整合的步法卻未見有明顯的進展。從歷史的宏觀來看，歐洲國家彼此間有著逾百年的歷史怨仇，兩岸卻只是兩個政黨幾十年前的是非宿怨。歐洲今日都可以往歐洲大家園的方向前進，為什麼兩岸卻不能？

如果我們相信「他山之石，可以攻錯」，那麼歐洲統合的經驗是值得參考的。本章分為四個部分。第一部分陳述學術界普遍所認可的三種統合主義，分別是聯邦主義、功能主義與新功能主義，在討論時，將引用歐洲統合的經驗作參考，以嘗試找出這三種理論對於兩岸的啟示。第二部分論述兩岸統合的

方向，其中包括對現有學術界的主張提出看法，並提出「兩岸財」的概念以作為分析的依據。第三部分嘗試提出一些可以運作的統合實例以為參考。第四部分則對歐盟機構運作的情形，以及它們在兩岸未來統合中可能有的參考價值提出看法。

第一節　統合理論的啟示

聯邦主義、功能主義、新功能主義各有其不同目的訴求。就目的而言，三者都是提出一個避免或解決衝突的途徑，以求促進世界的和平。就途徑而言，三者間有著不同的見解，到底哪一個見解最好，自然會隨著各人的主觀喜愛或對結果的偏好而有不同。因此在談到這三個主義對兩岸的啟示時，自然也會碰到這樣的問題，不同的人會選擇不同的主義。以下的討論是建構在作者所認知的理性基礎上作思考。

一、聯邦主義的啟示

聯邦主義作為統合的途徑，係指經由正式的憲政措施，以建構完成政治共同體。聯邦主義者所認定的統合目標是建立一個超乎國家以上的國家（supranational state）。此一聯邦國家一方面擁有足夠的政治權力、強制力，以及滿足成員國集體防衛、內在安全和經濟需要的能力；另一方面，也容許各成員

國的區域差異,維持其個別的認同,並在適當的政策領域內行使自治。[1]

聯邦主義所主張的統合是一種「由上而下」的統合,倡議者認為僅靠政府間組織的功能合作,並不能夠達到統合。如果要使各成員國間真正的相互依存,應該建立超國家的憲政體制。[2]

從統合的程序來看,聯邦主義者認為政治統合應為優先,因為政治統合可以促進經濟統合,但是經濟統合卻不必然促成政治統合,所以先建構一個超國家的自主中央機構實屬必要。[3]也有人認為,經由聯邦政府透過控制與妥協的程序,針對各部門與地區的利益,並運用財政權影響成員國行為,可完成經濟統合與社會統合。[4]

在兩岸的政策主張上,中共所主張的「一國兩制」與某些人士所主張的「聯邦」都可以歸類於「聯邦主義」的討論範疇。

對單一國家的體制而言,聯邦主義經常受到大家喜愛。在聯邦主義者的眼中,聯合具有不同利益的國家以共組一個新

[1] Charles Pentland, "Functionalism and Theories of International Political Integration," in A. J. R. Groom & Paul Taylor ed., *Functionalism: Theory and Practice in International Relations* (N. Y.: Crane, Russak & Company, Inc., 1975), p. 12.

[2] Reginald J. Harrison, *Europe in Question: Theory of Regional Integration* (N. Y.: New York University Press, 1974), pp. 44-45.

[3] Ibid., pp. 235-236.

[4] Ibid., pp. 236-237.

國家，的確是一項非常具有吸引力的策略。因爲聯邦主義可以滿足「效率」與「民主」兩項標準。就效率而言，聯邦主義建立了中央機構來執行需要的任務，並解決各成員國之間的問題；就「民主」而言，聯邦主義也主張分權，使地方獲得較大的自主權與控制權。在建立統合的速度方面，聯邦主義可以相當的速度建立，且不需要解決社會、文化、經濟方面的難題。

　　聯邦主義的確是個誘人的主張，也有它實質的功能。特別是對一個疆土廣闊、人口眾多的國家有其實際的可操作性。例如美國、德國都是很成功的聯邦國家，然而這並不表示，聯邦主義可以成爲追求國際和平的途徑。

　　在歐洲，以聯邦主義來解決歐洲的紛爭、追求永久的和平，一直是歐洲精英倡議的課題，早在 1712 年法國的聖皮埃爾（Abbé de Saint-Pierre）[5]，十九世紀中葉，相對於民族主義的歐洲主流，義大利馬志尼（Giuseppe Mazzini）、法國文豪雨果（Victor Hugo）等人，都相繼提出歐洲聯邦的概念。但是這些構想卻仍舊無法抵擋歐洲民族國家的征戰。在歷經兩次大戰的浩劫後，歐洲的聯邦主義者又再度復甦，歐洲的莫內（Jean Monnet）、舒曼（Robert Schuman）、史巴克（Paul-Henri

---

[5] 聖皮埃爾提出由二十四國共組歐洲聯盟（European Union）的構想。經四分之三的多數投票，可以決定條約與領土的變更，而調停與仲裁程序將有助於解決糾紛。當所有手段失效，聯盟的聯合部隊將可制裁不法的國家。但是當時的思想家盧梭卻認爲聖皮埃爾的構想是「荒唐的夢想」，並認爲主權國家不可能授受這類對其權威或使用戰爭的限制。盧梭的構想後來在現實的世界中取得了優勢。

Spark）、史匹尼里（Altiero Spinelli）等，都是著名的聯邦主義者。

　　雖然兩次世界大戰使得歐洲人對聯邦主義再度燃起興趣，然而聯邦主義仍然被大多數世人所質疑。雖然歐洲國家的精英在理性上充分明瞭「主權國家」是戰爭的主體，他們在某種意義上也願意相信國家是可以終結的，但是他們在情感上仍舊難以放棄自己國家的主權，這使得他們並沒有採取以「聯邦」的方式來追求歐洲的和平。即使在 1991 年簽署《馬斯垂克條約》時，條約仍舊是以「更緊密的聯盟」（an ever closer union），而不是以建立歐洲「聯邦」來表達。

　　對於全世界而言，在二次世界大戰後，除了歐洲有「歐洲聯邦主義者聯盟」（Union of European Federalist）以外，在全球也有「聯合民主國家協會」（Association to United the Democracies），以及「世界聯邦主義者協會」（World Federalist Association），不斷支持世界聯邦（至少是區域）政府的產生，然而這些計畫也只獲得少數人的支持。其間的關鍵在於，富國害怕窮國對財政與經濟要求「分配」，更害怕窮國會以多數決來決定聯邦國的未來。[6]因而愈是富有的國家，愈不願與他國共組聯邦。這也使得世界聯邦國或區域聯邦國在全球國際事務上仍舊只是一個討論的議題，在國際上，聯邦主義真正的落實性確實不大。

---

[6] Barry B. Hughes, *Continuity and Change in World Politics: Competing Perspectives* (New Jersey: Prentice Hall, 1997), pp.235-236.

　　在學理上，中共所提出的「一國兩制」與「聯邦主義」的精神並無差別，都是「由上而下」的統合方式。但是在實際的操作面上，「一國兩制」容許香港、澳門、台灣，享受甚至較聯邦制下各分子國更大的權力。如果將兩岸共組聯邦和「一國兩制」來作比較，從中共目前對台灣所提出條件來看，台灣從「一國兩制」中所獲得的權力、權利、利益則較兩岸聯邦為大。

　　聯邦主義有它的優點，即如果將國家統一視為是最優先的選擇，那麼「聯邦主義」確實是最快速與最好的選擇，有其「畢其功於一役」的功能。但是如果從人民的認知與感覺來看，「聯邦主義」有其本身的困境。

　　「一國兩制」給予台灣遠較聯邦主義更為優厚的「高度自治」，固然跳開了聯邦主義「富對窮」可能引發的「財政與經濟分配」問題，讓台灣至少在五十年內擁有自己的政經制度，這點算是對台灣有利。但是在兩岸仍舊缺乏完全善意與互信的情況下，將兩岸最上層政治結構作如此快速跳躍的結合，很難為台灣人民所接受。

　　聯邦主義能夠運作有一個特點，就是居於中央的聯邦機構，有足夠的權力與資源去協調各分子國的衝突，或者協助各分子國的均衡發展。在「一國兩制」的思考中，如果「一國」的中央政府指的就是中華人民共和國的中央政府，那麼台灣只是個特別行政區，台灣因此能夠左右中央決策的能力是很微弱的。也就是說，在「一國」的體系內，並沒有所謂「實質共治」

問題。從這個方面來看，「一國兩制」本身其實就是一個為統一而統一的過渡性階段思考，是一種極為政治性的思維。這類似兩個人先經由結婚再來培養感情，或兩個人先確定彼此的隸屬關係再來化解紛爭。在這種看似優厚但是並不平等的思維下，台灣自然會思考，為什麼「統一大而強」一定會較「自主小而美」來得好？如果失去了自己的主體，自己又有什麼樣的方法來面對未來的挑戰？難道要將台灣的前途全然建立在中共對台灣的善意上嗎？因此，基本上，無論是「聯邦制」或是「一國兩制」，在台灣幾乎是沒有什麼市場。

　　台灣因為本身在國際政治的現實環境中處於相對的劣勢，對於是否為一個合法的「主體」也就顯得格外慎重，不論台灣目前社會對於政府追求國家名分的作法是否有不同意見，台灣需要「國家主體性」卻是台灣人民普遍的認知。「聯邦主義」很顯然地不能解決這個問題。既然「聯邦主義」無法解決兩岸的困境，兩岸是不是可以尋求其他良方，特別是功能主義，來尋求合理的方案？

二、功能主義的啟示

　　功能主義與聯邦主義者對如何達到統合的途徑看法不同。功能主義提供一套相當具有分析性而非規範性的基礎，來挑戰以國家為中心的世界政治。功能主義者認為從各方具有的共同利益出發，積極合作建立共同的認知後，統合才可能完

成。與聯邦主義主張「由上而下」完成統合相反的是，功能主義認為統合應該是一種「由下而上」的統合途徑。功能主義視統合為一個過程，在這個過程中，公眾的態度將隨著跨國界功能組織的合作而逐漸增強他們對統合的看法。

　　在議題上，功能主義避免直接就進入高度政治的國家安全議題，功能性國際組織的擴散，將可誘使國家進行合作。而這種組織的合作愈多，愈能確保和平的產生。可謂是功能主義的首位倡議者梅傳尼（David Mitrany）即表示：

> 以該方式組織起來的每項活動，將成為和平生命的一個階層，而充分增加其數量，將可逐漸擴大和平的階層——不是禁止一個聯盟的和平，而是以充分混合的共同努力與成就，來豐富這個世界上的和平階層。[7]

　　上述組織式的功能合作，就是功能主義者所稱的特定性功能國際組織。這些組織都能夠滿足各成員國的共同需要。功能主義者認為這些組織的數目，將隨著國際交通與通訊技術的進展而增加，且隨著國際貿易與其他交易的成長而增加。由於這些組織最終因技術的進步而生根，也由於他們代表有限問題的技術解決方案，因此功能主義者有時稱這些組織為技術的（technical）。早期的例子包括萬國郵政聯盟（Universal Postal

---

[7] David Mitrany, *A Working Peace System: An Argument for the Functional Development of International Organization* (Chicago: Quadrangle Books, 1966), p. 60.

Union,1874）、國際電信組織（International Telecommunications Organization, 1875），以及國際度量局（International Office of Weights and Measures, 1875）。

功能主義者與聯邦主義者的另一個重大觀點差別在於，功能主義認為，建立一個統一的聯邦區域並不見得就優於現有的民族國家體系。[8]在梅傳尼的眼中，新的區域性集團的建立只不過是「改變民族主義的面向，並非其根本」[9]，因此他主張建立一組雖然互補但卻獨立的國際性功能體制，初期由少數國家組成，爾後其他國家以自動方式加入，也可同意已加入者退出。每個國家可以選擇自己需要的功能組織加入，在加入或退出的過程中，不容許有任何政治的安排。[10]

功能主義有兩個重要觀點：一是強調「互賴」會自動擴張的邏輯性；另一是人民對國家的忠誠態度會改變。[11]

在第一點方面，梅傳尼以「分枝說」（doctrine of ramification）來強調功能合作的擴張性，也就是某一部門的功

---

[8] Stephen George, *Politics and Policy in the European Community* (Oxford: Clarendon Press, 1985), p. 20.

[9] David Mitrany, "The Functional Approach to World Organization" in C. A. Cosgrove & K. J. Twitchett ed., *The New International Actors: The UN and the EEC* (London: Macmillan, 1970), p. 67.

[10] Ibid., p. 73.

[11] P. Taylor, "Functionalism: The Approach of David Mitrany", in A. J. R. Groom & Paul Taylor ed., *Frameworks for International Cooperation* (London: Pinter, 1990), p. 133.

能合作會有助於其他部門的合作。[12]亦即一個部門的合作是另一個部門合作的結果，又是另一個部門合作的動因。最後這些功能部門的合作將會形成一種功能性的互賴網，逐漸侵蝕到政治部門，使得民族國家的獨立行動能力降低，甚而最後會吞噬政治領域。因此，開展功能性合作能夠改變國際動向，增進世界和平。但是這個觀點是值得爭議的，認為功能性的合作會有自動擴散的結果，是過分高估了功能合作的效果，從十九世紀末就已經有功能性的國際組織，但是似乎看不出它們的自動擴散現象。二十世紀的兩次世界大戰，更可以證明功能性國際組織在促進國際和平上的功能是有限的。

第二點有關人民對國家認同態度的改變方面。功能主義者基本上是不認為國家可以為世界帶來和平，以及為人民帶來福利。民族國家固然提供人民某些福利，但是國家有時也為了追求國家威望或顧及國家的基本利益，如國家安全，而犧牲公共福利。相反的，某些跨國間組織或超國家組織，由於不受狹隘的國界限制，反而較能為人民謀福利。[13]而當人民覺得從功能性的機構中可以得到他們從民族國家所不能得到的需要時，他們即會將原來對國家的忠誠轉移到對功能性組織的效忠。[14]功能主義認為人民可以轉移對國家認同與效忠的看法固

---

[12] David Mitrany, *A Working Peace System: An Argument for the Functional Development of International Organization*, p. 97.

[13] A. J. R. Groom & Paul Taylor ed., *Functionalism: Theory and Practice in International Relations*, p. 4.

[14] James E. Dougherty & Robert L. Pfaltzgraff, Jr. *Contending Theories of*

然有其合理的推論，但是這是否是功能主義的成果，還是有其他的原因？就拿歐洲共同體來說，它的成功就不是建構在期望「純粹以功能合作來消除或轉移國家的忠誠與認同」的基礎上。

功能主義基本上是從國際功能組織的建立、合作來推論到如何化解主權成員國家間的衝突。兩岸目前仍處於分裂狀況，主權的堅持與國家安全的需求，使得功能主義作為解決兩岸衝突的工具性，顯得有些困難。

首先，對台灣而言，幾乎所有功能性的國際組織，從台灣是否能夠入會、在組織中的會籍名稱等等，都充滿著政治性。在加入或參與都已經無法擺脫政治性的情形下，又如何能夠高度期望在參與國際組織後，雙方就會自動消除或轉移彼此對政治的認知。

兩岸之間自己是不是可以建構一些功能性的合作關係，然後讓這些功能合作自動地「分枝化」，最後化解兩岸的政治歧見？中華民國政府的「國統綱領」中，「以交流促進暸解、以互惠化解敵意」的主張，基本上就是持這種看法。

對功能主義的批評正好可以適用在兩岸上，有學者在批評功能主義時認為，衝突或戰爭的原因很多，單憑功能組織或功能合作，並不足以消弭戰爭。功能合作固然會強化不同成員國的共同利益，建立互惠互利的關係。但是在過程中也有可能

International Relations (N. Y.: Harper & Row Publishers, 2nd edition, 1981), p. 419.

出現利益衝突，緊張情勢有可能發生，反而引起戰爭。[15]從兩岸近十年的發展來看，兩岸間並沒有因為互動的增加而增加彼此的善意，雙方關係反而是時而緊張。對功能主義的另一個批評在於，要從技術層面的功能合作達到轉移人類效忠對象的目的，實在是很困難[16]，從兩岸的互動中可以看出，功能式的互動幾乎沒有消減對對方主體性的寬容，反而是彼此主體性的不斷強化，人民之間敵意有增無減。因此，如果純粹用「功能主義」的思維來處理未來的兩岸關係，其結果可能是不太樂觀的。

三、新功能主義對兩岸的啟示

功能主義提供了一個功能可以「擴溢」（spill-over）的概念，但是它卻無法解釋「是否一定會擴溢」或是「如何才會產生擴溢」，也就是「如何可以從技術功能的狹隘面轉移到更寬廣的政治面」，或者說是「如何從低度政治躍升到高度政治」。為了解決這些問題，有了新功能主義的產生。哈斯（Ernst B. Haas）[17]、史密特（Philippe Schmitter）[18]、林柏格（Leon Lindberg）

---

[15] 林碧炤，〈歐洲整合：理論與爭議〉，《中山社會科學譯粹》，第 2 卷第 2 期（高雄：中山大學中山學術研究所，民國 76 年 4 月），頁 116。

[16] 同上文。

[17] Ernst B. Haas, *The Uniting of Europe: Political, Social and Economic Forces, 1950-1957* (California: Stanford University Press, 1958). Ernst B. Haas, "International Integration: The European and the Universal Process", *International Organization*, 15, 4 (1961), pp. 366-392. Ernst B. Haas, *Beyond the Nation-State: Functionalism and International Organization*

[19]、奈伊（Joseph S. Nye Jr.）[20]等人自 1960 年代起，分別提出與功能主義相異的看法，並提出若干評論統合程度的指標。以下就用這些新功能主義者的見解來爲兩岸未來的統合做出詮釋：

第一、統合的目標是爲創造未來政治的統合，而達成其目標的重要途徑，就是超國家機制的建立。

與功能主義者不同之處在於，新功能主義者認爲其目標是建立一個超國家的管轄權威。新功能主義者所說的community（共同體）與功能主義者梅傳尼所說的 community（社區）在概念上是有差距的，前者是具有「政治性質」的超國家機構，後者則純粹是一種「功能性」的組合。前者認爲建立一個超國家機制，將有助於最後目標的達成。

兩岸以統合的方式來推動彼此的關係，最後的目的自然是在爲兩岸未來走向統一創造有利的條件，只是它與聯邦主義最大的不同之處在於，新功能主義是以漸進的方式追求政治的

(California: Stanford University Press, 1964).

[18] Philippe C. Schmitter, "Three Neo-Functional Hypotheses about International Integration", *International Organization*, 23, 4 (1969), pp. 161-166. Philippe C. Schmitter, "A Revised Theory of Regional Integration", *International Organization*, 24, 4 (1970), pp. 836-868.

[19] Leon N. Linberg, "Political Integration as Multidimensional Phenomenon Requiring Multivariate Measurement", *International Organization*, 24, 4 (1970), pp. 649-729.

[20] Joseph S. Nye, "Patterns and Catalysts in Regional Integration", *International Organization*, 19, 4 (1965), pp. 870-874.

統合。

　　第二、需要精英的推動，統合過程中才會發生「擴溢」效應。

　　在統合的過程方面，「擴溢」是新功能主義的核心觀念。哈斯在觀察煤鋼共同體時發現，歐洲精英最初對共同體支持者不多，但在從煤鋼共同體中獲得好處的經驗，使得他們願意支持歐洲其他方面的統合。所以哈斯認為：「曾在某一方面自超國家組織有所得的人，將會支持其他方面的統合」，這也就是他所謂的「統合部門的擴張邏輯」（the expansive logic of sector integration）。[21]這種「擴溢」的效果就是功能合作所產生的結果，一方面是精英分子經過學習過程，了解功能合作的益處，修正了觀念與行為；另一方面是功能合作使得資源與利益重新得到了分配。[22]

　　哈斯認為成功的統合繫決於「擴溢」的效果，只在獨立的部門內運作是不可能完成統合。「擴溢」有可能向有利或不利統合的方向發展，並影響到相關領域的統合，因此精英分子在某一部門內的決策或協議將會對其他政策領域部門產生影響。對哈斯而言，「擴溢」現象並非是一個自動發生的過程，而是一個自覺過程，「只有當各行為者在切身利益所激發的認

---

[21]　Ernst B. Haas, "International Integration: The European and the Universal Process", p. 372. Ernst B. Haas, *Beyond the Nation-State: Functionalism and International Organization*, p. 48.

[22]　林碧炤，《國際政治與外交政策》（台北：五南圖書，民國 79 年），頁 257。

識基礎上，希望將某一事務所學到的統合經驗應用到另一個新情勢時」[23]，「擴溢」現象才會發生。

史密特也將「擴溢」視為一個統合中的重要過程，他認為「擴溢」是指進行統合的國家，對於原先所共同追求目標的成果不甚滿意，而嘗試以擴大其他合作範圍或加深原有合作內容，以解決他們的不滿。[24]因此，他認為「擴溢」過程能夠持續，取決於兩點：第一，各種功能性的工作本身就具有相互依存性。即使在統合初期，某些功能被刻意排除，但是在統合一段時間後，利益團體、政黨或政府將會因實際上的需要，而積極推動在需要的功能範圍內進行統合。其次，精英如果能利用統合過程所產生的挫折或危機，而重新賦予統合的任務，則「擴溢」效果將會持續出現。[25]

奈伊認為，「功能聯繫」（functionalist linkage）即是「擴溢」的中心思想。他認為技術性的事務合作會促進政府間的合作或統合的假設過於理想。「擴溢」所產生的效果，使得各成員國重新評估他們未來的使命時，並不必然地「將共同使命感升級」，相反的，很可能以往共事的經驗卻使得成員國對未來的發展持負面的看法，亦即「功能聯繫」雖有可能產生「擴溢」，

---

[23] Ernst B. Haas, *Beyond the Nation-State: Functionalism and International Organization*, p. 409.

[24] Philippe C. Schmitter, "Three Neo-Functional Hypotheses about International Integration", p. 162.

[25] 同上註。

但也有可能產生「溢回」（spill-back）。[26]例如奈伊在觀察歐
洲共同體時發現，在統合的早期，精英與利益團體對其支持，
但是後來當經濟成長緩慢時，他們的態度即變得較為保守。尤
其是當經濟成長率降低的原因是來自於能源危機時，各國的保
護主義激情則容易被煽起，政府多僅顧及本身利益，而對「提
升共同利益」感到躊躇猶疑。[27]在「溢回」的不良反應方面，
不滿的成員國可能還會廢除原有的聯繫關係，而不想徹底地陷
入統合過程中。例如在歐洲統合中，一旦同意共同的農業供給
價格，則農業政策與各國幣值的穩定性即發生功能上的聯繫關
係。1969 年和 1971 年即由於幣值的變動，共同市場不得不再
度短期將德、法農業市場分開。[28]

　　「擴溢」與「功能聯繫」兩個概念對於兩岸的啟示在於：
（一）兩岸如果只是依賴「合作」，由於合作本身並不必然會
有超國家或跨國家機構的建立，因此並不容易產生「擴溢」的
自覺效果。（二）與功能主義者的看法不同，新功能主義者認
為「擴溢」現象並非是一個自動發生的過程。這對兩岸的啟示
在於，在建立兩岸功能性事務整合時，還是需要有適當的政治

[26] Joseph S. Nye, *Peace in Parts: Integration and Conflict in Regional Organization* (Boston: Little Brown, 1971), p. 65.

[27] 同上註。

[28] Robert O. Koehanne & Joseph S. Nye, "International Interdependence and Integration", in Fred I. Greenstein & Nelson W. Polsby ed., *International Politics*, Handbook of Political Science Vol. 8, (Addison-Wesly Pub. Company, 1975), p. 384.

推力才可行。（三）社會精英在整個統合過程中的角色是很重
要的。如果精英願意從正面的方向去鼓勵統合的發展，並願意
主動地去解決問題，則「擴溢」較會向擴張的方向發展，但是
如果精英們僅是著於凸顯本身的利益，而不願意在跨國或超
國家的機構內解決，那麼統合則有可能「溢回」或是「停滯」。

　　第三、在統合過程中，行為者的行為與立場會逐漸政治
化。

　　與梅傳尼不同的是，哈斯不認為技術合作可以忽略政治
因素。哈斯認為，開始時各行為者會在若干技術性或不會引起
爭論的範疇內進行合作，但日後他們逐漸發現，唯有將較多的
權威讓與集體決策機構，或向其他相關功能領域擴大其合作範
圍，才能達到他們所想要設定的目標。所以當合作範圍日益擴
大，在國家主權與超國家決策之間的選擇日益明顯時，原始的
合作也就逐漸向具爭議性的部門進行。這種行為者「逐漸政治
化」的發展，使得原來只是在經濟部門的統合，提升到政治方
面的統合。[29]雖然統合會從經濟性統合逐漸往政治性統合發
展，但是這並非表示其間不會有任何衝突。不過這些衝突可以
在較高層次的區域性組織決策體系內部解決。[30]

　　這項觀點對兩岸的啟示在於：（一）兩岸任何技術功能

---

[29] Ernst B. Haas & Philippe C. Schmitter, "Economics and Differential Patterns of Political Integration", *International Organization*, 18, 3 (1964), pp. 705-707.

[30] Philippe C. Schmitter, "Three Neo-Functional Hypotheses about International Integration", p. 164.

性的合作都會牽涉到政治，如果要強將政治考量排除，是有些不切實際的。（二）兩岸在以統合的方式互動時，應挑選爭議性較低，或雙方最需要處理的事務，以此為基礎來先「提升共同利益」，並使得原本的功能合作逐漸政治化。（三）在統合過程中，兩岸應養成在彼此共構的組織結構內部中尋求解決，而不是隨意地中斷彼此的機構性合作。

　　第四、對議題「刻意的聯繫」不但可以輔助也可加強彼此間的「功能聯繫」。

　　「刻意的聯繫」（deliberate linkage）將不同類型的問題以「包裹」方式處理，在這些包裹問題中，其中一個問題的解決或改善，經常仰賴另一個問題的處理。[31]奈伊認為，這種「刻意的聯繫」「往往不是因為技術上必須如此，而是具有政治或意識形態上的考量或政治上的方便」。[32]奈伊在對歐洲共同體的研究指出，「刻意的聯繫」是由政治人物、國際官僚及利益團體的努力所造成。雖然「刻意的聯繫」可能有助於統合，但是也可能會產生反效果。正因它是一種刻意的聯繫，當推動力一旦消失，已有的聯繫就會受到影響。

　　在兩岸統合的初期階段，是應該避免太多「刻意的聯繫」，先在一個領域裡面建立好良好的互動後再逐漸往外推展。而且正如同新功能主義者的看法，太多「刻意的聯繫」反

[31] Robert O. Koehanne & Joseph S. Nye, "International Interdependence and Integration", p. 384.

[32] Joseph S. Nye, *Peace in Parts: Integration and Conflict in Regional Organization*, p. 68.

而有可能揠苗助長，並造成欲速則不達。

　　第五、政府的主動角色是統合能夠推動的最重要關鍵。

　　早期的新功能主義者還有一個問題沒有提出解釋與說明，就是「以什麼樣的方式進行擴溢才能有利於統合發展」。

　　柯恩（Robert Keohane）與霍夫曼（Stanley Hoffmann）認為從 1986 年 7 月 1 日生效的《單一歐洲法案》（Single European Act, SEA）的成功看來，「一個成功的政府間協商（intergovernmental bargain）」是「擴溢」效果得以對統合產生正面效果的因素。在他們看來，「成功擴溢的前提是各政府已經協商出一個政府間的計畫性協議（programmatic agreement）」。[33]換言之，無論是共同體內功能的擴張，或是各部門間功能的擴溢，「政府間協商」才是決定性的因素。「擴溢」已經從原來「原因性的角色」（causal role）退居為次要的「條件性的結果」（conditional consequence）。

　　從《單一歐洲法案》、《馬斯垂克條約》〔正名為《歐洲聯盟條約》以及《阿姆斯特丹條約》（Treaty of Amsterdam）〕的形成經過來看，「政府間會議」的確扮演了重要性的關鍵角色。也就是「政府間主義」為「超國家主義」創造了統合深化的條件，兩者並非絕對對立。在歐盟內，成員國所作的共同決定，其結果大多數是減弱各個國家的主權權力，這種由「國

---

[33]Robert Keohane & Stanley Hoffmann, "Conclusions: Community Politics and Institutional Change" in William Wallace ed., *The Dynamics of European Integration* (London: Pinter, 1990), p. 287.

家」，而非「功能性國際組織」扮演「減弱自己國家權力，增加超國家組織權力」的角色，是對功能主義最大的一個重新反思。

　　這一點對於兩岸是極具啟示的，也就是兩岸未來如果想要在統合上更進一步，純粹依據民間或政府精英的「逐漸政治化」或有意圖地將其「擴溢」的推動仍是不夠的，而是應該在兩岸的政府間有共識，共同以協商的方式，來推動彼此在相關領域內的「垂直深化」與不同領域的「水平廣化」。

第二節　兩岸統合方向的思考

一、兩岸目前有關共同體的討論

　　到目前為止，談及有關華人共同體的名稱很多，其名稱也是互異，包括：中國人共同體；中國人經濟集團；中華經濟系統；中國圈；大中華共同市場；中國人的經濟圈；亞洲華人的共同市場；大中國經濟共同體；大中國經濟圈；外中華經濟區；大中華經濟共同體；中國經濟圈；大中華經濟體；華南經濟圈（體）；華東自由貿易區；中華經濟共同體；中國人經濟協作系統；海峽兩岸經濟圈；中國人協作系統；中華經濟協作系統；中港台經濟圈；中華港經濟圈；中華經濟區；大中華經濟圈；大香港經濟圈；中港台自由貿易體；瓊台經濟合作新構

想；三個跨越產業協作系統；媽祖（天后）經濟協作區等等。
[34]

上述各式各樣的共同體（Community）概念，其實與歐洲統合觀念下所形成的「共同體」有很大的不同。倡議者所主張的「共同體」，從其實際內容來看，其實指的只是一種密切的「合作社區」，而非新功能主義者所主張的「共同體」概念。其所論及的「共同體」在功能上是以經濟方面的合作範疇爲主[35]，而從其所討論的地域範圍來看，有僅包括兩岸者，也有涵蓋「華東」、「華南」，還有擴及到「中港台」、「亞洲華人」者。

從整體來看，以上各種有關共同體的論述都有一個共通點，就是均以「應然面」作爲主要的思考，用了很多的篇幅來陳述兩岸或華人社會如果能夠在經貿方面相互合作，可以爲兩岸或整個華人社會帶來多麼巨大的利益，而較缺少「如何運作」的「實然面」理論與方法討論。

歐洲統合的過程中，一個決定性的關鍵是「超國家組織」的產生。但是在兩岸有關「共同體」的倡議中，卻幾乎完全看不到這種思考討論。在台灣，邱創煥先生所成立的「財團法人中華共同體促進基金會」，可以算是以基金會的方式來推動這個理念的唯一團體。但是從其「發起宣言」來看，雖然也主張

---

[34] 田立志，《二十一世紀中華經濟區》（台北：立緒，民國87年），頁45-82。
[35] 以鄭竹園先生主張的「大中華共同市場」而言，也是主張「共同市場現階段的功能，在於只求經濟上的互助合作，不求政治上的統一」。同上書，頁64。

建立中台港的共同體，其內涵卻仍是以「功能主義」的合作爲主，與政府所公布的「國統綱領」相較，只是將兩岸的互動增加爲兩岸三地與海外華人的互動，其目的也是「從經濟合作邁向和平統一」，而沒有討論到兩岸如何建構「超國家組織」的問題。[36]

經濟學者 Bela Belassa 在建構其經濟統合理論時，將「統合」（integration）與「合作」（cooperation）作了區別。他認爲，這兩者彼此在質與量方面都有不同。「合作」包括了減輕歧視所需的行動，而經濟統合的過程就已經包括了抑止歧視的形式發生。例如，有關貿易政策的國際協定屬於國際合作的範疇，而消除貿易障礙則是經濟整合的行爲。在這個觀念下，

---

[36] 「財團法人中華共同體促進基金會發起宣言」中表達其內涵構想爲：「一、以台灣地區、大陸地區及港澳地區爲結合的基礎，並歡迎全球華人贊助；二、依照歐洲共同體模式，以共同的目標爲號召，以共同的利益爲前提，暫不談主權，先從文化的交流發揚，人民的往來，貨物、新聞的自由流通，科技的整合等事項開始進行。三、促成提升『海協會』與『海基會』的層次，擴大組織，並容納民間代表與海外華人代表參加，就具體問題進行磋商談判。四、華人共同體基於王道思想須能與東協各國及日韓等亞洲國家合作，兼顧其經濟發展，並注意歐盟及北美自由貿易的共同利益」〔財團法人中華共同體促進基金會，《中華文化經濟論叢》（台北：財團法人中華共同體促進基金會編印，1995 年），頁 6-7〕。
關中先生在同一本書中也提出一篇〈中華文化經濟共同體之政策分析〉的論文，但是他在論及內涵時，也是以主張「文化交流、能源合作、電信通訊合作、金融合作、運輸交通合作」等「合作」方式來作爲「共同體」的代名詞（同上書，頁 75-94）。

Balassa 才發展出他最著名的「自由貿易區」、「關稅同盟」、
「共同市場」、「經濟同盟」、「整體經濟整合」等五個不同
程度階段的經濟整合觀點。[37]這五個階段與「合作」最大的不
同在於，一定會有跨國家或超國家的機構產生，經濟愈整合到
最後，超國家組織愈是需要與明顯。

---

[37] Bala Belassa, *The Theory of Economic Integration* (Homewood IL:
Richard Irwin, 1961). Belassa 的五個通往經濟統合的規模（scale of
economic integration）階段為：一群國家彼此廢除關稅與通關限制的團
體，稱之為「自由貿易區」(Free-trade area)。在這個階段一段時間後，
將有愈來愈多的壓力要求協調成員國家對外面國家的關稅，否則所有
來自外面國家的貨物，將流入這個組織的成員國家中關稅最低的國
家。當各國彼此廢除關稅，並建立對外的共同關稅時，他們便建立了
「關稅同盟」(customs union)。隨著國家之間貨物障礙減少，市場將
可成長，而製造業者將更容易在其他國家尋求生產中心的建立。他們
將希望購買外國公司，或建立新的廠房以便更接近已經擴充的市場。
他們將可以更容易在國界之間進行資本與人員的流動。關稅同盟也允
許勞工與金融在內部的自由流通，而構成一個「共同市場」(common
market)。在共同市場生活一段時間後，有些國家成員感受到他們的待
遇與其他成員國不同，因此要求政府協調退休津貼與其他社會計劃的
壓力將愈來愈大。隨著貨物、資本和勞力的流動增加，個別國家在處
理通貨膨脹、利率或失業率時，將愈來愈難追求互相分歧的政策。當
共同市場的經濟政策取得協調時，便成為一個「經濟同盟」(economic
union)。單一通貨將取代個別國家的貨幣。最後當各國協調與合作的
壓力，使得要求中央增加更大的經濟權力，以有能力分配更大的利
益、施加更大的成本。其利益將根據對這個結構的忠誠度而定，而其
成本將導致國內的政治活動轉移到他們身上。在某些點上，中央經濟
機構將凌駕於國家之上，於是經濟同盟演化為第五個階段，即全面的
「經濟統合」(economic integration)。

二、統合是「主權共儲與共享」

　　經由統合，對參與的國家而言，到底是擴大了主權還是縮小了主權，這是一個哲學的思辨問題。

　　如果從國際法或國際政治的角度來看，無論是雙邊的條約或是多邊的公約，國際條約本身即具有維持社會秩序的功能，其目的在使各參與國在行為上有所依歸。表面上看來，參與國的主權受到了限制，但是它也為參與國的人民與政府能夠在有秩序的雙邊或多邊關係中得到更多的保障。

　　前已述及，「統合」與「合作」不同的地方在於，前者有超國家機構的產生。如果從傳統的國際法與國際政治來看，超國家組織的成立，的確使得國家的主權受到限制，但是如果人民從超國家機構或運作中得到了更多的利益，那麼我們究竟應該認為是主權擴大了，還是主權縮小了？在討論這個問題前，如果能夠對「主權」與「主權權力」的定義做清晰的區分，將有助於得到結果。

　　國際法與政治哲學對「主權」所賦予的涵義略有不同。在國際法上，將國家視為主權的擁有者，強調主權國家是國際法的主體，例如聯合國只有主權國家才能加入。國際法對於「主權」的另一個重要規範，就是所有「主權國家」間應該是平等的，主權國家間應該相互尊重並不得侵犯。[38]

---

[38] 例如 1970 年 10 月 24 日聯合國大會通過第 2625 號決議中所載的關於

　　但是從政治哲學的角度來看，整個「主權」的演進史，就是如何將「主權」的主體從君王轉到人民的過程。早期如布丹（Jean Bodin）、霍布斯（Thomas Hobbes）認爲主權是絕對的，無任何限制，在國家之上，無一更高的權力可以約束，在君主制國家，主權自然屬於君王。黑格爾（G. W. F. Hegel）後來更進一步提出了「無限主權」的概念。到了盧梭（Jean Jacques Rousseau）倡議「社約論」，認爲「人民」才是主權的擁有者，動搖了傳統對「主權」歸屬的見解。自法國大革命後，「主權在民」已是一國際思潮，例如 1776 年美國的獨立宣言已提出「人民主權」觀，1791 年法國憲法亦宣示，主權屬於全體民族。兩岸的憲法也主張主權屬於人民。

　　均衡國際法與政治哲學的論點，可將「主權」界定爲屬於人民，人民才是國際法的主體，國家是受人民經由自由民主程序將主權付託而行使其國家「主權權力」（sovereign power），「主權」與「主權權力」這兩個概念的釐清，有助於對主權的認知，也有助於後續的討論。

　　在探討歐洲統合的問題時，可以將統合機構看成是一個主權的銀行。每一個成員國將自己的一部分主權放在歐洲的超國家機構中，也就是「主權共儲」的概念。另一方面，每一個

各國依聯合國憲章建立友好關係及合作之國際法原則之宣言，即表示：「各國一律享有主權平等。各國無論經濟、社會、政治或其他性質有何不同，均有平等權利與責任，並為國際社會之平等會員國」,「每一國均享有充分主權的固有權利，每一國均有義務尊重其他國家之人格、國家之領土與完整及政治獨立不得侵犯」。

成員國也可以分享這個主權銀行中原本自己沒有的權力，這就是「主權共享」的概念。

從主權狹隘的定義來看，加入一個條約或是與他國共同統合，國家的主權行使自主性會受到適度的縮小。但是如果從國家存在的目的來看，國家行使主權的意義本在為人民提供一個安全的生存活動空間、創造一個有助於福祉的環境。如果一個國家經由國際條約、加入一個國際組織或參與統合，將國家主權適度地轉移給予國際機構，反而使得國民主權得以擴大。

從人民的角度來看，國家間的「主權共儲」或「主權共享」對人民是有利益的。「國家」本來就是一個後天的政治產物，固然有其存在的價值，但是假若有另一個機構能夠取代國家的角色，或是提供較之國家給人民更多的保護與福祉，人民即沒有必要一定要將國家作為主權付託的唯一對象。

歐洲聯盟的人民已經逐漸從經濟、農業、貨幣整合中獲得了利益。如果沒有歐洲聯盟這個大家庭，只靠一個國家的力量是無法達成的。現在的歐盟公民可以在歐盟內享受貨物、人員、勞務與資本的自由流通，這也表示著歐盟內公民的「主權」經由利益的增加而在事實上擴大了。

這些觀念所帶給人們值得思考的是，「國家主權權力」受限制的深層內涵可能反而是「國家主權權力」的擴大，也可能是「人民主權權力」的擴大。原本不是屬於自己的主權，或是在自己與他人主權重疊的部分，經由統合過程，主權的主體仍是個人，沒有改變，但是主權的權力變大了。其實這也是為

什麼主權國家願意參與國際社會，簽署條約相互互助或約束的
主要理由。值得兩岸思考的是，哪些事務的主權是在初期無法
共享，又有哪些是彼此有重疊，可共享的，在討論以前，是有
必要將兩岸的「主權權利範圍」的獨享性與排他性作一個分
析，在用語方面，將「兩岸財」（cross-strait goods） 定義爲
兩岸人民整體共同享有主權的事務，在此定義下再作細分。

三、「整個中國」下的兩岸財

　　前已述及，目前有關兩岸與華人「共同體」的討論幾乎
都集中在經濟方面，而不似歐洲在討論統合時，是針對不同面
向的需求作考慮。歐洲雖然也有經濟共同體的設置，但是也有
煤鋼、原子能等方面的整合，更有包括農業、區域、社會等更
細節的統合。在討論兩岸可以如何參考轉借其思考，在哪些方
面可以進行統合前，有必要對「兩岸財」先做理論性的分類。
　　基本上可以用公共政策的觀點將「兩岸財」分爲四種組
合。[39]分別爲「獨享（rivalry）、可排他（excludability）」、

---

[39] 有關公共財的討論，可參考 Paul A. Samuelson, "Diagrammatic Exposition of a Theory of Public Expenditure," *Review of Economics and Statistics* 37, no.4 (Nov. 1955), pp.350-356.

David L. Weimer and Aidan R. Vining, *Policy Analysis: Concepts and Pratice* (N.J.: Prentice Hall, 1989).

公共財在國際事務上的運用，可參考 Barry B. Hughes, *Continuity and Change in World Politics: Competing Perspectives*, pp. 167-172.

表 4-1　「兩岸財」的四種組合

獨　　　享

可排他性		是	否
	是	私有財： 核心問題：定義財產權。 例子：中華民國對台澎金馬的管轄；中華人民共和國對中國大陸的管轄權。	協調財： 核心問題：建立標準。 例子：兩岸共同打擊犯罪，維護社會安全。兩岸通訊體系。
	否	共同財資源： 核心問題：過度開發利用。 例子：兩岸在台灣海峽與南海海域內的資源。	純公共財： 核心問題：供應不足。 例子：控制醫療的知識；廣播、電視之傳送。

（作者自行製表與解釋）

「非獨享、可排他」、「獨享、不可排他」、「非獨享、不可排他」，並各舉其例如**表 4-1**。

財貨的「獨享」表示某特定單位的財貨只能使單一個人或國家受益。「私有財」（private goods）即呈現獨享與可排他的特徵。對一個「正常」的國家而言，領土與主權都是私有財的最佳例子。在兩岸問題上，基於兩岸仍處於「整個中國」的分裂，兩岸各自的分治，因而在治權方面，兩岸在各自所轄的領域內有排他性的權利。基於對「私有權」的不願分享性，因此對於國防、外交等這類的事務都表現得甚為堅持與不可退讓。這也是統合過程中最難達到的，也是最後階段需要解決的問題。以歐洲統合為例，在經歷了半個世紀的統合後，彼此在

「共同外交暨安全政策」方面仍然沒有多大的進展。換言之，各國雖然追求歐洲的統合，但是對於「私有財」仍然看得很重，不願輕易將其權力交出。如果將歐洲統合的經驗做爲參考，可以看出「一國兩制」與「聯邦主義」的思維，其實就是強調在一開始就先合併彼此的「私有財」，這的確是很難爲台灣所接受。因此，在討論兩岸統合時，宜將「私有財」的統合放在最後，以循序漸進的方式來逐步推動。

在討論「私有財」時，有一點也是必須要注意的，例如傳統上，一個國家的農業、教育、文化等問題都是屬於「私有財」的範疇，但是在全球互賴與自由化的今日，有關上述的事務已經不是完全的「私有財」了。

呈現「非獨享、可排他」特徵的是「協調財」（coordination goods）。在國際上，經由協調，建立互動的標準，而使得各國獲得利益。例如參與萬國郵政聯盟（Universal Postal Union）與國際電信聯盟（International Telegraph Union）的國家都可以從中獲利，而且愈多國家參與這個聯盟，參與國家所獲得的利益也就愈大。當然作爲國際成員之一的國家，可以自由選擇「排他」而不參加，但是這種看似維持了主權，卻可能使得這個國家無法享受相關的利益。在兩岸關係上，雖然「社會安全」是屬於內政的事務，本身可以具有排他性，也就是說一方在執行打擊犯罪時，可以排除對方的介入或合作，但是倘若在兩岸事務上，經由協調共同建立打擊犯罪機制，對兩岸均爲有利。因此，這類的議題是兩岸間可以開始統合的範疇。

　　呈現出「非獨享與不可排他性」的特徵，可稱爲「純公共財」（pure public goods）（對於具備共享或不可排他兩項特徵之一的財貨，稱爲「部分公共財」）。這種類型的國際財非常少，例如，傳統上都將空氣或大氣層做爲一種純公共財。接收機對於無線電波的獲得管道，並不會阻礙他人的接收。同樣地，人們對於知識的利用，並不會干擾知識對於他人的提供。當一項財貨無法排除其他個人或國家的利用時，便具有非排他性（nonexcludability）的特徵，例如，空氣的流通並不會受國界限制，另外在網路的時代，從網路取得知識也是無國界與空間限制的，一個人從網路獲得資料並不會妨害他人從網路獲取資料。

　　在兩岸的議題中，基於彼此均是「整個中國」內部的中國人，彼此間的休戚與共應該較諸其他「外國」更爲密切。可以將兩岸的「純公共財」界定在跨越道德界線的人道財貨，例如，在一個國家中，不會因爲病危者是個重刑犯而不給予醫療上專業的知識。因此在「純公共財」方面，例如醫療、環保等事務，兩岸應該可以盡速地開啓合作與統合。

　　「共同財資源」（Common Property Resource）具有「獨享，但不可排他」的性質。國際上公海的生物資源，例如鯨魚與鮪魚就是屬於這類財貨，人民可以在自己的領域裡面捕獲，行使「獨享」性的權利。但是由於海洋生物可以從國家的領海遊到國際公海，因此在公海內又不能排斥其他漁民的捕獲。由於海洋生物的流動性，人民不可能將其轉爲私有財，而視爲人

類的「共同財富」。

由於「共同財」不可被個別國家無限濫用的觀念,現代
的海洋法、聯合國以及歐盟等都對公海漁業的開發有了相關的
規定。

基於兩岸目前處於分治狀態,兩岸的主權應該屬於全體
中國人的原則,除去兩岸目前在現有領域內享有的專屬私有管
轄權外,兩岸現有重疊經濟海域的資源,都應該是屬於兩岸「共
同財」的範疇。另外,兩岸在南海的重疊領域,也可以將其視
爲是彼此的「共同財」,以合作或統合的方式來維護該地區的
中國人主權與共同開發。

第三節　兩岸統合的可啓動實例

歐洲的統合最早是由 1951 年的「煤鋼共同體」開始,1952
年嘗試建立「歐洲防衛共同體」(European Defense Community,
EDC),後來因爲法國的杯葛而失敗。經過六年「煤鋼共同體」
的成功經驗,六成員國在 1957 年創設了「歐洲經濟共同體」
與「歐洲原子能共同體」。1958 年六成員國決定建立「共同
的農業政策」(Common Agriculture Policy, CAP)。1960 年
成立了「歐洲社會基金」(European Social Fund, ESF)。到
了 1965 年才決定將三個共同體的執行機構合併,並於 1967
年生效。1972 年歐洲的貨幣開始整合,訂定匯率方面的規定。

1973 年設立共同能源政策。1974 年同意設立「歐洲區域發展基金」（European Regional Development Fund, ERDF）。1975 年嘗試建立共同外交政策、成立經濟暨貨幣聯盟，但是沒有成功。1978 年成立「歐洲貨幣體系」（European Monetary System, EMS）。1987 年通過《單一歐洲法案》。1989 年開始推動「經濟暨貨幣聯盟」（Economic and Monetary Union）。這一連串的歐洲統合過程可以給兩岸一些啟示，即統合並不一定要從一開始就全面性的統合，而可以從自己需要的地方著手。

　　兩岸統合的範疇應全面開始，還是從一些比較容易做的地方啟動，是個見仁見智的問題。到目前為止，兩岸共組「經濟共同體」談的最多，本文不再贅述。本文先從「兩岸財」作為思考。如前所述，「兩岸財」可略分為「私有財」、「協調財」、「共同財」與「純公共財」四個部分。由於「純公共財」牽涉到整體中國人的最基本利益，因此，不論兩岸的政治形態如何走，不論是統還是獨，兩岸在「純公共財」的部分都應該高度合作與整合，因此本文暫不討論。本文僅先就兩岸「私有財」、「協調財」、「共同財」三個方面，並分別以「兩岸農業共同體」（「私有財」的統合）、「兩岸社會安全共同體」（「協調財」的統合）與「兩岸南海共同體」（「共同財」的統合）來討論，當然這不表示其他的領域不需要以共同體的統合方式推動。

一、農業事務的統合

　　加入 WTO 後，台灣所面臨的挑戰，就農業部門而言，雖然可以享受 WTO 會員國公平貿易的權益，但仍須遵守規範，降低進口關稅，消除非關稅進口保護，及減少扭曲生產與貿易之補貼措施。雖然在有關規定許可範圍內，仍然可以繼續尋求對農業適當保護之策略，卻將面臨農產品市場的開放與貿易障礙及其他保護措施消除的問題，衝擊著台灣農業。由於台灣農業屬小農經營形態，農場規模狹小，國際競爭力不足；因應台灣加入國際社會之需要以及貿易自由化之趨勢，農業將遭遇許多衝擊與挑戰，而這個挑戰不只是農業產品市場自由化問題，農業資源自由化也將是重要的課題。[40]

　　台灣在面臨自由化的同時，兩岸的農業互動更是必須面對的問題。台灣的主管機關即指出，兩岸農業交流基於地理、文化、語言與天然條件等因素，將愈趨密切。兩岸農業交流固

---

[40] 就農產品市場而言：未來農產品進口量將會增加，部分不具競爭力的產品將因而減產，產業結構亟需進行調整。如何在國際競爭環境中，兼顧糧食安全與經濟效益，從生產、運銷以迄消費各環節，尋求利基，創造相對優勢，是維護本土農業發展的基本要務。就農業資源而言：農產貿易自由化在短期間將對國內產業造成一定程度的衝擊，而在較長期的產業調適過程中，也將帶動農業資源的自由化，促使農業生產要素的配置加速重整。未來放寬農地農有限制後，如何兼顧社會公平與安定，落實農地農用，防制農地成為投機工具，並適當處理水資源調配利用與勞動力移轉等問題，都是農業部門極大的挑戰。

有互補互惠的效果，但亦有產品替代與競爭、農產品走私、疫病傳染，以及兩岸漁業糾紛等問題；而未來兩岸加入 WTO 之後，彼此的貿易關係將更爲複雜。因此，兩岸農業交流如何能避免對台灣農漁民的不利影響，維持貿易互補、產業互利與技術互惠的雙贏局面，是必須重視的課題。[41]

學者也指出，在兩岸加入 WTO 後，對台灣農業發展將直接產生衝擊。由於兩岸在生活習慣上的相似、地理位置的相近及農業資源的差異性，加上中國大陸農業生產成本及價格低廉，兩岸入會後彼此的貿易數量勢將急遽增加。此一結果，將更提高雙方的貿易依賴度，可能使台灣自中國大陸進口更多農產品；即使在未來透過兩岸協商，在中國大陸出口適量約束的承諾下開放進口，對台灣的農業衝擊仍大。[42]

台灣政府也認知到區域經濟對於台灣農業的影響。在農委會公布的《農業政策白皮書》中即述明，全球朝向國際化、集團化的發展趨勢，對區域內成員之產品或許有某種程度的保護作用，且對其農產品貿易的量、質及農業資源之分配亦將有

---

[41] 林享能，〈超越時代挑戰，開創農業新世紀〉，《政策月刊》，第 54 期（公元 2000 年新願景專刊），中國國民黨中央委員會政策研究工作會，頁 87。

[42] 邱毅，〈加入 GATT 後，兩岸農業經貿關係的調整與因應對策〉，《參與 GATT 對農業之衝擊及政策因應研討會論文集》，1994 年，頁 14-22。陳凱俐，〈兩岸入關對台灣農業之影響〉，《大陸農業發展與兩岸農業交流之可行性成果發表論文集》，1996 年，頁 355-381。楊豐碩，〈加入 WTO 對國內農業發展之影響及其因應〉，http://www.moca.gov.tw/~ecbook/season/sa911.tm

其正面之效果；反之，對區域外的國家而言，唯有透過降低產
銷成本或提升產品品質等措施，方能在國際市場上維持競爭優
勢。[43]由此可知促進農產貿易、加強國際合作亦為今後台灣農
業發展的重要目標。

為了因應全球化的區域化挑戰，台灣在戰略目標上除了
加強國際的農業合作外，也將建立兩岸農產貿易新秩序視為一
個重要工作。政府首長即認為，近年台灣高級茶葉、高品質養
殖魚貨，以及蓮霧等優質農產品，已間接銷往大陸沿海高所得
地區，大陸農產原料亦可供作台灣食品加工原料來源，另大陸
為世界七大種原庫之一，可提供台灣新品種研發的重要來源。
未來，宜依據產業發展的階段性，進行產業分工，建立兩岸秩
序貿易關係，達到互利、互補、互惠的雙贏目標。[44]

一系列有關於中共加入 WTO 後對大陸經濟，尤其是農業
的影響預測研究報告，顯示出農業是大陸受到衝擊最大的行業
之一。加入 WTO 對中國大陸農業（生產與貿易）弊大於利，
農業生產將相對萎縮，農產品進口增加，農業就業人口減少，
部分現有的農業勞動力以及社會新增的勞動力必須轉移到或
直接到非農業部門就業。[45]

[43] 行政院農業委員會，《農業政策白皮書》，民國 84 年 3 月，頁 3-4。
[44] 林享能，〈超越時代挑戰，開創農業新世紀〉，頁 89。
[45] 中華人民共和國國務院發展研究中心，《中國加入世界貿易組織對世
界經濟及其自身的影響》，研究報告。1998 年。 中國農業大學經濟管
理學院，《世界貿易體系改革與我國農產品戰略選擇》，1999 年。黃季
焜，〈貿易自由化與中國大陸農業：是挑戰還是機遇〉，「兩岸青年學

　　大陸主要研究機構的主其事學者認爲，貿易自由化可以
爲大陸帶來一些利益，例如，資源的配置和農業生產結構將得
到改善；從長遠看，有利於提高整體農民的收入；消費者福利
水平將進一步提高；畜產品和園藝作物產品將顯著增長。但是
也將帶來一些不利的影響，包括：種植業生產將相對萎縮；糧
食自給率將下降；種植業部門就業將進一步減少；以種植業爲
生計的較貧困農民將是最主要的受害者等。[46]

　　與台灣一樣，中國大陸也開始積極爲因應農業自由化而
作了相當的準備，但是在兩岸的思考中，似乎都沒有將兩岸可
能在農業方面進行整合列入思考。

　　從 1995 年 4 月 8 日李登輝總統在國家統一委員會中即指
出，台灣願意提供技術與經驗，協助大陸改善農業，造福大陸
廣大農民。同年 5 月，兩岸在第二次辜汪會談的第一次預備性
磋商中，更將兩岸農業交流問題列爲正式會談的議題。同年
12 月 17 日兩岸農業高層官員在台北舉行兩岸農業研討會，大
陸方面也明確提出雙方農業加速合作的項目。1996 年 1 月 11
日中共農業部辦公室再具體提出，兩岸可在產業合作、建立農

者論壇——農業發展」學術研討會，國立台灣大學農業經濟系與中華
發展基金管理委員會主辦，民國 88 年 6 月。但是這些研究也表明，
在假定資本、勞動和技術等生產要素完全競爭，勞動力、資金和技術
能在不同行業、不同地區完全流動的情況下，農民的收入不但不會減
少，而且通過勞動力的再就業和資源的重新合理配置，農民的收入還
會增加。

[46] 中國農業科學院農業經濟研究所農政中心主任黃季焜的看法，同上
文。

產品貿易渠道以及科技交流合作三個領域加快合作的看法。同
月 16 日，陸委會經濟處表示，大陸方面對農業方面合作的想
法，主要是在農業產業的合作，尤其是投資方面，台灣希望放
在一個比較大的格局，重視的是大陸在二十一世紀所可能面臨
的困境，因此希望建立比較完整的農業交流模式，而不是單純
的產業投資合作。[47]自此以後，兩岸對於農業方面的合作一直
保持高度興趣，但是由於彼此的政治關係自 1996 年以後並未
有顯著好轉，再加上台灣方面已普遍有兩岸農業交流會危害到
台灣農業發展的疑慮，使得農業方面的合作始終沒有全盤與深
入的開始運作。

　　台灣方面對於如何在大陸進行農業合作已做了不少研究
[48]，雙方現在所缺的應該是繼續化解對方的疑慮。即將加入
WTO 之際，應該是兩岸共同思考如何以統合方式推動農業的
合作與安全的時機。基於台灣在農漁業方面的高水準發展，而

---

[47] 自 1996 年以後，兩岸有關農業互動的官員談話與看法，可參考田君
美，〈兩岸農業交流的進展與問題〉，「兩岸青年學者論壇——農業發
展」學術研討會，國立台灣大學農業經濟系與中華發展基金管理委員
會主辦，民國 88 年 6 月。

[48] 例如，農村發展基金會執行長王友釗在 1996 年時即已表示，台灣農
業專家積極評估，選擇在兩岸農業產業區域合作的「示範點」，包括
在福建地區種植熱帶水果、在四川養豬，在皖北養殖肉牛，在江蘇南
部協助種水稻，在廣西及雲南重植花卉、蔬菜等。台灣可以在生產、
加工及運銷技術改良方面，提供台灣經驗協助大陸。王執行長並表
示，台灣極有誠意，只要對方有合作意願，預計最快可在下半年進行
試辦。《中央日報》，民國 85 年 4 月 4 日。

中國大陸也有廣大的勞動或資源市場，兩岸如能建構「農業共同體」將有助於彼此的需要，並可共同因應全球農業自由化的挑戰。兩岸目前在台灣海峽漁業資源、漁事糾紛、防止農產品走私、促進漁業正規貿易等等，也可以在兩岸的「農業共同體」中獲得解決。

二、社會安全事務的統合

　　兩岸自交流以來，在社會安全方面，發生了諸多兩岸偷渡、劫機、漁船絞網碰撞、天災災害及旅行災害等突發事件，使得兩岸之間經常引發齟齬，輕則引起兩岸政府的互相批評，重則影響到兩岸人民的相互情感。

　　在偷渡客方面，依據台灣方面的統計資料，自 1987 年到 1999 年 11 月底止，平均每月緝獲大陸偷渡客二百五十餘人，總共緝獲約三萬八千餘人，直接花在他們身上的生活費用，就已高達新台幣六億元左右。[49]

　　台灣方面認為，收容偷渡客後，大陸方面經常未依兩岸《金門協議》所訂期限二十日內查覆接人，中共方面經常以遣返船歲修、機械故障、內部有活動、節慶或接偷渡客的公安未來等理由，不接回或遲延接回偷渡客，致使每人平均留置時間長達約一百五十日。

　　在海上漁事糾紛方面，包括單純的民事漁船糾紛；海事

---

[49] 行政院大陸委員會提供之資料。

糾紛及刑事案件；疑似大陸海盜船行搶案件；疑似大陸公安船的攔檢騷擾案件。[50]在劫機方面，從 1993 年到 1994 年 6 月間就連續發生十二次，影響乘客與飛航安全甚鉅。在旅遊災害方面，有 1991 年的莆田事件、1992 年的台商一家三口遇害案，以及最著名的 1994 年 3 月的千島湖事件。[51]

由於兩岸一衣帶水之隔，漁民在此海上作業，難免發生絞網、碰撞等事故。事故發生後，由於海面遼闊，船舶移動容易，證據保存困難，缺乏可資公平解決及合理求償的途徑；加以大陸漁民求償心切，經常以扣人等不法手段解決，致使單純的漁業糾紛，往往衍生成搶劫、恐嚇、妨害自由及傷害等刑事案件。另有疑似大陸海盜船行搶，及部分不肖緝私人員，以假借緝私為由，對台海漁船進行攔檢、騷擾等案件。以上不但是造成兩岸漁民間相互猜忌、隔閡、疏遠、敵對的根源，並且影響到兩岸的良性互動關係。

兩岸經常發生的漁事糾紛在於對彼此的相關機構不信任，因此如果能夠在兩岸間有一個跨兩岸或超兩岸的獨立機構，將有助於這些問題的解決。

---

[50] 例如，1991 年 7 月大陸漁船「閩獅漁 2294、2295 號」搶劫台灣漁船「三鑫財號」；1992 年 7 月大陸緝私船「霞工緝二號」以行使緊追權為由，進入台灣水域，且任意開槍追逐台灣漁船。1992 年 11 月大陸「閩寧緝三號」鐵殼船強行登上台灣漁船「興隆三〇一號」，毆打船員並要求交出財物等行為。1996 年 2 月台灣「日東六號」遭外輪撞沈致大陸船員溺斃、失蹤案。

[51] 行政院大陸委員會，《跨越歷史的鴻溝：兩岸交流十年的回顧與前瞻》（台北：行政院大陸委員會，民國 86 年），頁 104-111。

舉例而言，在偷渡方面，不只增加了台灣在管理方面的業務，干擾了日常的工作，大陸偷渡客絡繹於途，對台灣的國家安全、海防、國境管理等都造成了嚴重威脅。完全由台灣來抓偷渡客的確是件不容易的事，但是換個思維，如果兩岸在社會治安方面有個共同的機構，讓大陸的公安也發揮些正面功能，那麼防止大陸偷渡客的工作應該就會變得比較容易些。這也正是兩岸統合的最大意義所在，讓兩岸共同參與來防止不法情事的發生。

除了上述事務外，假如兩岸成立一有關社會安全的共同體，對於劫機犯、旅遊災害等事務也都可以扮演超然與中性客觀的角色，這對於防止兩岸間猜忌應有相當的助益。

三、南海事務的統合

台海兩岸皆對南海主張所有島礁的主權。換言之，兩岸在南海共享中國主權。就北京而言，南海戰略是其全方位外交中之一環，對外主張「擱置主權，共同開發」、強調睦鄰政策、願意參加雙邊對話，自 1995 年甚至願意參加多邊諮商；然而，中共內部卻積極擴充軍備、強化海空軍力量、明訂法令將南海納入中國領土、積極開發經營所據島礁、巡弋周邊海域等。

目前，中共對南海基本做出下列幾項部署，包括：整建島礁工事；加強南海艦隊的軍港建設，以提高海軍在南海的戰力；組建快速反應部隊，提高兵力投射能力；增補新式裝備；

提升演訓層次；重新規劃南沙作戰指揮體系等，以期因應未來可能的衝突。[52]

儘管中共對南沙的企圖心勃勃，對主權的維護不遺餘力，然而，其仍遭受東協國家的嚴峻挑戰。北京雖確定了「主權在我、擱置爭議、共同開發」的南海戰略方針，但 1988 年 3 月 14 日與越南進行海戰後，「主權在我」的主張並不爲周邊五國所承認；「擱置爭議」也並不能紓解事實上雙邊不斷發生的外交或軍事爭端；「共同開發」也只是理想，周邊五國各自單方面與西方大國石油財團進行聯合掠奪。雖然目前南海周邊國家表面上不反對中共的方針，但在實際行動中卻正在聯合起來形成共同與中共抗衡的局面，問題的關鍵仍在於主權問題上根本談不攏，在此情形下，要談共同開發，看來只有選擇與大陸無「國別主權」爭議的台灣，因爲台灣方面也同樣認爲南海諸島及其海域應歸屬中國主權。[53]

就台灣而言，主張擁有南海島礁，並時常宣示爲固有領土，但實際僅掌控南海東沙、太平二島，對其他島礁的主張似乎無法落實。[54]如果台灣企圖實踐對南海的主權，不外乎以下政策選擇，包括：獨自解決、參與國際協商，以及兩岸合作。

---

[52]《中國時報》，民國 88 年 11 月 19 日，版 3。

[53] 海南亞太區域開發研究中心秘書長李偉就表示，以南海形勢的政治層面來看，與台灣合作是一種現實的選擇。《中國時報》，民國 87 年 4 月 16 日，版 9。

[54] 國家安全會議專案研究報告，《我國南海戰略之研究》，民國 88 年 6 月，頁 173-176。

首先，在獨自解決方面：由於台灣海、空兵力投射能力不足，因而難以在南海發揮效用。1999 年 11 月 18 日，國防部長唐飛在立院表示，國軍將撤出駐守在南沙太平島和東沙島的海軍陸戰隊，而以海巡總署人員接替。國防部表示，因為太平島無法防守，且海巡總署人員具準司法警察身分，可以解決漁事糾紛，比軍隊駐守更為合宜。[55]在外界看來，這顯示台灣守衛南海的「能力」和「決心」已經降低。

其次，在參與國際協商方面：台灣受制中共的排擠，無法正式參與南海爭端的協商機制。此外，該項協商又與台灣南向政策息息相關，如果南向政策未達預期效果，對具有東協會員國身分的南海爭端國協商管道亦可能宣告失敗。再則，兩岸對南海島礁主權主張的法理依據皆是來自於歷史事實，因此在學術期刊或研討會中，台灣自身立場的能見度極低，非常容易招致中共的遮掩。

第三，在訴諸兩岸合作方面：兩岸對南海問題的步調協調，的確是兩者共同的必要選擇。即令台灣內部人士對主權維護的興趣降低，然而南海豐富的油氣蘊藏，對台灣下一階段的能源需求與經濟發展，仍扮演重要的角色。如何開發占中國海洋面積七分之四的南海，一直是兩岸重視的主要課題。近年來，南海陸續發現了許多大油田，據大陸有關專家估計，南海蘊藏油量至少超過五百億噸，堪稱除了中東之外，世界上第二個最大的油氣儲藏區域。由於南海豐富的資源，引起了周遭國

---

[55] 《中國時報》，民國 88 年 11 月 19 日，版 3。

家和地區對該海域主權的覬覦，雖然中共提出「擱置爭議、共同開發」的措施，希望來緩解區域的緊張並從中獲取利益，但近年來中共與這些東盟國家仍舊衝突不斷，至於資源開發上，中共更是一無所獲，迄今為止，越南、菲律賓、馬來西亞、印尼、汶萊等南海周邊五國，已在南沙海域設置了兩百多個鑽油平台，年產石油超過一億一千萬噸，而中共連一個油井都還未設置。[56]

從軍事安全角度和未來戰略控制能力來看，事實上，選擇台灣合作對中共本身亦十分有利。在衝突十分激烈的南海海域，周邊國家實際上都與中共為敵，尤其是越南和菲律賓態度最為強硬。目前，中共占據西沙、南沙七個小礁盤，台灣方面則占有東沙群島和南沙群島中最大島嶼太平島，面對周邊五國的敵對態度，如果中共與台灣開展合作，雙方共同開發南海資源，就可以在南海海域的大部分區域形成強有力的軍事安全保障體系。未來中共如果與太平島台灣守軍合作，將可扼南沙北部海域戰略要衝，進可收復南沙其他島嶼，退可倚賴西、中、東沙以及海南島的軍事支持，進一步遏止周邊國家對中共的聯合進攻態勢。

從經濟實力的層面來看，由於海洋資源的開發需要龐大的資金和技術，南海周邊五國經濟實力都不如台灣，只有台灣才可能在資金和技術上成為中共最有效的合作夥伴。中共官員即認為，無論是工業實力或是金融資本，周邊五國遠不及台

---

[56] 《中國時報》，民國 87 年 4 月 16 日，版 9。

灣，加上 1998 年亞洲金融危機肆虐，馬來西亞、印尼、菲律賓幣值大貶，越南、汶萊也受到不同程度的衝擊，這些國家的經濟實力處於萎縮狀態，如果中共與任何一國開展雙邊合作，經濟上的優勢互補都不存在，但是如果中共與台灣開展合作，就可以充分利用台灣在資金、技術上的優勢，再加上台灣強大的遠洋運輸能力和油氣產品的加工消化能力，這樣的共同開發，將會是一種最有效益且效率最高的合作。

　　按照中共方面的認知，資源貧乏的台灣要在南海上進行共同開發，也只能選擇與中共合作。他們認為，首先，台灣方面對於南海油氣資源的興趣絕對不會亞於中共，台灣成立「南海小組」，積極進行南沙問題的研究，不能不說是與南海資源有關；其次，台灣方面對於中共提出的「擱置爭議、共同開發」的主張並未反對；而且，台灣方面也知道，單靠其自身力量和其在國際社會中的地位，無論如何也不可能去進行南海油氣資源的單方面開發。[57]

　　事實上，包括政府官員和南海問題研究專家都信心滿滿地認為，只要台灣對南海油氣資源有興趣並且認同共同開發的主張，未來兩岸共同開發南海資源應該是遲早的事。不過，盱衡當前兩岸關係和國際情勢，兩岸共同開發南海資源，仍面臨著許多困難和阻力：一、兩岸關係仍處於不確定狀態這項因素，將延後這個對兩岸都有利益的合作計畫；二、台灣方面積極推動「南向政策」，目前還不會為了要與中共共同開發南海，

---

[57] 中共海南省海洋開發規劃院副院長土路即作如上表示。同上註。

而犧牲與東協國家間良好的關係；三、南海周邊五個東協國家在西方國家支持下並借助東協的力量，對中共在南海問題的處理上形成極大的外交壓力，中共和台灣的合作很容易動輒得咎。因此，在南海資源開發上，兩岸要從紙上談兵的研究進入具體的合作，仍需要解決許多棘手的問題。

但是，這些國際間的疑慮不應該妨害了兩岸在南海事務的共同努力。在兩岸能夠經由《兩岸基礎協定》的簽署而展開良性互動後，國際因素所能影響的兩岸決策將為有限。再進一步，兩岸如果成立南海共同體，將可以兩岸成立的共同機構來協助處理有關南海的問題，這種長期的機構式合作，不只有助於維護兩岸在南海的共同利益，更可以經由這種統合機制的運作，增強彼此的互信，並學習共同在一個體制規章下相處，這對兩岸未來其他方面的統合應有相當助益。

兩岸南海共同體的功能剛開始可以就一些兩岸目前實質已經在做的事務進行整合，並在一些較不具國際爭議性的事項進行超國家的合作。下列各類是兩岸在成立共同體後即可開始展開工作的一些參考：第一類、建立專家協商機制，定期晤談，訂出務實可行的方案。包括：保護環礁生態、互相協助執行緊急救難及救援、相互通報危險及非法行為、交換氣象及重要科學調查結果。第二類、建立合作與協同工作準則。包括：漁業、油氣、海洋科學調查與研究、青年海上活動等面向。第三類、組建共同執行團隊。包括：海洋管理、海上安全、海洋旅遊連線、海洋教育推廣、南海水底考古。第四類、成立專家工作小

組。包括：南海相關名詞整合、南海法規創設、南海學（南海研究）創設、南海學術會議、南海學術專刊、南海博覽會、研究南海特定項目之合作。第五類、政府聯繫小組。內容包括：南海共同管理區、海上治安、海洋污染、島礁及水中景觀維護、海洋法律執行。[58]

第四節　歐盟機構經驗對兩岸統合的啟示

歐盟的主要機構可以分成三大部分。第一部分是以「超國家主義」為精神的機構，包括了歐盟執委會（The European Commission）、歐洲議會（The European Parliament）及歐體法院（The Court of Justice of European Community）；第二部分以「政府間主義」為精神，包括了歐盟（部長）理事會〔（The Council of European Union），1993 年歐盟成立前稱之為部長理事會（The Council of Minister）〕、歐盟高峰會議（The European Council）。第三部分則是歐盟的周邊機構，包括「經濟暨社會委員會」（The Economic and Social Committee, ESC）、區域委員會（The Committee of the Regions, COR）、歐洲投資銀行（The European Investment Bank, EIB）、審計院

---

[58] 龍村倪，《經營南海諸島之策略及規劃研究》，內政部獎助南海問題專案獎助，民國 87 年 5 月，頁 5-15，16。

（The Court of Auditor）等機構。

　　歐盟機構的複雜正顯示出歐洲的統合是在極為慎重與周詳的規劃下推動的。作為分治的兩岸，在思考以統合方式來追求政治統合時，歐盟機構的經驗的確可以有若干借鏡。不過，正如同任何事情都很難全盤照抄一樣，歐盟機構給兩岸的啟發應該不是它們的有形運作方式，而應該是蘊藏在其內的精神。以下就先從歐盟的機構談及，再就其可以對兩岸未來統合的啟示作一討論。不過在討論這些機構對兩岸未來統合的啟示前，先將歐盟在國際間以跨成員國新主體出現的情形與對兩岸的啟示作一論述。

一、歐體作為國際法人對兩岸的啟示

(一)歐體作為國際法人的出現

　　國際法是一個不斷在演進的法律體系。在傳統的國際法中，只有國家才是國際法的主體（subject）。但是晚近的發展已經否定了這種看法，認為國家固然是最重要的國際法主體，但它絕不是唯一國際法主體。國際組織、「個人」也被認定是國際法的主體。其中特別令人矚目的，就是歐洲共同體以國際法人的身分出現在國際舞台。換言之，以歐體的會員國法國為例，有兩個法人在國際間代表法國與維護法國的權益及承擔義務，一個是法國本身，另一個是歐盟。對歐盟現有的十五個會員國而言，在國際間事實上有十六個法人。對兩岸而言，在國

際間，可以經由兩岸的統合，為兩岸各有的主體外，再創造第三個法律主體，亦即是兩岸的共同體。

　　學者將國際法的主體稱之為國際法人（international person）。在國際法上，能有完全能力享受權利與負擔義務者，稱之為完整的國際法人。僅有部分能力享有權利與負擔義務者，稱之為不完整的國際法人。目前，國家仍是唯一完整的國際法人。

　　歐洲共同體以國際法人的身分出現在國際社會，首先從政治方面來看，它所碰到的問題是第三國或其他國際組織對歐洲共同體的獨立人格是否承認的問題。在冷戰期間，歐洲共同體在國際組織中的地位曾引發東西方的政治角力。例如歐體參與聯合國大會的權利曾久議不決，直到 1974 年當經互會享有同樣的權利時，它才如願以償。現在絕大多數的國家已經正式承認歐盟的法人地位，隨著冷戰的結束，歐盟在國際間的法人地位更被廣泛承認。但是，從法律方面來看，絕大多數國際組織章程規定，其成員資格只對主權國家開放。此意味著，如果歐體要加入這些國際組織就必須對有關章程做修訂。不過，一般國際章程修改程序嚴格，通常需要得到原有成員國的特定多數或全體一致同意才可，更何況，目前歐盟雖然擁有廣泛的對外關係，但是仍未取代其成員國的國際法主體資格，而後者又是有關組織的正式成員，第三國很難接受歐盟與成員國共為成員所引起在代表權或表決權方面的不平等結果。因此歐體也是自我克制，不會急於在一般國際組織中取得完整的成員資格，

而只是力爭比其他國際組織更多地參與有關組織的活動權
利。[59]

　　在一些重要的國際組織中，歐體設立觀察團，而成為觀
察員。例如歐盟現在在聯合國大會、經濟社會理事會、歐洲經
濟委員會、國際勞工組織、聯合國教科文組織、世界衛生組織、
國際貨幣基金組織、聯合國工業發展組織、聯合國糧食及農業
組織、世界知識產權組織、國際原子能機構等主要機關與組織
中，都設有常駐觀察團。[60]

　　另外值得一提的是，在關稅暨貿易總協定（GATT）時代，
歐體即已像締約成員一樣參與了 GATT 各機關（預算委員會
除外）的活動，甚至以獨立的名義行使有關的權利和承擔有關
的義務。從 1960 年代初的歷次多邊貿易談判中，均由執委會
代表歐體各成員國與 GATT 其他成員國進行交涉與磋商。雖
然歐體不是 GATT 的正式成員，但是在多數的情況下同樣能
參與決策。甚而一些參與 GATT 的子協定來看，絕大多數都
是歐體所單獨締結的，例如「東京回合」中的反補貼協定、反

---

[59] 歐洲共同體既不是一個國家，也不是一個國際組織，它是以特有的形
式出現在國際社會，對於它為何可以擁有國際人格，為一國際法人，
學術界的看法並不一致，分別有超國家組織理論（Theory of
supranational organizations）、國家擬比理論（Theory of state analogy）、
主權轉讓理論（Theory of sovereign transfer）、功能聯邦理論（Theory of
functional federalism）、統合論（Doctrine of integration）等等不同的學
說，來為歐洲共同體找尋合理的理由。曾令良，《歐洲聯盟與現代國
際法》（台北：志一，民國 83 年），頁 21-30，344-346。

[60] 同上書，頁 347。

傾銷協定、政府購買協定、關稅估價協定、出口許可證協定、貿易技術壁壘協定和民用航空器貿易協定等等。其次，在 GATT 解決爭端的程序來看，都由歐體參與解決，而且絕大多數都將歐體列為爭端的當事方，儘管其中許多爭端是因為歐體某成員國的國內措施而產生的。總而言之，歐體在 GATT 內的地位極為特殊，雖然它並不是正式的會員，但在實際上已逐漸取代成員國的若干地位。[61]

(二)對兩岸的啟示：「第三主體」的建立

　　歐體在國際間出現的例子給予兩岸一個很大的啟示，就是「整個中國」這個觀念，可以在實際的操作上以一個不完整的法人在國際社會出現。「兩岸共同體」可以比照歐洲共同體的經驗在國際組織中出現。在初期，這個「兩岸共同體」所擁有的權利並不需要完全涵蓋作為會員國或會員體的兩岸，其權利可以經由兩岸自行協商決定。「兩岸共同體」與兩岸共同在國際組織中出現，在法律的意義上，有三個法律主體並存，其中兩岸是完整的法人，而「兩岸共同體」是個不完整國際法人。在國際組織裡，兩岸以正式會員的身分出現，而「兩岸共同體」則是以觀察員的身分存在。這種三個主體並存的思考可以用在聯合國相關機構、國際衛生組織、國際勞工組織，或其他需要的國際組織中。

　　兩岸間只有兩個主體的思考，使得兩岸在 1949 年以後陷

---

[61] 同上書，頁 350-360。

入了「零和」的競爭困境，唯一代表權也就成了最不能讓步的象徵。中共愈不讓步，台灣方面以「台獨」或「獨台」追求合理國際空間與代表的訴求，就一定會有它的市場。如果兩岸能夠仿效歐洲統合經驗，在兩岸現有的兩個主體外，再創造一個「第三主體」，那麼基本上即解決了中共擔心台灣擁有主體會走向「台獨」的疑慮，台灣也可以在獲得完整主體後，願意與中共來建構一個兩岸所共有的主體。「第三主體」基本上所代表的是「整個中國」（台灣加上中國大陸）的意義，它象徵著擁有兩岸某些主權的讓渡，在意義上，它使得「整個中國」不會是一個「虛」的抽象概念，而是一個「實」的法律實體。

在實際的操作上，基於兩岸相互尊重的原則，在相關的國際組織裡，「第三主體」可由兩岸互為領導，例如可以每一段時間輪流一次，或在不同的國際組織中，由兩岸分別領導。舉例而言，在《兩岸基礎條約》簽署後，假如台灣得以與中國大陸並存於世界衛生組織與世界勞工組織，台灣因為本身在醫療方面的成就與能力，或許在世界衛生組織中扮演「第三主體」的領導協調角色，而中共可以在世界勞工組織中擔任「第三主體」的主導地位。或許在初期，這個象徵「整個中國」的「第三主體」的權力有限，僅扮演協調與聯絡的功能，但是隨著兩岸彼此統合程度的加深，作為兩岸的「兩個主體」會逐漸將有關權力交給「第三主體」來行使，也正如同歐體在國際組織中的權力是隨著歐洲統合的逐漸深化而逐漸擴張。

至於有沒有法律的依據可以使國際組織、甚或第三國接

受兩岸「第三主體」的主張，答案是有的。由於「一個中國」原則普遍為國際間所接受，而兩岸五十餘年分裂分治的事實也廣為世界所默認，另外能夠和平解決兩岸問題更是國際間的期望。在這些法律與政治的現實下，兩岸如果能夠自行達成解決方案，以統合方式解決彼此定位與互動關係，國際法與國際政治上應該沒有法律與政治的理由去阻礙這麼一個對全球社會有利的法律見解與行為。

二、超國家主義機構的經驗

(一)執委會與其啟示

執委會在歐洲統合中是扮演超國家的角色。[62]簡單而言，執委會的功能類似於國家內的行政體系，有相當廣泛的行政權。它的職責包括：(一)執行權：執行條約的目標，以及理事會的各項決議。(二)監督權：為確保條約及各機構的措施得以施行，執委會擁有調查權與訴訟權，並可透過法院行使。[63](三)

---

[62] 有關執委會的論述，可參考 John McCormick, *The European Union: Politics and Policies* (Boulder: Westview Press, 1996), pp. 103-123，中文可參考張台麟，〈歐洲共同體執行委員會之功能與角色〉，《問題與研究》，第 31 卷第 8 期，民國 81 年 8 月，頁 55-57。張亞中，《歐洲統合：政府間主義與超國家主義的互動》（台北：揚智，1998 年），頁 91-96。

[63] 依據《羅馬條約》第一六九條，如果執委會認定某一會員國未能履行條約的義務，它在給予該國提出申訴的機會後，對該事發表說明理由的意見。倘若該會員國並未在執委會所規定的期限內接受執委會的意

創議權：執委會是共同體中唯一具有提案權的機構，沒有執委會的提案，歐盟根本就無法運作。(四)對外代表談判權：依據《羅馬條約》第二二八條的規定，執委會代表共同體與第三者進行談判。

在任命方面，執委會委員的推派權、再派權以及不再派任權均在各國的手中。執委會委員的名額也並非是依平等原則或以客觀標準遴選，而是依據政治的考量。執委會的委員數第三次擴大後增加至二十名，但仍是按國家大小而有不同，每國都有一名，但一些大國如英、法、德、義、西等國則有二名。執委會主席對於各委員並沒有任命權。

在執行立場方面，《羅馬條約》第一五七條要求「執委會委員應根據其整體能力遴選，並應具有不容爭議之獨立性之委員所組成」，並要求執委會委員對共同體的忠誠立場，「委員會委員應為共同體的普遍利益，完全獨立地履行其職責」，在履行職責時，不應尋求也不接受來自任何政府或機構的指示。但是由於各國對執委會委員的出任享有絕對的權力，使得各委員是否真能作到忠誠轉移，受到懷疑。但可確定的是，如果各委員過於不客觀地處理其事務，執委會所負責的各種計畫，如農業、社會、區域發展等，將不易使得會員國滿意，而歐洲統合亦將受到威脅。這種理想與現實的差距，其實也正確地反映出歐盟超國家機構的特性，也就是在條約中規定它的超

見，執委會可將該事提交法院處理。第一七五條規定，如果當事國不執行法院判決，執委會可將其違法行為提起訴訟。

然性，但是在組成中，仍舊無法擺脫國家的影響，可是在運作時，身爲超國家身分的委員，仍舊會以超國家的利益爲考量，盡量化解各別國家的利益杯葛。

歐盟執委會對於兩岸的啓示在於，無論兩岸成立何種內容的共同體，在這個共同體內一個由兩岸人士共同組成，堅守行政中立的執行機構是必須要有的。雖然在運作的初期，兩岸相關共同體的執委員會人員很難擺脫掉各自國家的影響力，也很難作適度的忠誠轉移，但是如果可以經由兩岸政府在機制、法律、福利方面的設計，一個超然於兩岸的執委會並非完全不可能。

(二)歐洲議會與其啓示

歐洲議會的前身是 1951 年「歐洲煤鋼共同體」條約第七條規定所成立的「大會」，以監督煤鋼共同體的運作。1957 年的《羅馬條約》規定三個共同體共同使用同一個議會，稱之爲歐洲議會。以後歐洲議會也經歷了許多變化：預算權力增大；由間接選舉改爲直接選舉；透過共同合作及共同決策程序使得立法權力增加；對歐體擴大或與外國訂定聯繫協定（association agreement）的參與等，都擁有合法的權力。[64]

---

[64] Martin Westlake, *A Modern Guide to the European Parliament* (London: Pinter Publisher, 1994). Neil Nugent, *The Government and Politics of the European Union* (Durham NC: Duke University Press, 1994), pp. 174-206. 中文可參考朱景鵬，〈歐洲議會之理論與實際〉，郭秋慶，〈歐洲議會在歐洲聯盟中的超國家發展〉,《美歐月刊》，第 11 卷第 7 期，民國 85 年 7 月，分別爲頁 4-28 及 29-41。張亞中,《歐洲統合：政府間主義與

在權力方面，歐洲議會的原始權力來自《羅馬條約》第
一三七條，只有行使「諮詢與監督」（advisory and supervisory）
的權力，前者是在共同體立法過程時表示意見，後者主要是針
對執委會而設計，完全缺少一般議會所擁有的立法權，使得一
般人質疑歐洲議會是否可以算作是個「議會」。由於缺少立法
權，而且又沒有直接民意的基礎，使得歐洲議會在行政監督及
預算控制上，顯得被動也無法有效的發揮功能。

1979 年歐洲議會改為直接選舉，雖然法定的權能並未擴
大，但由於已有民主的正當性，使得歐洲議會在權力的運作上
較有自主性，可充分發揮其應有的權能。再隨著《單一歐洲法
案》的通過，歐洲議會的權力開始擴大。但是即使如此，歐洲
議會也是只有有限的監督權、有限的預算審查權與有限的立法
權。在《馬斯垂克條約》通過後，歐洲議會的立法權再從「共
同合作程序」（cooperation procedure）擴展到「共同決定程序」
（co-decision procedure），但是它只是在某些特定事物上擁有
了事實的否決權，仍舊缺少作為一個「議會」最基本的立法權。
這些有限的權力，使得歐盟在作為民主的機制上，並不是個完
整的民主體制，而有著「民主的赤字」（democratic deficit）。
65

超國家主義的互動》，頁 96-108。

[65] Shirley William, "Sovereignty and Accountability in the European Community," in Robert O. Keohane and Stanley Hoffmann, ed., *The New European Community: Decision-making and Institutional Change* (Boulder: Westview Press, 1991), pp. 158-162.

　　歐洲議會的組成也是依照國家的人口多寡而分配不同的名額，[66]而不是以國家為對等來思考，充分反映了歐洲議會的跨國家精神。但是由於歷次投票率的低落，反映出歐洲議會仍舊無法取代各國議會在人民心目中的地位。

　　國內曾有學者提及可以以歐洲議會為啟發，在兩岸間設立「兩岸議會」以解決兩岸的主權問題。[67]但是從歐洲議會的經驗來看，兩岸可能無法在統合的一開始就建立一個「一般議會」功能的「兩岸議會」。第一、由於兩岸人口的差異，「兩岸議會」如何組成就是一個最大的問題。第二、歐洲議會成立的最主要功能在於執行「諮詢與監督」的權力，但是在歷經四十餘年的發展，歐洲人民也只同意其擁有有限的監督與立法權力。

　　歐洲議會對於兩岸的最大啟示應該在於，它提供了人民一個表達聲音的場所。在其組成上，其議員雖然有不同的國

Martin Westlake, *A Modern Guide to the European Parliament*, pp. 106-113.

[66] 德國最多，有 99 名。法國、義大利、英國均為 87 名。西班牙 64 名。荷蘭 31 名。比利時、希臘、葡萄牙均為 25 名。瑞典、奧地利均為 21 名。丹麥、芬蘭均為 16 名。愛爾蘭 15 名。盧森堡 6 名。有關歐洲議會選舉中文資料，可參考吳東野，〈歐洲議會選舉之分析〉，《美歐月刊》，第 9 卷第 9 期，民國 83 年 9 月，頁 37-51。

[67] 石之瑜，《創意的兩岸關係》（台北：揚智，1997 年），頁 117-118。作者認為，兩岸議會可分為上議院與下議院。上議院由台北選出勞工、農民、資本家、婦女、原住民、客家、閩南、其他省籍、各專業團體、各宗教團體代表組成的評議會，與大陸政協委員的代表共同參與。下議院由台北的中央民意代表與大陸的人民大會代表共同參與。

籍,由不同的國家所選出,但是他們在歐洲議會中的運作,卻
不是以國家爲單位,而多是以政黨的取向及整個歐洲共同體的
人民利益來思考。未來兩岸倘若能夠建構相關的共同體,或許
在初期不太可能建構一個由兩岸人民共同選出來的議會,但是
由兩岸民意代表所組成的「意見討論、諮商」團體,應該有其
意義與價值。

(三)歐體法院與其啟示

　　《羅馬條約》第一六四條稱:歐體法院的任務在「確保
共同體之法律能夠得到遵守」。它的角色不應該只是被簡單地
定義成僅是共同體法律系統的一個行政單位,相反的,透過對
條約及共同體法律的監督,使得歐體法院擁有超國家的權威。
它可經由判決確保歐洲的統合能夠在穩定的基礎上發展。因
此,法院的功能原則上是解釋共同體法律,並確保它在施行時
的一致性與持續性。[68]

　　目前歐體法院有十五個法官及九個總推事（advocate
general）,由會員國共同一致任命,任期六年。他們的獨立性
應無庸置疑,在《單一歐洲法案》中,擴張了法院的職權。其
法律管轄權歸納如下:執委會或會員國對某一會員國未履行共
同體條約義務時可提交法院;任何自然人或法人可以向法院提
起訴訟;法院有裁決會員國、執委會、理事會法律規定爲無效
的權力;對條約、共同體機構所作決定效力作出解釋;對損失

---

[68] John McCormick, *The European Union: Politics and Policies*, pp. 164-181.

賠償的有關爭端有裁決權（第一六九至一八八條）。

　　歐體法院的功能在於以法律的規範來引導歐盟往超國家的方向邁進。它對於兩岸的啟示在於，如何聯結兩岸的法律體系是兩岸往統合方向前進的重要步驟。或許在初期，由於兩岸統合事務的範圍有限，尚不需要一個涵蓋多層面的「兩岸法院」，但是兩岸在仲裁方面的工作應該可以開始運行。由兩岸法院共組、共同任命的「兩岸仲裁」機構，以處理兩岸在交往過程中的一些法律爭議，同時，兩岸也可以開始準備處理兩岸法律衝突的問題。待兩岸統合到一定階段後，一個具有「歐體法院」類似功能的「兩岸法院」也可以開始設置，一方面處理兩岸統合中的一些法律問題，一方面處理兩岸統合機構決議所衍生的問題，以使兩岸統合在穩定的基礎上發展，另一方面，也可為兩岸作法律規劃的聯結，以為凝聚「整個中國」的「超兩岸」共識。

三、政府間主義機構的經驗

　　在歐洲統合的過程中，歐盟理事會與高峰會議都具有雙重的面貌，在決策過程上，它們是一個政府間的合作組織，也就是各會員國利用會議來維護自己國家的利益；但在對歐洲統合的發展而言，兩者卻又扮演著促成共同體的超國家性質的角色。在歐盟的決策體系中，執委會扮演提案的角色，議會可以參與，法院可以懲戒，但是要能在各會員國同意的基礎上推動

歐洲的統合，則非仰賴歐盟理事會與高峰會議的善意與支持不可。

(一)歐盟（部長）理事會與其啓示

在共同體決策體系內，（部長）理事會扮演著行政與立法兩大功能。在大多數事務上，理事會是共同體的真正決策中心。不只是執委會任何措施或提案需要得到理事會的實質性支持，立法工作有賴於理事會更勝於歐洲議會。[69]

理事會並非是僅以一個會議來決定所有事情，而是顧名思義針對不同事務由不同的部長集會而成，也就是理事會是依討論的主題而召集。雖然在運作時，理事會的成員都是以國家利益爲考量，但是長久以來的共事，各部長間也會逐漸形成一種「共同體精神」（*espirit communautair*），而促進彼此的妥協。很少國家或部長會爲達目的而長期對抗或孤立，工作多在互惠與協商的精神下達成，使共同體得以漸進地邁向統合。[70]也就是說，這種「機構式的合作」共事，也就是與「一般性的功能合作」最大的差別在於，前者的合作可以累積出彼此的精神與經驗，因爲機構是一直存在著，不像一般的合作比較容易隨著人的改變而消逝。

與歐洲議會相較，歐盟理事會的成員也是按照「不對稱」

---

[69] Ibid , pp. 124-142.

[70] Martin Holland, *European Integration: From Community to Union* (London: Pinter Publishers, 1993), p. 110.

的原則，依照國家的大小而分有不同的票數。[71]但是其決策的方式又與歐洲議會不同，不是完全依照一般議會的多數決制度。

　　歐盟理事會的決策是很複雜的。決策方式是以一致決、簡單多數決（simple majority），或條件多數決（qualified majority）為主。簡單多數決是指每個會員國都在只有一票的情形下行使票決。它代表的意義是少數服從多數，個別國家的堅持在其中所能發揮的影響力非常小。它目前使用的範圍非常少，大都用在程序問題上。這也反映出在決策中國家角色所占有的重要性。

　　一致決是最能反映出會員國的國家立場，它表示任何一個國家在統合的進程中都有否決的權力。另一個是歐洲統合過程中獨特的設計，也就是條件多數決。在這個制度下，大國與小國間都不能完全地杯葛對方，使得理事會的運作可以在「服從多數、尊重小國」的原則下推動。[72]

---

[71] 歐盟理事會中票數的分配共有五類。德國、法國、義大利、英國等大國，各有 10 票；西班牙 8 票；比利時、希臘、荷蘭、葡萄牙等國家，各有 5 票。奧地利、瑞典，各有 4 票；愛爾蘭、丹麥、芬蘭等國，各有 3 票；盧森堡最少，有 2 票。總共 87 票。

[72] 對於執委會的提案，特定多數決至少需要在總數 87 票中有 62 張票同意。在票數的組合意義上，62 張同意票還需至少包括十個會員國。四個大國不能藉著多數決（共 40 票）來對抗其他十一個會員國（47 票）；要阻礙一項決策，也至少需要二個大國與二個小國的聯合（20+5+2 票或 20+4+4 票），僅僅兩個大國聯合起來還是不夠，如此中、小國的利益可以受到保護。這種以各國大小作票數分配，但又防止大國寡斷

理事會主席依據每個國家協商，每半年輪流由一個國家擔任，原則上每七年半輪一次，他的角色在於促進協議達成的共識，而不是作政治性決定，主席並沒有否決權。這也顯示理事會是一個以共議制爲基礎的機制，主席雖可有議程的安排權，但是不能有政治性的否決權。

歐盟理事會的組成與運作對於兩岸是有啟示的。首先，作爲歐盟的真正決策中心，它是以國家的利益作爲基礎。這表示，歐盟在統合的過程中充分了解到政治的現實，而不是一開始就把權力完全交給超國家的組織，這也使得歐洲的統合能夠在以國家爲基礎上運作。兩岸未來往統合的方向邁進，以兩岸爲共同主體而創設出的決策應該才是最合乎現實與理性的。其次，歐盟理事會中對投票方式幾乎不太使用「少數服從多數」的簡單多數決，是充分尊重了小國的立場。在未來兩岸的統合機構中，針對不同的議題使用不同的表決制度應該也是必須思考的。

在實際的運作上，假若兩岸開始推動「兩岸農業共同體」、「兩岸社會安全共同體」、「兩岸南海共同體」或其他有需要的共同體，那麼組成這些共同體的最重要部門，也自然就是由兩岸政府所推派的政府官員所組成，他們依據政府的指令在共同體內進行討論溝通。由於兩岸的相關共同體只有台海兩岸參加，因此，「一致決」應該是兩岸在初期所可能採取的制度。至於「一致決」是否會讓兩岸相關共同體根本無法運作，

的制度設計，的確發揮了有效的功能。

是一個不需要太擔心的問題，其原因在於，首先，「一致決」
只是讓雙方在相互願意的情況下共同行事，這雖然會讓統合的
進度變得緩慢，但是對於逐漸培養彼此的「共同體精神」卻是
有幫助的。其次，共同的利益將是驅使雙方追求妥協的動力，
倘若兩岸能以理性的態度來面對未來，「一致決」並非會使得
事務無法推動。第三，歐洲統合的經驗也正顯示出，由於還有
歐盟執委會等超國家機構的運作，使得歐盟理事會在決策時，
也必須考慮到這些超國家機構的中性客觀意見，而最後在理事
會中彼此妥協。

(二)歐盟高峰會議與其啟示

最早提出歐體各會員國政府首長應該舉行高峰會議，以
交換意見與磋商的是法國總統戴高樂。初期是以不定期集會，
1974 年 12 月的巴黎高峰會議決定將高峰會議召開定期化。由
1975 年到 1985 年這十年期間，高峰會議如期召開，但仍舊只
是歐體外的一個會議機制，一直到《單一歐洲法案》才算是將
高峰會議以條約方式建制化。1993 年生效的《馬斯垂克條約》
更確定了高峰會議的功能角色，使得歐盟高峰會議真正成為歐
洲統合的主導者，它一方面是歐洲統合的推動者，另一方面也
是各會員國國家利益的捍衛者。[73]

歐盟高峰會議與理事會兩者均屬以政府間合作為精神的
機制，主席是依國家字母每半年輪換一次。兩者的功能不同點

---

[73] Mary Troy Johnston, *The European Council: Gatekeeper of the European Community* (Boulder: Westview Press, 1994).

在於，歐盟高峰會議並不是一個討論專門性政策的論壇，而是在宏觀的角度上尋求建立一個一致的歐洲觀點。

歐盟高峰會議在歐洲統合過程中的角色是愈來愈重要，它對於兩岸的統合是極具意義的。兩岸領導人之間的定期會晤，不但可以營造彼此的友善氣氛，更可以爲彼此需要解決的問題提出原則性的看法。在歐洲的統合事務上，從表面上來看，高峰會議是一個以政府間主義爲精神的機制，但是它的成果卻是加深了歐盟的超國家性質。因而定期的兩岸領導人會晤，對於兩岸的統合自然會有實質的助益。

四、歐盟周邊機構的經驗

歐盟周邊機構包括「經濟暨社會委員會」、「區域委員會」、「歐洲投資銀行」、「審計院」等機構。其中「區域委員會」的功能在於處理歐洲共同體中各區域內部的平衡發展問題，「審計院」主要功能在於審查預算是否有效編列，以使預算能作有效運用。這兩者對於兩岸初期的統合並無絕對的參考需要，暫不討論。以下謹就其他兩個周邊機構作論述。

(一)經濟暨社會委員會與其啓示

《羅馬條約》建立歐洲經濟共同體與歐洲原子能共同體時，即同時成立一個代表各會員國經濟及社會利益的機構，即「經濟暨社會委員會」（Economic and Social Committee, ESC, 後簡稱「經社會」），其最主要的目的即在提供一個可供各區

域就其利益發表及協商的論壇。[74]

　　自 1986 年後「經社會」已有一百八十九個成員，其所有
成員都是由各國政府提名並經過部長理事會通過所產生。「經
社會」成員可分為三類。第一類：雇主。其中將近半數為工業
代表，其餘為民間企業、商業機構及銀行保險業者。第二類：
員工。主要由各國工會成員所組成。第三類：利益團體。其中
將近半數為農業團體、中小企業或其他專業領域的代表，其餘
則是保育及消費者其他各類團體的代表。

　　「經社會」的成員每年大約有九十次的集會來探討共同
關切的議題及他們的工作。它的功能在於：反映當時人們所關
心的事務及利益；成為與其他國際團體聯繫的橋樑；增加各部
門之間的了解；與歐盟其他機構接觸以表達他們的觀點。其討
論議題多與歐盟有關，大致可分為三類。第一類：命令的託付
（Mandatory referral）。即委員會必須接受理事會或執委會的
委託來研究討論各方面的議題，包括農業、人員流動、內部市
場事務、經濟與社會凝聚、社會政策、區域政策、環境、科技
發展等等，以供其諮詢意見。第二類：選擇的諮詢（Optional
consultation）。即委員會可就其認為適合理事會及執委會的議
題提出相關的諮詢意見。在《單一歐洲法案》通過後，幾乎「經
社會」所討論的議題中有 80% 是屬於選擇性的諮詢。第三類：
擁有主動建議權（Own initiatives）。在 1972 年的歐體高峰會

---

[74] 有關「經濟暨社會委員會」的規定，請參考《羅馬條約》第一九三至
　　一九八條。

議同意「經社會」有權提出建議，範圍幾乎沒有任何限制。[75]

　　「經社會」基本上在歐盟的體制中是一個論壇與諮詢的機構，如果從實質的功能性來看，由於它本身的建議提案或意見沒有任何的強制力，使得它對歐盟的影響力十分有限，但是作為一個論壇與諮詢的機構，對於凝聚歐洲各類團體的認同確有相當的助益。

　　在兩岸的互動過程中，如果兩岸成立「農業共同體」，一個相類似的跨兩岸機構應該可以考慮設置，它可以由兩岸政府所分別推薦的農業學者專家、農民業主、消費者、農業代表機構等共同組成，一方面可以充分交換彼此的意見，另一方面也可將討論的心得供雙方政府或已成立的共同體參考。

　　在還沒有成立共同體前，也可以由雙方政府共同推薦民間人選組成類似的委員會，例如在經貿事務方面可成立相關的委員會，定期集會，共同討論，其意見可供雙方政府參考。

(二)歐洲投資銀行與其啟示

　　1958 年依據《羅馬條約》建立了「歐洲投資銀行」（European Investment Bank, EIB），以作為歐體的輔助機構。該銀行設於盧森堡，成員必須是歐盟的會員國。「歐洲投資銀行」的責任與功能都是由歐體條約而來，它最重要的原則，就是必須是非營利性，以及發揮平衡及穩定共同市場的功能。《羅馬條約》第一九八 B 條即稱：「歐洲投資銀行的任務是，借

[75] Neil Nugent, *The Government and Politics of the European Union*, pp. 239-241.

助於資本市場和利用本身的財源，為共同體的利益而對共同市場的平衡與穩定發展作出貢獻。為此目的，銀行應在非營利的基礎上發展業務，發放貸款和提供擔保……」。[76]

在組織方面，「歐洲投資銀行」設有理事會（Broad of Governors），為各成員國指定一名部長組成，理事會設有主席，由各會員國依各國名稱字母輪流擔任。理事會下設執行委員會（Broad of Directors），負責執行歐體條約以及理事會所交付的任務，目前總共有二十二名執行委員，其中二十一名由會員國任命，一名由歐盟執委會任命，他們的工作包括獨立決定信用貸款、提高基金和決定利率等方面的業務。

「歐洲投資銀行」是一個銀行，但是它又與一般銀行的功能並不完全相同，因此基本上，它是銀行暨歐盟機構的兩面體。它扮演著提供會員國相關計畫的貸款功能，以及平衡經濟發展較弱地區，例如葡萄牙、西班牙、愛爾蘭及義大利南部地區的借貸。[77]

「歐洲投資銀行」的設置對於兩岸應該也是有啟示的。在「農業共同體」內可以思考建立「兩岸農業銀行」，其功能也可以仿效「歐洲投資銀行」，將它界定為非營利與輔導性，對於兩岸農業發展的研究、生產、運銷給予適度的借貸協助。以兩岸共同的力量來協助中國大陸的農業成長，解決農民的問

---

[76] 有關「歐洲投資銀行」的規定，請參考《羅馬條約》第一九八 D 及一九八 E 條。

[77] Neil Nugent, *The Government and Politics of the European Union*, pp. 244-248.

題。

　　總結本章而論，從統合理論來思考，歐盟式的「新功能主義」理論的確較適合兩岸參考。歐洲統合成功的經驗並不是一次地即以「聯邦主義」式的方式邁向統合，也不是僅以「合作」為滿足的「功能主義」思維。在整個過程中，充分尊重每個成員的主觀意見，整個共同體的機構，也因而一開始就是以「超國家主義」與「政府間主義」兩者並重、相互牽制、彼此共生方式推動。

　　歐洲統合的最可貴經驗，首先，是它將目標確定在未來的政治統合，但是卻無時間表，而完全以人民的意願為依歸。其次，它的經驗顯示，只要兩岸的精英有統合的共識，統合就會發生「擴溢」的效果。第三，歐體成員國家之間的相互尊重與妥協，使得歐洲統合在顧及到各成員的利益下往前邁進。從歐洲統合中還可以看到，整個機制的設計非常複雜與周詳，這不得不佩服歐洲人的智慧與心胸。

　　兩岸間有其各有的「私有財」，但作為分治國家的各一方，彼此也有兩岸的「共有財」。如何將兩岸的「共有財」不斷擴大，並逐漸減少兩岸的「私有財」，這是兩岸之間可以效法歐盟經驗的地方。從最容易做的地方開始，以培養彼此對共同體的信心。初級的統合成功，進一步的「功能聯繫」才有可能獲得人民支持，也才有可能有助於「議題的逐漸政治化」。

　　如果將「統一」作為兩岸必須追求的目標，那麼以「統

合」的方式確較「一國兩制」爲慢得多。但是以統合推動兩岸
的互動，它的步伐卻是穩健的。如果我們將「一國」視爲「整
個中國」，那麼「在整個中國的概念下，以統合的方式來推動
政治統一」與「一國兩制」的精神幾乎是沒有差別了，其所差
別的地方，反而是「一國兩制」無法達到的功能。例如「一國
兩制」中只有所謂的「五十年不變」，但是卻忽略提出在這五
十年之間兩岸如何建構彼此的認同、歸屬與相互需要的感覺。
如果中共有五十年不變的心胸，那麼更應該支持兩岸的統合方
案。也可以說，「兩岸統合」填補了「一國兩制」的內涵，使
得「一國兩制」更具有可操作性。對台灣而言，「兩岸統合」
是在相互尊重的基礎上進行階段性的合作與融合，台灣可以藉
由這個機會，以統合的方式扮演與中共共同主導兩岸發展的角
色，如此不僅有助於台灣的安全，更有利於台灣的發展。對台
灣而言，「兩岸統合」也豐富了「國統綱領」的內容，使得「國
統綱領」更具實踐性。政治統合的完成或許是下一代的事情，
但是經由「兩岸統合」，已爲台灣創造了一個可以立足昂首全
中國的機會。

第五章
兩岸未來：
民意表達的方式

✠ 以「自決」解決兩岸未來統獨的困境
✠ 統合過程中的民意表示

「人民有決定自己前途的權利」這句話是二十世紀人類共通的語言，但是它卻有著不同的解讀與定義。我們可以從兩個角度為其定位。首先，這些「人民」現在是不是一個國家的公民，如果他們的國家並不存在，他們只是殖民地、自治領或託管地的人民，那麼他們「自決」的目標是建立一個自己的國家，這時，我們可以稱他們的自決為「人民自決」。其次，假如這些「人民」是一個已成立國家內的「公民」，因而不存在所謂建立自己「國家」，而是「決定國家前途」的問題。這時，在名詞使用上，「公民自決」較能反映出其真義。當然，這些「公民」的其中一部分，也可能主張建立自己的「國家」，但是在整體的意義上，基於其行使權利時是一個「公民」，我們仍將其歸類為「公民自決」。

由於並沒有一個國家，因而也就沒有合法性的議會，在實行「人民自決」時，自然也就沒有「代議民主」的問題，而只有「人民公投」的選擇。但是對於一個已是國家內的「公民」而言，因為他們有自己的議會，因此在決定國家前途時，就自然會有是以「公民投票」行使「直接民主」，還是以透過議會行使「代議民主」方式的兩種可能。

由於中華民國早已成立於1912年，因此其人民在主張「台灣人民有決定自己前途的權利」時，應該將其歸納為「公民自決」，而不是「人民自決」，因此在「自決」方式的選項上，也有著「直接民主」與「議會民主」兩項選擇。在有關於台灣前途的討論，不外乎都是牽涉到其主權問題的討論。從其目標來

看，有「統一」或「獨立」的議題，從過程來看，無論簽署有關兩岸現階段定位問題的協定（如《兩岸基礎協定》、中程協議、互不侵犯協定、和平條約等等），都會面臨到是以何種方式來表達人民意願的問題。是由「議會民主」的議會（立法院與國民大會）來決定，還是由全民的「公民投票」來表達，是一個值得在學術上先行思考的問題。

第一節　以「自決」解決兩岸未來統獨的困境

在討論是否可以「公民自決」來解決未來兩岸的統獨問題前，有一個更重要的問題必須先行思考，也就是「自決」的主體應該是甚麼？自十八世紀起，自決一直是人類關心的課題。近年來，自決的訴求並未因全球的逐漸整合，而有減弱的趨勢。自決到底有何魅力？驅使它的力量為何？自決權行使的主體是什麼？它與一般所主張的政治自由，在意義上又有何差別？還是它本身只是一種情感訴求，並不牽涉到所謂善惡或是非道德的問題？它究竟可否屬於人類的基本權利，由集體來行使？還是當自決一旦脫離了個人訴求的範疇，就是一個政治問題了？本節即嘗試從政治、歷史，及國際法等層面對此一議題作一探討。

一、自決的主體與驅力

自決的主體到底是來自於「民族」還是「我群」？自決的驅力是來自於民族的「天性」還是我群的「利益」？不回答這些問題，很難找到自決的真義。

我們往往將自決權與民族掛上關聯，「民族自決」是經常的用語，民族成為自決權行使的主體與依據。這種看法，使得自決權在討論時眾說紛云，因為，如何界定民族本身就是一個很難回答的問題；另外，由於「民族」本身定義的模糊，使得為什麼民族應有自決權，也就自然成為一個無法論證的問題。

傳統上會認為界定民族的因素包括語言、血統、種族、宗教、風俗文化等，這種涵蓋面極廣的界定方式，其實更彰顯了對民族認知的複雜，也顯示出「民族」本身並沒有嚴謹的定義。客觀地說，「民族」應該是個創造出來的概念，它的真實功能只是用於區分人與人間的某些差異而已。如果用「我群」來代替「民族」，以「我群主義」（We-groupism）來取代「民族主義」（nationalism），或許能夠更有助於對自決的思考。

從對自決認同所以發生的觀點來探討，或許較易找到一些答案。自決認同的依據往往是從「我」與「他」的差異，推展到「我們」（us）與「他們」（them）之間的分別，將「我們」的異質性從「他們」中抽出，而其中並不隱含著「好」或「壞」的價值判斷概念。

　　由於自決的動力是來自於「我們」與「他們」異質性的驅使，它可以被視爲是一種改變現狀的驅力（drive）[1]，改變的結果有可能是走向民族國家統合，如德國、義大利；但也有可能是走向分離，如原巴爾幹半島的情形。當政治人物在告訴人民要行使自決時，往往向人民傳播從「他們」那群迫害者的手中解放是一種不可剝奪的神聖權利，將對象描繪成「惡」的代表；相反的，對方又將這群要追求自決的人民的動機認定是「善」的理念。「我們」與「他們」，「善」與「惡」，就在這種雙方互相認定的情況下發展。

　　其實，如果將自決的歷史打開來看，「民族」作爲自決的行使主體似乎並不很長，也並不持續，它反而只是在人民行使自決過程中的一種形態而已。

　　回顧歐洲歷史的發展，法國大革命往往被視爲是人民自決的開始，「我們」代表著「被統治者」，「他們」象徵著「統治者」，「被統治者」希望建立一個屬於自己的政府。[2]德國與義大利的統一，可以看作「民族自決」的一類，但是也有學者認爲，義大利的成功，在於薩伊王朝（House of Savoy）不斷堅持努力，以及拿破崙三世基於與奧匈帝國作戰的考量支持所致；德國的統一，是俾斯麥的傑作，但是俾斯麥並不是一個民族主義者，而只是一個普魯士利益的推動者；巴爾幹半島的民

---

[1] 可參考 Dov Ronen, *The Quest of Self-Determination* (New Haven and London : Yale University Press, 1979), chapter 3, pp. 53-70.

[2] Ibid., pp. 7-8.

族主義者能獲得成功,也是基於俄國想藉此瓦解鄂圖曼土耳其帝國,並從中獲得利益。[3]換言之,在德義的民族國家形成中,民族主義固然是一種「驅力」,但是決定其成功的因素則尚另有其他,而其中當政者的私利考量,以及其他列強的國家利益考量,更是不可或缺的另一種「驅力」,民族主義反而變成了工具。德國固然以民族主義為號召,強占了北方的史勒斯威格(Schleswig)與霍爾斯坦(Holstein)兩公國,但也強迫法國割讓了以法文為母語的亞爾薩斯(Alsace)及洛林(Lorraine)兩省。雖然德國以民族國家為號召,完成了德國的統一,但也違反了他本身所依賴與主張的民族自決原則。

在十九世紀中期,1848 年「共產黨宣言」的發表,為自決賦予了新的定義,「我們」變成了受壓迫的無產階級,「他們」成了有產的資本主義階級。雖然馬克思主義信徒承認民族自決,但他們認為民族自決權「這種要求不等於分離、分散、成立小國家的要求,它只是反對一切民族壓迫的徹底表現」[4],亦即贊同民族自決權,並不等於同意在任何情況下都支持民族分離,列寧即說「絕不允許把民族有權自由分離的問題和某一民族在某個時期實行分離是否適當的問題混為一談。對於後一問題,無產階級政黨應當在各個不同的場合,根據整個社會發展的利益和無產階級與社會主義階級鬥爭的利益,分別地加以

---

[3] Elie Kedourie, *Nationalism* (London: Hutchinson University Library, 1971), p. 99.

[4] 《列寧全集》,第 2 卷,頁 719,引自《中國大百科全書,民族》(北京,上海:中國大百科全書出版社,1980 年),頁 332。

解決」。[5]

　　從共產主義的理念可知，其信徒主張的並非「民族自決」，而是無產「階級」自決（class self-determination）。自決的認同是來自於「階級」，並將民族另作定義，例如東德在 1974 年後持「階級民族」觀，即視西德爲「資產階級民族」，東德爲「社會主義民族」，兩國人民分屬不同的民族，用以否定西德所主張的民族自決權。東德在 1974 年修改的憲法中，即視東德「人民已在歷史之發展內完成其社會經濟、國家及民族之自決權，並創造了一個已開發的社會主義社會」。第一條東德自稱「爲一工農民之社會主義國家」，以取代 1964 年憲法之「德意志民族社會主義國家」[6]，「德意志民族」的字眼已經不再使用了。當然，在以「階級」作爲自決的驅力時，背後隱含動機，還是蘇聯的國家利益與東德政權企圖以此與西德政府劃清界限的依據。自決或是民族這些用字是可以隨著需要來解釋的。

　　1918 年美國總統威爾遜所提出的民族自決，其實目標指的只是東歐巴爾幹半島的少數民族自決，戰後只解決了戰敗國的部分民族問題，戰勝國的民族問題根本避而不談。[7]威爾遜

[5]　《列寧全集》，第 24 卷，頁 269，引自《中國大百科全書，民族》，頁332。

[6]　*Dokumente des Geteilten Destschland,* Hrsg, von Ingo von Münch, BundII (Stuttgart,1976), pp. 463-464.

[7]　威爾遜在 1918 年 1 月 8 日的國情咨文中，提出解決戰後的「十四點和平計畫」，從第五點到第十四點都是解決民族問題的原則方案，其中有關歐洲領土的包括：第六點，歸還俄國領土，任俄國獨立發展；第七點，恢復比利時之主權與領土；第八點，亞爾薩斯、洛林兩省歸還

的民族自決理想，只落得戰勝國對戰敗國的報復與分贓。換言之，民族自決原則成為當時協約國打擊同盟國的理論基礎，並用以分化同盟國的內聚力量。因此，戰後也未真正認真地解決問題，捷克、波蘭、德國及巴爾幹半島各國的邊界與國內少數的民族問題，並未能真正完全依照民族自決原則解決。而這段歷史期間改善現狀的「驅力」，是來自於協約國基於國家利益的考量，而不是少數民族本身。

　　二次世界大戰後，自 1945 年到 1960 年殖民地國家紛紛獨立，這段時間是所謂的「種族自決」（racial self-determination）時期，自 1960 年以後迄今，國際間進行的是一種次民族主義（subnationalism）或族群民族主義（ethnonationalism）的族群自決（ethnic self-determination），例如加拿大的魁北克、西班牙的巴斯克（Basques）分離運動，英國的北愛爾蘭自決運動，法國也有科西嘉（Corsica）、布瑞頓（Breton）等族群分離運動，在亞洲有西藏人的自治與自決運動，在台灣也有台灣住民自決的運動等等，這些「族群自決」主張相對於早期的「民族自決」而言，它是一種強調與原有主體離心、非整合與分裂的運動。這些自決運動中，「我們」與

法國；第十點，重劃義大利國界，使與民族分布相吻合；第九點，確保奧匈帝國諸民族的自決權；第十一點，解決巴爾幹半島上諸國關係，恢復羅馬尼亞、塞爾維亞及蒙特內哥羅領土。國際保證經濟獨立，領土完整；第十二點，土耳其帝國內之民族應享有達達尼爾海峽永久開放航行，允許各國商船自由通行；第十三點，波蘭獨立，由國際保證其政治經濟獨立及領土完整。

「他們」的差別已經不再只是「民族」而已。

　　回顧歷史，自決曾以五種形態或主張出現：一、發生在
1830 年到 1880 年的民族自決，地區在歐洲；二、發生在十九
世紀中期的階級自決，地點也在歐洲；三、1916 年到 1920 年
代的少數民族自決，地點在東歐；四、1945 到 1960 年代針對
非殖民地化的種族自決，主要發生地區在亞非二洲；五、1960
年代中期迄今的族群自決，發生地區則涵蓋亞洲、非洲、歐洲、
北美、遠東各地區。[8]

　　羅南（Dov Ronen）在評及人群實體（human entity）時，
認為人群實體基本上只有兩種：一種是一個一個單獨的個人，
另一種是人類全體，任何介於這兩種基本實體間的人群組合，
基本上，都是人在面對他人時，武斷地創造出來的。[9]所謂階
級、民族、種族、少數民族與族群等團體，都不是人類的基本
類目（human basic category），他們所以被認同，也可以說是
被創造出來的。[10]

　　換言之，這些非人類基本類目的界定，完全來自於外部
人（outsider）與內部人（insider）在經由某種情境的衝擊下，
相互界定的，是屬於一種人為自我認定的產物。人類自決的驅
力會依不定時空，以不同形式出現，當「我們」感覺到被「他
們」威脅時，自決的訴求即產生了，上述的五種自決形式，只

---

[8] Dov Ronen, *The Quest of Self-Determination,* pp. 24-52.

[9] Ibid., p.7.

[10] Ibid, pp.44-45.

是政治、經濟與社會等問題所產生的自決產品罷了。[11]

　　從上述歷史的發展來看，自決認同的發生，並非一定以種族、民族等爲依據。當一個團體屬於一個功能性集合體（functional aggregation），而且沒有感覺到有任何「具威脅性的他群團體」（threatening they group）存在時，它是屬於一個自我滿足的團體，不產生認同問題。然而，一旦該團體感受到有一個或多個具威脅性的他群團體出現時，該團體會產生一種「無辜的我們」（innocent we）的感覺，並逐漸轉變成了「意識性集合體」（conscious aggregation），而對威脅性的他群提出挑戰。[12]

　　其實如果我們將聯合國憲章的文件翻開，聯合國對行使自決權主體的文字是使用"peoples"而不是用"nations"。例如1960年12月14日聯合國大會通過的《給予殖民地國家和人民獨立宣言》中，第一次提到「所有人民均有自決權」（All peoples have the right to self-determination），而不是說所有「民族」均有自決權。因此如果用一個概念來表達，那麼，行使「自決」主體的理論來源，並不是所謂的「民族主義」，如果用筆者所稱的「我群主義」來表達，可能更爲貼切。

　　這個威脅性的「他群」，在歷史的發展過程中，有時被認定爲一個國家、一個民族、一個政府或是一種階級，這也是學者在討論自決權行使認定範圍的困難所在。有學者即言，「自

---

[11] Ibid, pp. 47-50.

[12] Ibid, pp. 57-58.

決的分解過程必須有一個停止點，問題是，這一個停止點的固定究竟應該根據什麼原則？」[13]簡言之，到底行使「自決權」的主體應該是什麼？

如果從自決認同之所以會發生的觀點來看，我們根本不可能在自決行使的主體上找到答案，將民族或種族視為一種與生俱來不可分割的有機體，是一種錯誤。只要人們基於自身的需要，自決的形式會轉化成各種面貌出現，何謂民族，何謂族群，也將會依個人的需要而給予最適當的定義，然後再嘗試與自決聯結，以尋求合理化的基礎。這也是為什麼自決讓人又愛又恨的原因。

如果說，「民族」作為自決的主體本身是後天的虛構，那麼所謂的「住民」自決，也就更只是一種政治語言了。如果「主體」只是「人民」，那麼它確定將不是個清晰的概念，而只是個政治的表述，那麼「自決」的性質自然也就受到了爭議。它到底是不是一項人類與生俱來的天賦人權？如果它是，它的存在自然有它的道德性。如果它不是，它的本質究竟為何？

二、自決權是基本權利與道德的範疇？

狂熱的民族主義者幾乎都會毫不猶豫地認為自決權是一項基本權利，多數民族主義者也不會否定其地位，認為它是一

---

[13] 楊逢泰，《民族自決的理論和實際》（台北：正中書局，1976 年），頁96。

項與自由、平等一樣，應該屬於由群體所享有的天賦權利。在國家內部，自由、平等、公正等原則可經由憲法予以保障，而不論其理由是否在於這些權利是來自於天賦，或者是基於人類在經過歷史經驗的思考後，認爲如此較能維護社會的動力，穩定與發展而所得出來的結果。但是民族自決作爲一個由群體來行使自主的概念，是否亦受到國際法的規範或保護，則值得討論。

1949 年聯合國憲章第一條第二款：「發展國際間以尊重人民平等權利及自決原則爲根據之友好關係，並採取其他適當辦法，以增進普遍和平」，及第五十五條：「爲造成國際間以尊重人民平等權利及自決原則爲根據之和平友好關係所必要之安定及福利條件起見，聯合國應促進……」等兩條文可知，聯合國憲章是將「自決」視爲國際法的一般原則，換言之，聯合國希望大家應尊重人民的自決權。

一直到 1960 年代初期爲止，大多數西方國際法學者在其著作中，多將自決權視爲國際法的一般原則。[14]如德國法學者

---

[14] Herbert Kraus, *Der Völkerrechtliche Status der deutschen Ostgebiete innerhalb der Reichsgrenzen nach dem Stande vom 31.Dezember 1937* (Göttingen,1964), p. 95.

Siegfried Mampel, *Das Selbstbestimmungsrecht der Völker in der Rechtslehre der SBZ*, Jahrbuch für Ostrecht, Bd.1 (Köln, 1958), p.293.

Georg Dahm, *Völkerrecht* (Stuttgart, 1958, Band 1.), p.389.

Friedrich August v. d. Heydte, *Völkerrecht,* Bd. 1, (Köln, 1958), p.293.

Friedrich Berber, *Lehrbuch des Völkerrecht* Bd.1. Allgemeines Friedensrecht (München, 1960), p.75.

明興（Fritz Münch）所稱，當時十七位著名的西德法學者中僅有一人視自決權爲國際法的規範，但自 1970 年起，多數的法學者已開始將自決權視爲是國際法的規範。[15]

　　造成這項看法轉變的原因，首推 1966 年 12 月 16 日聯合國第二十一屆大會通過的第二二〇〇A 號決議所載的《公民權利和政治權利國際公約》及《經濟、文化權利國際公約》所致。這兩個公約均在第一條規定：「所有民族（peoples）都有自決權。他們憑這種權利自由決定他們的政治地位，並自由謀求他們的經濟、社會和文化發展」。[16]

　　1970 年 10 月 24 日聯合國第二六二五號決議《關於各國依據聯合國憲章建立友好關係及相互合作之國際法基本原則》（The Principle of Equal Rights and Self-determination of Peoples）的聲明中，再將自決權的國際法規範性質給了更詳盡的闡述，該聲明稱：

> 依據聯合國憲章所尊崇之各民族（peoples）享有平等權利及自決權之原則，各民族（peoples）一律有權決定其政治地位，不受外界干涉……一個民族（peoples）自由決定建立自主獨立國家，與某一獨立國家自由結合或合併，或採取任何其他政治地位，均屬該民族（peoples）

Alfred Verdross, *Völkerrecht,* 5. Auflage (Wien, 1964), p.75.

[15] Fritz Münch, *Diskussionsbeitrag,* Berichte der Deutschen Gesellschaft für Völkerrecht, Heft 14 (Karlsruhe, 1974), p.87.

[16] 丘宏達，《現代國際法》（台北：三民書局，1995 年），頁 283。

實行自決權的方式。

每一國均有義務避免對上文闡釋本原則時所指之民族人民採取剝奪其自決、自由及獨立權利之任何強制行動。此等民族（peoples）在採取行動反對並抵制此種強制行動以求行使其自決權時，有權依照憲章宗旨及原則請求接受援助。[17]

上述這些條文，充分展現出聯合國欲將自決權歸屬於國際法的規範，即自決是人民的權利，應受保障。但是在自決權原則的最後一部分則明文規定：

每一國均不得採取目的在局部或全部破壞另一國國內統一及領土完整之任何行動。[18]

這些條文顯示，自決權的確已在國際法層面具有規範性，但是面臨到以國家為主體的國際社會時，則往往在行使的認定上會發生爭執。亦即，國際法一方面保護人民自決權，但另一方面，更維護國家主權的完整與不可侵犯，這使得少數民族或族群在追求獨立建國時，不易受到外國力量的支持，也使得國際社會在聲援時，無法理直氣壯。或者可以說，從國際法的層面來看，自決權已發展成為一種基本權利，但從國際政治的層面來看，自決則尚未被當然接受為一種基本權利。國際法學者即認為，大多數的國家不會接受已在一主權國家內的人民

---

[17] 同上書。

[18] 同上書。

可以享有自決權。[19]

　　國家間的實踐並沒有顯示出自決原則包括人民有權自一個國家內分離。但是在實踐中，卻也有在主權國家內分離的事實，例如 1990 年前蘇聯與南斯拉夫分別解體爲好幾個國家，捷克也分解成兩個國家，但是這都是個政治問題，雖然聯合國並未支持這些分離運動，但是也沒有禁止。由於是個政治問題而非法律問題，因此分離的結果也就隨著政治的情況而有所不同。例如前蘇聯與捷克是在和平的情形下分解，但是南斯拉夫卻是在烽火中解體。

　　社會學家達倫道夫（Ralf Dahrendorf）在論及民族自決的權利地位時稱，「自決充其量不過是居於次要地位的權利，遠在人民的公民權利、政治權利和社會權利之後，也許它根本不是一權利，而只不過是民粹派領袖的一種訴求而已。這些領袖可能會引導人民進入開放社會，但也大有可能用本國的暴政來取代外國的奴化統治」。[20]

　　如果從哲學的領域來看，人們有沒有「自然權利」是無法由人們自己來斷言的，至今我們也無法提出理性的論證，證明人是享有某些「自然權利」的。目前所稱人們是否有「自然權利」也是從實用主義的立場來討論，人們思考擁有或缺少某

---

[19] 同上書，頁 284。

[20] Ralf Dahrendorf 著，楊純譯，《新歐洲四論——寄到華沙的信》(*Reflections on the Revolution in Europe: in a letter intended to have been sent to a gentleman in Warsaw*)（台北：台灣商務印書館，1982 年），頁 185。

些「自然權利」會帶來甚麼樣的結果？在兩者比較後，如果人們覺得他應該擁有這個「自然權利」較能為他們帶來較好的結果，他們就會將這個「自然權利」視為是「自然」的。反之，他們就不會認為那是個「自然權利」。如果從這個觀點來看，是否將民族自決作為一種群體自然權利的看法，則是見仁見智了，這或許也是自決權至今仍無法被國際政治完全接受的理由，畢竟，以實用主義的立場來看，自決帶來的結果並不盡然是好的結果，或全然是壞的結果。

在論及自決是否屬於道德的範疇時，布萊克維爾（Blackwell）政治學百科全書稱：「自決」被認為是一種論證個人或團體自主獨立，正當合理性的激進學說。它認為個人或團體具有獨特的個性和自由意志。作為一種倫理學說，自決與康德所稱「『善』即意為自由和自主」的命題伴隨而生。康德將這一命題應用於自決的個人，而主張只有當這一個人不受外部限制時，他才被認為是依照道德行事[21]。

康德的德國浪漫主義追隨者，尤其是費希特，將個人自由意志這一思想運用在各種群體上，特別是文化共同體或「民族」。[22]爾後的思想家，將個人自主自由與民族自決開始畫上了相聯號，前者成為後者立論的基礎。因此「一個好人，是一個能自治的人（a good man is an autonomous man），為求自治，

---

[21] 鄭正來主編，《布萊克維爾政治學百科全書》（*The Blackwell Encyclopedia of Political Thought*）（北京：中國法政大學出版，1992年），頁 693。

[22] 同上書。

人必須獲得自由，因此，自決成了人類政治上的至善。」[23]十六世紀到十九世紀的幾位思想家，如康德（I. Kant）、黑格爾、費希特（J. Fichte）、盧梭、赫德（J. Herder）、穆勒（A. Müller）與席勒（M. Scheler）等人，努力將國家與民族的集體觀念和個人牽連在一起。在這些思想家的詮釋與傳播下，自決成了一個道德上的訴求，變成追求正義與公平的方法之一。

在道德訴求的前提下，追求方法的正義則似乎顯得不是特別重要，柯德理（Elie Kedourie）評論說：「為了自治，康德準備接受任何形式的暴力，為了自治，一切社會利益均可置於次要地位，正如一句口號所言，自己的政府（self-government）優於好的政府（good government）。」因此，民族自決從個人自主自由得到了理論的依據，而民族主義又從民族自決的理論中，獲得了它所需要的活力。[24]柯德理並譴責這些思想家對「不同」（diversity）的頌揚。由於這些不同，人類被認為理應區分為不同的民族單位。「在確認人類有『不同的原則』（principle of diversity）後，異質性（idiosyncrasies）、特殊性（peculiarities）等等區別個人間所有不同的任何符號，都變得神聖而不可侵犯。」[25]

少數服從多數，原本是民主政治中的基本原則，但是這項原則，也被移植到自決權的範疇，不過，與民主政治代議政

---

[23] Elie Kedourie, *Nationalism.*, p.29.

[24] Ibid., pp.29-30.

[25] Ibid., p. 62.

治不同的地方在於，自決往往是以公民投票（plebiscite）方式進行，這使得在一次的公民投票中，就需要決定全體人民的命運。少數者被迫或自願離開他們已生根的地方，或是接受公民投票的結果，再行認同一個他們並不願接受的政府或國家。

自決在某種情況下，也可以說是一種集體的合法暴力，個人的意志在民族自決行使中，被多數的意志所湮沒。在理論上，民族自決的意願應該是全體民族成員一致支持的意願，但在事實上，這種百分之百的贊成是不可能的。

自決權作為一個道德範疇來討論，它最大的困境在於自決的權利來源應當歸於「個人」，但是在行使自決權時，往往是由「人民」來集體行使。這使得少數人的權益被忽視了，也使得政客得以利用或獨占這種權利。當 1989 年立陶宛、拉脫維亞、愛沙尼亞要脫離蘇聯時，有誰會問過那些國家中，不願意脫離蘇聯的俄裔國民的意見？當 1947 年 6 月英國公布蒙巴頓方案，將英屬印度按照宗教信仰分為印度與巴基斯坦兩個國家，實行分治。同年 8 月印、巴分別獨立。數百萬在巴基斯坦的印度教徒和在印度的回教徒，都發現他們已被蒙巴頓方案強迫生活在錯誤的新國家內，於是，他們面臨的是一場痛苦的選擇，要麼就離開自己的家鄉，要不然就接受他們並不喜愛與信仰的政府的統治。這個時候，對某些人而言，自決已經遠遠脫離了道德了。

在台灣討論未來前途時，以上的論述給了三個思考的方向。

　　第一、所謂「自決」的主體，其實是個可以變換的概念。在國際法上，是以 "peoples" 為代表，但是在實際運作的過程中，它卻以不同的面貌出現。在台灣的情形，自決主體的討論也從「台灣人」到「新台灣人」，理論上的依歸也從「族群民族主義」到「公民民族主義」[26]，口號也從「民族自決」到「住民自決」。這些不同的主張其實都在強調「我群」的獨特性，並以「我群」作為「有權決定自己前途」的主體。在國際法上，以「我群」為主體的思考，是不太容易成為普世的價值觀，也就是說，它只是個政治性的界定問題。這也使得有關「我群」的「自決權」討論就必然會是個爭議性的議題。

　　第二、「台灣人民有權決定自己的前途」這個概念，如果是指追求「與中國大陸法律意義上分離」的「台獨」，那麼台灣應該了解到，這將不是一個國際法，而是一個政治的現實問題。國際法上雖然有規定「人民有權決定自己的政治地位」，包括「獨立建國」的權利，但是國際法上並沒有發展出可以完全排除「國家分離」的規範。兩岸的問題在於，雖然目前在政治現實上兩岸是分治的，但是在國際間的認定上，中華人民共和國政府是代表全中國的合法政府。對中共而言，兩岸問題是其內政，而不是國際法上的問題。因此，台灣人民如果引用「自決」原則來追求「獨立」，那麼終將面臨現實政治的考驗。中共必然會用國家領土主權完整的另一個已成形的國際法規範

---

[26] 郭正亮，〈新台灣人：從「族群民族主義」到「公民民族主義」〉，《新世紀智庫論壇》，第 5 期，1999 年 3 月 20 日，頁 40-43。

來干涉。這時兩岸之間已不是國際法、而是政治現實的國家實力之爭。換言之，如果中共不同意台灣人民對「台獨」的自決，台灣有極大可能必須經過戰火才有可能完成其目標。

第三個值得思考的地方在於，「自決」的結果無論是「獨」還是「統」，這種「一次命定」的決定，對某些人都不免情何以堪。如果他們不願意接受結果，他們自然就必須自動或被動地離開自己生長的土地。因此，作為政治人物在處理兩岸問題時，過於快速地將其拉到最終的決定，均可被認為是「不道德」的行為。兩岸也不應該用「少數服從多數」的方式將「集體意志」強加於個人。因此，避免作任何「一步到位」式的「統」或「獨」公民投票行為，而採用「水到渠成」的漸進式統合，才是兩岸應該思考的課題，也較符合現況與人的「道德」。

第二節　統合過程中的民意表示

如果兩岸的未來是以「統合」的方式來處理，那麼另一個問題自然會浮出檯面，亦即在對於兩岸統合的第一步——簽署《兩岸基礎協定》（或中程協定、互不侵犯協定、和平條約等種種不同的名稱），以及成立統合機構時，人民應該用甚麼樣的方式來表達其意願。這點在中國大陸較無問題，基於其政治體制只要黨政機構同意，人民大會的通過應該不是問題。但是在台灣則會有爭議，到底應該是由「代議民主」的國會來表

決通過，還是需要經過直接民主的「公民投票」來決定？

　　「代議民主」的概念非常清楚，學術界也沒有爭議。但是「公民投票」作為一個廣為引用的名詞，在台灣，從最高的統獨問題、外交取向的進入聯合國問題，內政取向的是否要興建核四廠，以及地方上的道路、公園問題，都是用「公民投票」來表達。如果要將其應用在兩岸的未來時，有必要先了解學術界對「公民投票」的界定，以及它在國際間的實踐情形。

一、「公民投票」的界定與在國際間的實踐

　　學者們對於「公民投票」這個名詞有不同的定義。有的學者將 "plebiscite" 與 "referendum" 作一區別。前者將其稱為「公民投票」，是指由人民直接提案並進行投票的作法，後者稱其為「複決」，指的是針對政府立法部門或行政部門所立之法或所提之案，由人民對其進行投票的辦法。而晚近的趨勢則是將 "plebiscite" 一詞用來指涉及非建制性投票，如針對領土、主權歸屬的投票，而將 "referendum" 用以稱呼建制內的投票。[27]

　　也有學者將「公民投票」從各種不同角度來作區分。從其法理的層次分為：人民投票、國民投票（referendum）與住

---

[27] David Butler and Austin Ranney, eds., *Referendums around the Would: The Growing Use of Direct Democracy* (Washington, D.C.: American Enterprise Institute, 1994), p.2.

民投票等三種。[28]從權力的性質分為：決定國家前途的公民投
票（plebiscite）、憲法複決權（constitutional referendum）、政
策複決權（public policy referendum）、諮詢式複決權
（consultative referendum）、創制權（initiative）等五種。[29]從
發動的主體分為：政府主動發動的公民投票、憲法規定的公民
投票、人民針對立法申請的公民投票等三種。[30]

　　如果從「主權在民」的觀點來看，「公民投票」是很難被
拒絕的一個觀念。學術界對於「公民投票」與「代議民主」孰
優孰劣的爭論，也是各執一詞。有認為「直接民主」有可能產
生民粹主義，也有認為「直接民主」賦予了政治決策的「正當
性」。[31]一般而言，有關的爭議可以包括下列幾個重要面向：
第一、公民投票是獲致了最大的民主正當性，還是犧牲了少數
人的權利；第二、公民投票是提升了政治參與與民主教育，還
是過度地期望了人民的決策理性；第三、公民投票是透明而同

---

[28] 李明峻，〈國際法與公民投票問題〉，《新世紀智庫論壇》，第 2 期，1998
年 5 月 20 日，頁 65-79。

[29] 黃錦堂，〈公民投票在我國適用之檢討〉，《問題與研究》，第 35 卷第 7
期，1996 年 7 月，頁 47。

[30] Arend Lijphart, *Democracies: Patterns of Majoritarian and Consensus
Government in Twenty-one Countries* (New Haven, Conn: Yale University
Press, 1984).

[31] 謝復生，〈公民投票：主權在民的體現或民粹主義的濫用〉，《問題與
研究》，第 35 卷第 7 期，1996 年 7 月，頁 38-46。 黃錦堂，〈公民投
票在我國適用之檢討〉，頁 47-55。姚立明，〈論公民投票〉，《理論與
政策》，第 6 卷第 2 期，1992 年 1 月，頁 26-31。李俊增，〈公民投票
之理論與實踐〉，《憲政時代》，第 23 卷第 1 期，1997 年 7 月，頁 35-52。

步於民意的政策，還是破壞了政策的持續性；第四、公民投票
是加強了立法的效能，還是使得立法怠惰與程序扭曲；第五、
公民投票是可以補救不彰的政黨功能，還是弱化了政黨的功
能；第六、公民投票是對抗專家政治，還是業餘的侵入；第七、
公民投票是穩定代議民主制度，還是破壞代議決策機制。[32]對
於這些爭議也是各說各話，有不同的見解。

　　在「公民投票」的採用上，對於一些曾經是託管地或殖
民地（例如阿爾及利亞於 1958 年公投同意留在法蘭西國協，
1962 年以公投同意獨立），或一些與他國合併（喀麥隆於 1991
年以公投同意與奈及利亞合併），或自他國獨立（例如立陶宛、
愛沙尼亞、拉脫維亞分別在 1991 年公投同意獨立），在相關國
家或國際組織的主導下，都是以「公民投票」來行使。在這一
方面，「公民投票」的意義並不是在公共政策方面，而是在政
治意義上，使其決定能有「正當性」的不可或缺需要。

　　環顧現今絕大多數先進國家，「公民投票」僅是偶一為

---

[32] 許宗力，〈憲法與公民投票：公投的合憲性分析與公投法的建制〉，《新
世紀智庫論壇》，第 2 期，1998 年 5 月 20 日，頁 35-39。另外，黃偉
峰也提出了以下的爭議：第一、公民投票是否即缺乏代議民主的理性
審議？第二、公民投票是否會被用來規避政治責任因而削弱代議機
構？第三、選民是否因為缺乏足夠的知識，因而不適合以公民投票決
定事務？第四、在公民投票中是否會有黑金介入而使得結果的合法性
產生質疑。請參考〈由國際經驗看公民投票〉，《新世紀智庫論壇》，
第 2 期，1998 年 5 月 20 日，頁 18-34。英文資料甚多，可參考 Harlan
Hahn and Sheldon Kamieniecki, *Referendum Voting: Social, Status and
Policy Preferences* (New York: Greenwood Press, 1987), pp.16-23.

之，甚至有些國家並無公民投票的設置。從先進國家的實踐看
來，就全國性公民投票而言，除了瑞士和近年來的義大利等少
數例子之外，其他國家實施公民投票的次數都很少。1945-1993
年民主先進國家實施公民投票的總次數爲：瑞士 275 次，義大
利 29 次，澳洲 23 次，愛爾蘭 17 次，丹麥 13 次，紐西蘭 9
次，法國第四共和 4 次，法國第五共和 8 次，瑞典 2 次，奧地
利、比利時、挪威、英國、加拿大等國都爲 1 次。其他國家如
芬蘭、德國、冰島、以色列、日本、荷蘭、盧森堡、美國等，
則在 1945-1993 年間未實施過全國性的公民投票，東西德即使
在 1990 年決定統一時，也不是以「公民投票」來作決定。[33]

二、歐洲統合經驗對兩岸的參考

　　歐洲的統合從 1951 年的歐洲煤鋼共同體成立開始，1957
年成立歐洲原子能共同體與歐洲經濟共同體，到 1965 年將三
個共同體的行政機構與部長理事會合而爲一，是爲歐洲共同體
（歐體）。從 1961 年愛爾蘭、丹麥、英國申請開始，到 1973

---

[33] Arend Lijphart, *Democracies: Patterns of Majoritarian and Consensus Government in Twenty-One Countries* op. cit., p.202.　David Butler and Austin Ranney, eds., *Referendums around the Would: The Growing Use of Direct Democracy* (Washington, D.C.: American Enterprise Institute, 1994), pp.110-129, 155-157, 265-284. 謝復生、張台麟、韋洪武等,《公民投票（創制複決）制度比較研究》，行政院研考會研究報告，民國 84 年 10 月，頁 9-10。

年 1 月 1 日這三國正式加入，是為歐體的第一次擴大，並使歐
體會員國增至九個。1981 年 1 月 1 日希臘加入，1986 年 1 月
1 日西班牙與葡萄牙加入，是為歐體的第二次擴大，會員國再
增加為十二個。1995 年 1 月 1 日又有奧地利、芬蘭與瑞典的
加入，是歐盟的第三次擴大，會員國並增至十五個。[34]

　　經由加入條約參加歐洲共同體，就國家的主權而言，這
自然是主權的一種讓渡，因此需要經過人民的同意，也自然是
法律程序所必須的。

　　如果說，有關國家主權讓渡之事的決定必須經由人民同
意，那麼人民如何來行使這個同意權才算合理？依照學術界的
理論，有關如此重大的國家主權與前途的事，基本上是屬於「決
定國家前途的公民投票（plebiscite）」，它應該是屬於由全民行
使投票的範疇，如此也較符合民主的真義。但是歐洲統合的實
際運作過程中，可以看到「全民公投」基本上並不是唯一的選
擇，「代議民主」也占著主要的地位。

　　在公民投票的性質上，有關於是否加入歐體所進行的投
票，其實都是一種「複決權」（referendum）的行使。也就是
先有了政府的決定，再由人民或議會來作最後的確認。「全民
公投」及「議會投票」也自然成為「複決」的兩種選項。

　　首先，歐體的六個創始成員國在批准三個共同體條約
時，都是以「代議民主」議會通過的方式，而沒有使用「全民

---

[34] 有關歐洲共同體的擴大，可參考 Christopher Preston, *Enlargement and Integration in the European Union* (London: Routledge, 1997).

公投」。[35]

　　在第一次擴大時[36]，英國是以「議會投票」的方式同意加入歐體。[37]愛爾蘭[38]及丹麥[39]則是以「公民投票」方式同意加入。

---

[35] 有關歐洲國家加入歐洲共同體在行使「公民投票」的討論，可參考 John T. Rourke, Richard P. Hiskes, Cyrus Ernesto Zirakzadeh, *Direct Democracy and International Politics: Deciding International Issues Through Referendums* (Colorado: Lynne Rienner Publishers, 1992), chapter 5, pp. 71-109.

[36] 有關第一次的擴大，可參考 Frances Nicholson and Roger East, *From Six to Twelve: The Enlargement of the European Communities* (Harlow: Longman,1987).

[37] 1971 年 10 月 28 日，下院以 358 票贊成，246 票反對，同意加入歐體。有關英國在 1975 年行使公民投票的討論，David Butler, "United Kingdom" in David Bulter and Austin Ranney ed., *Referendums: A Comparative Study of Practice and Theory* (Washington, D.C.: American Enterprise Institute, 1978), pp.193-210, 213-216(211-219).英國的加入，可參考 Christopher Lord, *British Entry to the European Community Under the Heath Government of 1970-4* (England: Dartmouth Publishing, 1993), p.116. Miriam Camps, *Britain and the European Community* (London: Oxford University Press, 1964).

[38] 於 1972 年 5 月 10 日以 83.1%比 16.9%多數通過。有關愛爾蘭在 1972 年行使公民投票的情形，可參考 Maurice Manning, "Ireland", in David Bulter and Austin Ranney ed., *Referendums: A Comparative Study of Practice and Theory*(Washington, D.C.: American Enterprise Institute, 1978), pp. 193-210.

[39]1972 年 10 月 2 日，丹麥「公民投票」結果，64.3%贊成，36.6%反對，正式通過加入。丹麥的加入，可參考 Birgit Nachel Thomson ed., *The Odd Man Out:Denmark and European Integration 1948-1992* (Odense: Odense University Press, 1993).

但是後來英國對於是否要繼續留在歐體，在 1975 年 6 月 5 日
舉行公民投票，這也是英國在歷史上的第一次全國公投，結果
67.2%的民眾贊成繼續留在歐體。

　　在第二次擴大時，地中海的三個國家希臘、西班牙及葡
萄牙相繼加入。[40]這三個國家都是以「議會投票」的方式行使
同意權。

　　在歐體第二次擴大後，影響歐洲統合最重要的條約就是
《馬斯垂克條約》，歐體各國在批准《馬斯垂克條約》時，也
是「公民複決」與「議會投票」並用。丹麥、愛爾蘭、法國等
國是以公民複決的方式[41]，其餘盧森堡、希臘、比利時、義大
利、西班牙、德國、荷蘭、葡萄牙、英國等國家則是以「議會
民主」的方式來決定。[42]

---

[40] 有關地中海三個國家的加入，可參考 Dudley Seers and Constantine
Vaitsos, *The Second Enlargement of the EEC* (London: The Macmillian
Press, 1982). Loukas Tsoukalis, *The European Community and its
Mediterranean Enlargement* (London: George Allen & Unwin,1981). J.
Samperdo, *The Enlargement of the European Community: Case Studies of
Greece, Protugual and Spain* (London: Macmillian 1983).

[41] 丹麥於 1992 年 6 月 2 日，第一次全民表決 50.7%反對，49.3%同意，
未通過；1993 年 5 月 18 日，第二次全民表決 56.8%同意，43.2%反對，
通過。愛爾蘭於 1992 年 6 月 18 日，全民表決以 69%同意通過。法國
於 1992 年 9 月 20 日，全民表決以 50.95%對 49.02%同意通過。

[42] 盧森堡於 1992 年 7 月 2 日，國會以 60 比 54 票同意通過。希臘國會
於 1992 年 7 月 31 日以 300 比 286 票通過，比利時眾院於 1992 年 7
月 17 日以 146 票同意，33 票反對，3 票棄權，通過；參院於同年 11
月 4 日以 315 票同意，26 票反對，1 票棄權，通過。義大利眾院於 1992

1994 年起，歐體第三次擴大，在這一波的擴大過程中，奧地利、芬蘭、瑞典、挪威、瑞士等所有國家都是以「直接民主」的「公民投票」方式，來表達對政府所簽署《加入條約》的看法。[43]

從上述歐洲統合的發展，可以看出以下幾點特性：

第一、由於加入歐洲共同體，在國際法上涉及到國家主權的適度轉讓，因此各國都將其視為重大事件，直接民主式的「公民投票」與代議民主式的「國會表決」都被歐洲國家引用。

年 9 月 17 日，以眾院 176 票同意，16 票反對，1 票棄權，通過；參院於同年 10 月 29 日以 403 票同意，46 票反對。18 票棄權，通過。西班牙眾院於 1992 年 10 月 29 日以 314 票同意，3 票反對，8 票棄權，通過；同年 11 月 25 日，參院以 222 票同意，0 票反對，3 票棄權，通過。德國眾院於 1992 年 12 月 2 日以 543 票同意，17 票反對，通過；同年 12 月 18 日參院以全部一致通過。荷蘭國會於 1992 年 11 月 13 日以 130 比 19 票通過。葡萄牙國會於 1992 年 12 月 11 日以 200 比 21 票通過。英國下院於 1992 年 11 月 4 日以 319 比 316 票通過。

43 奧地利於 1994 年 6 月 12 日全民公投複決以 66.6%比 33.4%贊成通過。芬蘭於 1994 年 10 月 16 日全民公投複決以 56.9%比 43%贊成通過。瑞典於 1994 年 11 月 13 日全民公投複決以 52.3%比 46.8%贊成通過。挪威在 1963 年及 1967 年兩次申請加入歐洲共同體被拒後，1970 年重新申請，1972 年獲得接受，但是在加入條約簽署後，國內的公民投票有 53%反對，因而決定不加入。1990 年 10 月挪威再度申請，1994 年 3 月 16 日，歐盟同意挪威入會，但是在 1994 年 11 月 28 日挪威舉行的公民投票中，再度以 52.3%比 47.7%的反對多數否決加入。瑞士在 1992 年 12 月 6 日即以 50.3%比 49.7%多數否決加入歐洲經濟區協定，也自然不加入歐洲共同體。John Redmond, *The 1995 Enlargement of the European Union* (Aldershot: Ashgate, 1997) ,pp. 72, 106-107, 129, 159.

　　第二、歐盟各會員國公民在行使其加入或對條約進行同意權的行使時，雖然方式不同，但是從其性質來看，並不是一般建制外，或由公民自行提案的 plebiscite，而是一種對政府重大政策複決權（referendum）的行使。這也是西方學者在討論歐洲公民投票時，用 referendum 這個字，而較少用 plebiscite 來定性。

　　第三、傳統上歐洲大陸的國家都是使用議會表決，例如西德在同意加入歐洲共同體、批准與東德簽署《基礎條約》，都是以「議會投票」的方式為之。即使在西德的基本法中有「務望我全體德意志人民依其自由自決完成德國統一與自由」的含有「自決」拘束的字句，但是後來東德併入德國完成統一仍是以代議民主，而不是用「公投」來複決政府的政策。

　　第四、從歐洲的統合來看，斯堪地那維亞的國家，如丹麥、芬蘭、挪威、瑞典等國與愛爾蘭、奧地利、瑞士等小國均是使用「公民投票」的方式，來決定是否加入歐洲共同體，可見得他們認為經由「公民投票」是為政府政策取得正當性的必要行為。

　　第五、英國在傳統上是奉行「議會主權至上」，公民投票並無任何法律地位，只要國會願意就可以將法案付諸公民投票。在這種憲政傳統上，英國的公民投票並不是人民作主的實踐，而是政黨的權宜之計。因此這僅有的四次公民投票都是執政黨用來擺平黨內對某些議題的爭議。例如，英國雖然在 1973 年已經加入歐體，但是為了平撫英國內部的紛爭，英國政府於

是在 1975 年舉行唯一一次全國性公民投票，就是爲了遂行工黨政府的政治目的，並讓閣員自由表示反對意見，以避免工黨的分裂。[44]

第六、另一個將公民投票作政治性考慮的就是法國。依照法國第五共和憲法第三條規定，「國家主權屬於人民，其行使必須經過議員或公民投票」。憲法第十一條又規定，總統可以在政府的建議或國會兩院共同提議下，將任何有關於公共權威與組織、法蘭西國協協議或條約之認可等影響政府機構功能的提案，付諸公民投票。戴高樂總統就曾引用第十一條，於 1961 年及 1962 年針對阿爾及利亞獨立問題進行公投，1962 年爲確保其繼續執政，策動總統直選的公投案。1969 年戴高樂提出公投來改革參議院和建立區域政府，但是實際上是爲了確認其統治地位。投票的結果出乎其意料，公民否決了戴高樂的提案，致使其下台。1992 年密特朗總統也是希望透過對《馬斯垂克條約》的公投來重振其聲望。[45]

雖然台灣目前並沒有有關公民投票的法律，但是到 1998 年 6 月爲止，台灣已有十次的公民投票案例，這十個案例中，沒有一個涉及國家主權，沒有一個以法案爲公投的對象，也沒有一件是屬於全國性的案例。[46]

---

[44] Vernon Bogdanor, "Western Europe," in David Butler and Austin Ranney, eds., *Referendums around the Would: The Growing Use of Direct Democracy*, pp.38-42.

[45] Ibid., pp. 47-61.

[46] 分別是後勁五輕公投案（1990/5/2）、貢寮核四公投案（1994/5/12）、

　　至於有關統獨的問題是否應該排除使用「公民投票」，學者的看法也有歧異。有的認為，不應適用於統獨的爭議[47]，也有的認為，這種看法是錯誤的。[48]其實這兩者不同的見解是來自於彼此對實行公民投票所看的角度不同。前者較傾向於政治面來討論，後者則傾向於法理的可能性。如果從「主權在民」的角度來看，「公民投票」自然是一個在法理上可以採用的方法。對於台灣人民而言，或許更為重要的是，行使「公民投票」的意義在哪裡？可以傳達甚麼樣的訊息？再來就是考慮行使「公民投票」的政治性結果，以及有沒有可以達到同樣訴求的其他方式？

　　中華民國成立於 1912 年，目前雖然沒有獲得大多數國家的外交承認，但是中華民國作為一個國際法人，事實上還是存在的。台灣是否需要經過一個全民的公投來決定其獨立的地位？其前提應該討論的是，所謂的「獨立」之意為何？它指的是「自主」還是「與中國大陸的永久分離」？如果說只是確定中華民國在政治體制上不屬於中華人民共和國，那麼實在不需要經由「公投」或「自決」一道程序來表示，因為中華民國的

北縣核四公投案（1994/11/27）、汐止道路公投案（1995/3/29）、大寮開發公投案（1995/6/18）、永康公園公投案（1995/8/12）、寮頂社區公投案（1997/8/3）、三峽老街公投案（1997/8/12）、台中拜爾公投案（1998/6/13）。葉俊榮，〈「公民投票」在台灣的實踐〉，《新世紀智庫論壇》，第 2 期，1998 年 5 月 20 日，頁 52-64。

[47] 黃錦堂，〈公民投票在我國適用之檢討〉，頁 49。

[48] 李明峻，〈國際法與公民投票問題〉，頁 75（65-79）。

自主已經是一個事實。如果爲了確定台灣與中國大陸的永不隸屬性，甚而主張成立「台灣共和國」，那麼以「公投」方式的「自決」才是需要思考的課題。台灣當然也可以經由「公民投票」來凸顯台灣在政治上是個主權獨立的國家，但是這也將只是單方面的宣示而已，畢竟國際間有關於國家的「承認」，是其他國際社會成員的政治性意願問題，是否要對台灣作國際法上的國家承認，其權力仍舊在各國政府。因此，以「公民投票」來凸顯台灣的主體性，是沒有甚麼實質上的效果，但卻可能引發兩岸的衝突。

雖然有論者主張可由「台獨公投」轉向「統一公投」的思考[49]，但從上一節的分析可知，無論是「統一」或是「獨立」的公投，都很難在哲理上找到使人信服的理由，因此最好的方

---

[49] 《聯合報》，民國 87 年 7 月 4 日與 8 月 17 日社論。該社論稱：「台獨公投」是指以公民投票決定是否要推翻中華民國，另立台灣共和國，並藉以對抗中華人民共和國。「統一公投」則指，維持中華民國體制，當出現要不要「統一」的議題時，由公民投票決定。論者認為，就兩者的相異點而論：第一、「台獨公投」是要推翻中華民國，另立台灣共和國；「統一公投」則是維持中華民國，不主張另立台灣共和國。第二、「台獨公投」反對並根本否認「統一」議題的存在；「統一公投」則保留統一的議題存在。而這兩者的相同點則為：第一、兩者的戰略意義，主要皆在肆應兩岸危機，不願被中共片面行動所併吞。第二、兩者的運作手段均訴諸公民投票、亦即訴諸台灣的民意來決定台灣的前途。社論並稱：「台獨公投」對兩岸都是挑釁的、敵對的，是主張以現狀之下所擁有的一切去交換一個尚不存在的台灣共和國。其手段是破壞現狀、摧毀現狀。「統一公投」則對兩岸都是防禦性的、和平的，是鞏固現狀、維護現狀，並在現狀之上尋求發展。

法，就是循序漸進，並避免在「統獨問題」上做二選一的一次
表態。

　　歐洲統合中的漸進作法值得兩岸思考，而其會員國間對
於統合事務上的民意表達方式經驗可以給台灣如下啓示：

　　第一、涉及到兩岸之間的過渡性協議（如《兩岸基礎協
定》）及兩岸未來籌組共同體時，政府仍舊是應當扮演帶領的
角色，人民不論以何種方式行使決定權，基本上都只是中文「複
決權」（referendum）的概念。

　　第二、用「議會民主」或是「公民投票」的方式來「複
決」兩岸未來的統合事務與速度，均無不可。兩者之間雖有孰
優孰劣的法理爭議，但每一方都有其可論的正面理由。這可能
要取決於台灣當時的政治民意以及各政黨的態度。歐洲成熟的
政黨政治運作以及良性的政府運作，使得即使在行使「公民投
票」時，因爲有了這些中介機構的介入，「公投」事務得以在
足夠的資訊下進行，這是台灣未來所更需要學習的。畢竟，任
何制度都有其優劣，但是如果社會有著良性的公民文化與負責
的政黨，「議會民主」或「公民投票」應該都可以達到它要追
求的目標。

　　總結本章而論，「台灣人民有權決定自己的未來」是一個
令人無法拒絕的命題。但是如果不仔細地去深入界定，而將其
意義無限上綱，那麼它帶給台灣的未必就一定是全然的美好。

　　「自決」的觀念，從法國大革命開始在歐洲萌芽，它在

這兩個世紀裡，經由不同的政治社會精英賦與不同的內涵，以民族自決、無產階級自決、少數民族自決、殖民地人民自決、種族自決、族群自決、住民自決等各種訴求，爲世界重新排列組合，影響人類甚巨。它給一些人帶來了新的認同，賦予了新的生命，但也付出了相當的代價，多少地區因此烽火連天，多少生命因此送歸黃泉。這些無怨無悔的追求，反映出自決的魅力的確是令人難以抗拒的。

筆者認爲「民族主義」的本質其實就是「我群主義」。自決的基礎是自我認同，「認同」固然有其先天性的本質，但亦可由後天性的教育或宣導而成。民族，或同樣種族、語言、宗教、住民的人，都因此有可能成爲行使自決的主體，正如同什麼是「我群」，是無法精確地回答的，驅使自決的動力，因此往往是來自於集團的各種不同利益考量，它經常是被精英分子所創造出來。當他們的利益受到威脅，或要追求更大的利益時，民族、種族、語言、宗教、住民等名目的自決都會被拿來引用，以對抗對他們具威脅的團體。

在實踐上，自決追求的是一個屬於「我們自己」的社會，在台灣有人稱它爲「住民自決」，在政治形式上是建立一個屬於「自己」的主權獨立國家，在台灣有人稱它爲「獨立建國」。在這種思維下，他們要自決，不是因爲如此可以讓他們生活過得更好，而是認爲建立自己的國家，才能證明自己是自由的。

由於自決權的行使，代表著「自我認同」的重新確認，自決權係由人民集體行使，個人的意志必須臣服於集體的意

志，這與在民主體制內少數服從多數的投票意義完全不同。對多數的自我重新認同者而言，自決當然是道德而且合理的行為，但是對於那些被迫改變者而言，他們只是被合法的多數暴力屈服了，他們被迫改變他們的自我認同。

　　台灣應該已經遠離了這種「自決」的訴求，中國大陸也應該避免或迫使台灣人民必須要使用「自決」來抗拒來自北京的壓力。台灣的人民不應該以「一次命定」的「公民投票」而被迫陷入「統」或「獨」的表態中。兩岸應該循序漸進地發展雙方友好關係，可以考慮參考歐洲的統合經驗來追求整個中國的未來。

　　在兩岸未來統合過程的發展中，人民的意見自然是不能忽視的。政府應該在兩岸中扮演領航的角色，而不是全然地順著民意走。無論是兩岸間的基礎協定，或是兩岸未來統合的深化與廣化，都需要政府的主導，而人民將扮演最後決定的角色。至於人民應該如何來行使這個有「複決」意義的權利，是以「議會民主」還是「公民投票」，在學術界與實踐面上並無定論，都是可以的。其間的關鍵因素之一應在於政治精英是否真能以蒼生為念，為人民提供一個完善而客觀的資訊，避免激情，冷靜理性地作出決定。

結　論

　　本書提出兩岸「統」、「獨」、「維持現狀」外的第四種思考，也就是兩岸以「統合」的方式來追求未來。

　　兩岸的分離已逾五十年，內戰的思維應該已經結束，兩岸對於未來統一的思考也應該擺脫掉內戰時的作爲與觀念。以往對兩岸的討論，在論及兩岸定位時，多是由「兩岸只有兩個主從關係的主體」作爲思考的基礎，因此彼此即陷入了「非你即我」的排他性「零和」爭議。兩岸從彼此互爭正統，到尋求「相互不隸屬」的正當性，使得雙方陷入了半個世紀的糾纏。在內戰的思維中，統一其實就是兼併。在內戰後的思維裡，統一的真正意涵應該是兩個現有主體間的「再統一」。也就是兩岸「互爲主體」間的「再統一」。

　　在有關的「主體性」架構上，本文提出了「兩岸有三個主體」的概念。一個是中華民國、一個是中華人民共和國，另

一個是「整個中國」(第三主體)。台灣是「整個中國」的一部分,大陸也是「整個中國」的一部分。

「三個主體」的理論基礎在於:基於主權屬於人民,「整個中國」是兩岸中國人所共有的中國,不能為哪一方所獨占。作為自 1949 年起分治的兩岸,彼此在自己現有的領域內享有完整的管轄權,但是兩岸都不能真正的代表「整個中國」。「整個中國」的主權是屬於海峽兩岸全體中國人。

以「中國作為整體」思維的「整個中國」取代「一個中國」更能夠清晰地反映出兩岸原有所要表達的意涵。以「整個中國」為基礎來思考,中共所稱的「一國兩制」(「整個中國下的兩種制度」),與台灣所稱的「一國兩區」、「一國兩政治實體」、「特殊國與國」在意義上可以相通。

雖然就政治的現實而言,中華民國的完整國際法國家人格受到質疑,但是就法律的意涵而言,兩岸目前的政權都具有國家屬性。兩岸目前的定位關係,從嚴謹的法律用語而言,應該是「整個中國內部的兩個中國人國家」(「一中兩國」)。如果用另一種彼此在心理上比較能夠接受的說法,可以將兩岸視為是「整個中國內部的兩個具有國家屬性的政治實體」,或者更簡單地說,兩岸是「整個中國內部的兩個平等政治實體」。兩者之間的關係,不是哪一方的「內政」關係,也不是一般國家間的國際法上的「外國」關係。他們兩個之間是「整個中國」的「內部」關係,也可以一般通俗的「兄弟」或「特殊」關係相稱。

　　「整個中國」能夠作爲一個法律的主體存在，其基本的
因素在於兩岸經由意願表達出不分裂中國的承諾。兩岸經由一
項《基礎協定》，以文字相互承諾不分裂「整個中國」是必要
的法律步驟。在相互以法律作承諾後，彼此再相互接受對方的
「主體性」、同意共存於國際組織，就不會在法律意義上造成
兩岸已經完成分裂的推論。

　　爲了使「整個中國」（第三個法人）不只是停留在法律意
涵的「法人」概念，兩岸宜逐漸將「整個中國」實體化。其方
法有二：第一是以「統合」的方式，在一些相關領域內，例如
農業、南海、台海社會安全等範疇建立兩岸的共同體，其成員
與運作由兩岸的人士共同負責。第二是在國際組織內，兩岸各
有代表外，再共組「整個中國」或「兩岸共同體」的代表團，
擔任觀察員的工作。這些「共同體」的職權將隨著兩岸的逐漸
合作深化而增加。

　　歐洲統合的經驗提供兩岸一個極有意義的思考。歐洲聯
盟本身就是歐盟十五個會員國外的第十六個法人，正如果「整
個中國」或「兩岸共同體」將是兩岸之外的第三個法人。歐盟
的機構運作以及它在國際間出現的方式，值得兩岸共同參考。

　　在「兩岸共同體」內，兩岸可以「平等而不對稱」的原
則來處理。「平等」代表著兩岸在法律意義上是相互平等的，
彼此不得干涉內政事務，不因大小有別而不同。「不對稱」象
徵著在非法律的層面，彼此是可以有「不對稱」的關係，而此
「不對稱」關係並非是永恆或全盤的不對稱，而是依據彼此在

相關領域中的優劣程度而有區別。

　　兩岸經歷了五十餘年的政治隔閡，彼此在國家、民族與制度的認同上都有很大的歧異。中共的「一國兩制」是一種聯邦主義所主張以機械式的政治統合方式強制完成；台灣的「國統綱領」則是以功能主義所主張的放任式合作方式來自然達成，這兩種看法都有其現實上的困境。化解這些歧異的方法，並不應該是強迫對方改變認同來接受自己的立場，而是應該在維持自我認同、彼此相互尊重的原則下，重新建構一個集體認同，也就是對「整個中國」的認同。所採用的方法可以是新功能主義所主張制度與功能並重的方式，來建構彼此的新認同。在這一方面，歐洲統合過程中的歐洲人對地方、自己國家及歐洲聯盟三者「垂直性重疊認同」建立經驗，值得兩岸參考。當未來兩岸人民經由統合逐漸對「整個中國」的認同趨於一致時，兩岸的統一也就自然水到渠成。

　　和平與發展是兩岸人民的心願。但是兩岸用國際政治中現實主義的思考，並不能為兩岸帶來真正的和平。CSCAP 等多邊安全機制的功能並不能保障台灣的安全。如果兩岸基本共識沒有建立，即使中共達成信心建立措施（CBMs），也不可能真正的有效運作。《台灣關係法》固然對台灣提供安全的保護，但是台灣的「自我約束」卻是美國提供安全保護的前提。台灣要想藉由參與 TMD 或期盼美國通過《台灣安全加強法》來保護台灣的安全，都反而有可能將台灣帶入一個更不安全的困境。另一方面，如果中共依賴武力來威嚇台灣人民，不只會

讓中共在國際間脫不掉「中國威脅」的外衣，更會傷害兩岸人民的情感。

全球經濟自由主義固然是二十一世紀的潮流，但是區域性的經濟仍然扮演著重要的角色。缺少區域經濟的網絡，台灣很難獨自面對世界自由經濟的挑戰。換言之，台灣如果缺少中國大陸這塊廣大的經貿腹地，無論是參加了世界貿易組織或是憑藉亞太經濟合作會議，也未必能確保台灣的經貿發展。

兩岸如果以「統合」的方式攜手前行，一則可以徹底消除戰爭的星火，節省大量的資源；另一則可使兩岸共同面對全球經濟自由主義的挑戰。二次大戰後的歐洲國家經由統合達到了和平，也使得歐洲再躍升取回昔日的光輝。歐洲的統合經驗是值得兩岸思考的。

在推動兩岸統合方面，聯邦主義與功能主義都有其理論上的缺陷，以新功能主義推動兩岸統合較為可行。兩岸統合是兩岸「主權共儲與共享」的概念，統合將擴大兩岸的主權權力，而不是縮小。目前學術界對有關兩岸共同體的討論其實只是一種功能合作，而不能算是統合的範疇。「兩岸財」可分為「私有財、協調財、共同財、公共財」等四大範疇，兩岸可以在各種「財」內進行統合。例如兩岸可以在農業事務、台海社會安全事務、南海事務、國際代表權等方面，以共同體方式進行統合。

歐洲統合的理念以及歐盟機構運作的情形，固然不可能完全移植到兩岸，但是其經驗值得兩岸參考與借鏡。

　　民意的表達是兩岸必須面對的課題。無論是要「統」或是要「獨」，以「全民公投」的方式來決定都有其理論與道德的困境。避免逼迫或引導人民在統獨問題上作「一步到位」的公投表態，應該是兩岸政治人物所應有的自我約束。循序漸進式的統合方式給了人民一個方向，但是卻沒有時間表。至於是否啓動這個兩岸的統合與未來統合的快慢，當然要尊重人民的意願。不過兩岸人民應該思考到，「整個中國」可以是兩岸共同的資產而不是負債，用「統合」來推動兩岸的未來，是兼顧現實與理想的最佳選擇。

　　歐洲統合已經走了近半個世紀，它的成果已證明了它是個值得其他人民思考與借鏡的方式。兩岸是否能在激情的「統獨」或者無奈的「維持現狀」間作出另一種選擇？本書已經嘗試在理論層面上提出了思考與建議，剩下的就是兩岸願不願意往這個方向邁進了。

參考書目

一、主要英文資料

Alagappa, Muthitah, *Asian Security Practice: Material and Ideational Influences* (Stanford: Stanford University Press, 1998).

Allen, Kenneth W. "Military Confidence-Building Measures Across the Taiwan Strait," in Ranjeet K. Singh ed., *Investigating Confidence-Building Measures in the Asia-Pacific Region* (The Henry Stimon Center, Report No.28, May, 1999) pp. 111-132.

Ball, Desmond, "The Council for Security Cooperation in the Asia-Pacific(CSCAP)," *The Indonesian Quarterly*, Vol. 21, No.4(4th. Quarter 1993).

Belassa, Bala, *The Theory of Economic Integration* (Homewood IL: Richard Irwin, 1961).

Bergsten, C. Fred, "APEC and World Trade: A Force for Worldwide Liberalization," *Foreign Affairs*, 73:3 (May/June 1994), pp.20-25.

Bhalla, A. S., and P. Bahalla, *Regional Bloc: Building Blocks or Stumbling Blocs?* (London: Macmillan, 1997).

Bogdanor, Vernon, "Western Europe," in David Butler and Austin Ranney, eds., *Referendums around the Would: The Growing Use of Direct Democracy* (Washington, D.C.: American Enterprise Institute, 1994), pp. 38-42.

Butler, David and Austin Ranney, eds., *Referendums around the Would: The Growing Use of Direct Democracy* (Washington, D.C.: American Enterprise Institute, 1994).

Butler, David, "United Kingdom" in David Bulter and Austin Ranney ed., *Referendums: A Comparative Study of Practice and Theory* (Washington, D.C.: American Enterprise Institute, 1978).

Camps, Miriam, *Britain and the European Community* (London: Oxford University Press, 1964).

Chairman's Statement, The Fourth Meeting of the ASEAN Regional Forum, Subang Java, 27 July 1997.

Chiu, Hungdah, ed., *China and Taiwan Issue* (New York: Praeger Publisher, 1979).

Deutsch, Karl W., et al., *Political Community and the North Atlantic Area: International Organization in the Light of Historical Experience* (Princeton: Princeton University Press, 1957).

Documents on Germany 1944-1985 (United States Department of States).

Dougherty, James E. & Robert L. Pfaltzgraff, Jr. *Contending Theories of International Relations* (N. Y.: Harper & Row Publishers, 2nd edition, 1981).

Drysdale, Peter and Ross Garnaut, " The Pacific: An Application of a General Theory of Economic Integration," In C. Fred Bergsten and Marcus Noland, eds., *Pacific Dynamism and the International Economic System* (Washington, D.C.: Institute for International Economics, 1993), pp. 183-223.

Dwokin, Ronald, "Liberal Community," in Shlomo Avineri and Avner de-Shalit eds., *Communitarianism and Individualism* (Oxford: Oxford University Press, 1992).

Eichengreen, Barry and Peter B. Kenen, "Managing the World Economy under the Bretton Woods System," in Peter B. Kenen ed., *Managing the World Economy* (Washington, DC: Institute for International Economics, 1994), pp. 3-82.

Garnaut, Ross, *Open Regionalism and Trade Liberalism: An Asia-Pacific Contribution to the World Trade System* (Singapore: Institute of Southeast Asian Studies, 1996).

George, Stephen, *Politics and Policy in the European Community* (Oxford: Clarendon Press, 1985).

Gilpin, Robert, *The Political Economy of International Relations* (Princeton: Princeton University Press, 1987).

Griffith, William E., *The Ostpolitik of the Federal Republic of Germany* (Cambridge, 1978).

Groom, A. J. R. & Paul Taylor ed., *Functionalism: Theory and Practice in International Relations* (N.Y.: Crane Russak & Company, Inc. 1975).

Haas, Ernst B. & Philippe C. Schmitter, "Economics and Differential Patterns of Political Integration", *International Organization*, 18, 3 (1964), pp. 705-737.

Haas, Ernst B., "International Integration: The European and the Universal Process", *International Organization*, 15, 4 (1961), pp. 366-392.

Haas, Ernst B., *Beyond the Nation-State: Functionalism and*

International Organization (California: Stanford University Press, 1964).

Haas, Ernst B., *The Uniting of Europe: Political, Social and Economic Forces, 1950-1957* (California: Stanford University Press, 1958).

Habermas, Jürgen, "Citizenship and National Identity: Some Reflections on the Future of Europe," *Praxis International* (1992) 12: 1-19.

Habermas, Jürgen, "The European Nation States. Its Achievements and Its Limitations. On the Past and Future of Sovereignty and Citizenship," *Ratio Juris* (1996) 9:125-137.

Hack, Christian, *Weltmacht wider Willen: Die Aussenpolitk der Bundesrepublik Deutschland* (Frankfurt/M: Ullstein, 1993).

Hahn, Harlan and Sheldon Kamieniecki, *Referendum Voting: Social, Status and Policy Preferences* (New York: Greenwood Press, 1987).

Harding, Harry, "Toward a Modus Vivendi in the Taiwan Strait," International Conference on U.S.-Taiwan Relations: Twenty Years after The Taiwan Relations Act, sponsored by the Institute of European and American Studies, Academic Sinica, April 9-10, 1999.

Harrison, Reginald J., *Europe in Question: Theory of Regional Integration* (N. Y.: New York University Press, 1974).

Henry L. Stimson Center, "What are Confidence-Building Measures?" in http://stimson.org/CBMs/CBMsdef.htm May 1999.

Holland, Martin, *European Integration: From Community to Union* (London: Pinter Publishers, 1993).

Hughes, Barry B., *Continuity and Change in World Politics: Competing Perspectives* (New Jersey: Prentice Hall, 1997).

Johnston, Mary Troy, *The European Council: Gatekeeper of the European Community* (Boulder: Westview Press, 1994).

Karniol, Robert, "Taiwan gains strength from strategy over haul," *Jane's Defense Weekly*, Vol.27, No.5 (5 Feb. 1997), p. 15.

Kedourie, Elie, *Nationalism,* (London: Hutchinson University Library, 1971).

Keohane, Robert, & Stanley Hoffmann, "Conclusions: Community Politics and Institutional Change" in William Wallace ed., *The Dynamics of European Integration* (London: Pinter, 1990), pp. 276-300.

Koehanne, Robert O., & Joseph S. Nye, "International Interdependence and Integration", in Fred I. Greenstein & Nelson W. Polsby ed., *International Politics*, Handbook of Political Science Vol. 8, (Addison-Wesly Pub. Company, 1975).

Lijhart, Arend, "Consociational Democracy," *World Politics*, January, 1969, pp. 207-225.

Linberg, Leon N., "Political Integration as Multidimensional Phenomenon Requiring Multivariate Measurement", *International Organization*, 24, 4 (1970), pp. 649-729.

Lord, Christopher, *British Entry to the European Community Under the Heath Government of 1970-4* (England: Dartmouth Publishing, 1993).

Manning, Maurice, "Ireland", in David Bulter and Austin Ranney ed., *Referendums: A Comparative Study of Practice and Theory* (Washington, D.C.: American Enterprise Institute, 1978), pp. 193-210.

McCormick, John, *The European Union: Politics and Policies* (Boulder: Westview Press, 1996).

Miller, David, *On Nationality* (Oxford: Clarendon Press, 1995).

Ministry of Defense U.S.A., *The Security Situation in the Taiwan Strait*, 26 Feb. 1999.

Mitrany, David, "The Functional Approach to World Organization" in C. A. Cosgrove & K. J. Twitchett ed., *The New International Actors: The UN and the EEC* (London: Macmillan, 1970), pp. 65-75.

Mitrany, David, *A Working Peace System: An Argument for the Functional Development of International Organization,* (Chicago: Quadrangle Books, 1966).

Nachel, Birgit Thomson ed., *The Odd Man Out:Denmark and European Integration 1948-1992* (Odense: Odense University Press, 1993).

Nicholson, Frances and Roger East, *From Six to Twelve: The Enlargement of the European Communities* (Harlow: Longman, 1987).

Nugent, Neil, *The Government and Politics of the European Union* (Durham NC: Duke University Press, 1994).

Nye, Joseph S., "Patterns and Catalysts in Regional Integration", *International Organization*, 19, 4 (1965):870-874.

Nye, Joseph S., *Peace in Parts: Integration and Conflict in Regional Organization* (Boston: Little Brown, 1971).

Pentland, Charles, "Functionalism and Theories of International Political Integration", in A. J. R. Groom & Paul Taylor ed., *Functionalism: Theory and Practice in International Relations* (N. Y.: Crane, Russak & Company, Inc., 1975).

Preston, Christopher, *Enlargement and Integration in the European Union* (London: Routledge, 1997).

Puchala, Donald J., "Integration Theory and the Study of international Relations," in Richard L. Merritt and Bruce M.

Russett eds., *From National Development to Global Community: Essays in Honor of Karl W. Deutsh* (London: George Allen and Unwin 1981), pp. 145-162.

Rawls, John, *Political Liberalism* (New York: Columbia University Press, 1993).

Ronen, Dov, *The Quest of Self-Determination* (New Haven and London : Yale University Press, 1979).

Rourke, John T., Richard P. Hiskes, Cyrus Ernesto Zirakzadeh, *Direct Democracy and International Politics: Deciding International Issues Through Referendums* (Colorado: Lynne Rienner Publishers, 1992).

Samperdo, J., *The Enlargement of the European Community: Case Studies of Greece, Protugual and Spain* (London: Macmillian 1983).

Samuelson, Paul A., "Diagrammatic Exposition of a Theory of Public Expenditure," *Review of Economics and Statistics* 37, no.4 (November, 1955):350-356.

Schmitter, Philippe C., "A Revised Theory of Regional Integration," *International Organization*, 24, 4 (1970): 836-868.

Schmitter, Philippe C., "Three Neo-Functional Hypotheses about International Integration", *International Organization*, 23, 4 (1969): 161-166.

Seers, Dudley and Constantine Vaitsos, *The Second Enlargement of the EEC* (London: The Macmillian Press, 1982).

Self, Benjamin L., "Confidence-Building Measures and Japanese Security Policy," in Ranjeet K. Singh ed., *Investigating Confidence-Building Measures in the Asia-Pacific Region,* The Henry L. Stimson Center, Report No.28, May, 1999, pp. 25-50.

Senge, Peter M., *The Fifth Discipline: The Art & Practice of The*

Learning Organization (New York: Currency Doubleday , 1990).

Stark, J. K., *Introduction to International Law,* 8th edition (London: Butterworths, 1977).

Taylor P., "Functionalism: The Approach of David Mitrany," in A. J. R. Groom & Paul Taylor ed., *Frameworks for International Cooperation* (London: Pinter, 1990), pp. 125-138.

Tsoukalis, Loukas, *The European Community and its Mediterranean Enlargement* (London: George Allen & Unwin,1981).

United Nations General Assembly, *Resolution on Representation of China*, Oct. 25, 1971. G.A. *Res.2758*, 26 GAOR Supp. 29 (A/8420).

Vodanovich, Ivanica, "Comprehensive Security and Development: An Ambiguous Relationship," in David Dickens, ed., *No Better Alternative: Towards Comprehensive and Cooperative Security in the Asia-Pacific* (Wellington: Centre for Strategic Studies, 1997).

Weimer, David L. and Aidan R. Vining, *Policy Analysis: Concepts and Pratice* (N.J.: Prentice Hall, 1989).

Westlake, Martin, *A Modern Guide to the European Parliament* (London: Pinter Publisher, 1994).

William, Shirley, "Sovereignty and Accountability in the European Community," in Robert O. Keohane and Stanley Hoffmann, ed., *The New European Community: Decision-making and Institutional Change* (Boulder: Westview Press, 1991), pp. 158-162.

二、主要中文資料

《中華人民共和國條約集》，第 19 集（1972 年），北京，人民出

版社，1977 年。

中共中央台灣工作辦公室、國務院台灣事務辦公室，《中國台灣問題》，幹部讀本，北京，九洲圖書，1998 年。

中國大百科全書出版社，《中國大百科全書，民族》，北京，中國大百科全書出版社，1980 年。

中國農業大學經濟管理學院，《世界貿易體系改革與我國農產品戰略選擇》，1999 年。

中華人民共和國國務院發展研究中心，《中國加入世界貿易組織對世界經濟及其自身的影響》，研究報告。1998 年。

中華人民共和國國務院新聞辦公室，《中國的國防》，北京，1998 年 7 月。

中華人民共和國台灣事務辦公室、國務院新聞辦公室，《一個中國原則與台灣問題》，北京，2000 年 2 月。

王政盛，〈戰區飛彈防禦系統的發展沿革與現況〉，「中華民國世界和平教授協會八十八年度自然科學組學術研討會」，民國 88 年 10 月 16 日，台北。

丘宏達，《現代國際法》，台北，三民書局，民國 84 年。

外交部，〈重新檢視 1971 年聯合國第 2758 號決議〉，民國 83 年 7 月。

田立志，《二十一世紀中華經濟區》，台北，立緒出版，民國 87 年。

田君美，〈兩岸農業交流的進展與問題〉，「兩岸青年學者論壇 —— 農業發展」學術研討會，國立台灣大學農業經濟系與中華發展基金管理委員會主辦，民國 88 年 6 月。

石之瑜，《創意的兩岸關係》，台北，揚智出版，1997 年。

朱景鵬，〈歐洲議會之理論與實際〉，《美歐月刊》，第 11 卷第 7 期，民國 85 年 7 月，頁 4-28。

江宜樺，《自由主義、民族主義與國家認同》，台北，揚智出版，1998 年。

江宜樺，〈麥可瓦瑟(Michael Walzer)論多元族群社會的國家認
　　同〉，蕭高彥、蘇文流主編，《多元主義》，台北，中央研究
　　院中山人文社會科學研究所，民國 87 年，頁 411-440。

行政院大陸委員會，《台海兩岸關係說明書》，民國 83 年 7 月 5 日。

行政院大陸委員會，《跨越歷史的鴻溝：兩岸交流十年的回顧與
　　前瞻》，民國 86 年。

行政院大陸委員會，《關於中共「一個中國」策略之初步分析》，
　　民國 85 年 12 月。

行政院大陸委員會編印，《大陸工作參考資料合訂本》，第一冊，
　　第二冊，民國 87 年。

行政院經濟建設委員會，〈亞太營運中心計畫之回顧與展望〉，《自
　　由中國之工業》，第 85 卷第 4 期，民國 85 年 4 月，頁 9-10。

行政院農業委員會，《農業政策白皮書》，民國 84 年 3 月。

吳乃德，〈搜尋台灣民族主義的意識形態基礎〉，《台灣政治學
　　刊》，1996 年 7 月，頁 5-38。

吳玲君，〈以 APEC 為基點發展為亞太安全共同體的構想與理
　　想〉，《中華台北 APEC 通訊》，民國 88 年 1 月，頁 60-67。

李文瑞，〈加入 WTO 對我國中小企業與政府政策之衝擊〉，《理論
　　與政策》，第 13 卷第 2 期，1999 年 7 月，頁 86-87。

李明峻，〈國際法與公民投票問題〉，《新世紀智庫論壇》，第 2 期，
　　1998 年 5 月 20 日，頁 65-79。

李俊增，〈公民投票之理論與實踐〉，《憲政時代》，第 23 卷第 1
　　期，頁 35-52。

李瓊莉，〈經濟安全概念在亞太地區的發展〉，《問題與研究》，第
　　38 卷第 2 期，民國 88 年 2 月，頁 39-53。

林火旺，〈公民身分：認同與差異〉，蕭高彥、蘇文流主編，《多
　　元主義》，台北，中央研究院中山人文社會科學研究所，民
　　國 87 年，頁 379-409。

林火旺，〈自由主義可否建立一個政治社群？〉，陳秀容、江宜樺

主編《政治社群》，台北，中央研究院中山人文社會科學研究所，民國 84 年，頁 249-270。

林正義，〈台海兩岸建立信心措施〉，《國策專刊》，國策研究院，1999 年 7 月 15 日，頁 16-18。

林正義，《1958 年台海危機期間美國對華政策》，台北，商務，民國 74 年。

林享能，〈超越時代挑戰，開創農業新世紀〉，《政策月刊》，第 54 期（公元 2000 年新願景專刊），中國國民黨中央委員會政策研究工作會，頁 86-89。

林宗達，〈台灣加入「戰區飛彈防禦」計畫之評析〉，《問題與研究》，第 38 卷第 7 期，民國 88 年，頁 1-22。

林郁方，〈中華民國部署「飛彈防禦系統」的戰略意涵〉，「中華民國世界和平教授協會八十八年度自然科學組學術研討會」，民國 88 年 10 月 16 日。

林欽明，〈WTO 西雅圖部長會議的省思〉，《國際經濟情勢周報》，第 1315 期，民國 88 年 12 月 16 日，頁 6-14。

林碧炤，〈歐洲整合：理論與爭議〉，《中山社會科學譯粹》，第 2 卷第 2 期，高雄，中山大學中山學術研究所，民國 76 年 4 月。

林碧炤，《國際政治與外交政策》，台北，五南圖書出版，民國 79 年）。

邱毅，〈加入 GATT 後，兩岸農業經貿關係的調整與因應對策〉，《參與 GATT 對農業之衝擊及政策因應研討會論文集》，1994 年，頁 14-22。

侯山林，〈加入 WTO 對兩岸經貿關係發展之影響〉，《經濟情勢暨評論》，第 3 卷第 2 期，1997 年 8 月，頁 82-83。

姚立明，〈論公民投票〉，《理論與政策》，第 6 卷第 2 期，民國 81 年 1 月，頁 26-31。

夏鑄九，〈全球經濟中的台灣城市與社會〉，《台灣社會研究季

刊》，第 20 期，1995 年 8 月。

財團法人中華共同體促進基金會，《中華文化經濟論叢》，台北，
　　財團法人中華共同體促進基金會編印，1995 年。

高一中譯，〈彈道飛彈的威脅和防禦〉，《國防譯粹》，第 26 卷第 2
　　期，民國 88 年 2 月 1 日，頁 40。

國立政治大學國際關係研究中心，《中共於國際雙邊關係中對台
　　灣地位等問題的主張之研究（1949 年 10 月－1996 年 3
　　月）》，民國 85 年。

國家安全會議專案研究報告，《我國南海戰略之研究》，民國 88
　　年 6 月。

張台麟，〈歐洲共同體執行委員會之功能與角色〉，《問題與研
　　究》，第 31 卷第 8 期，民國 81 年 8 月，頁 55-57。

張亞中，《兩岸主權論》，台北，生智出版，1998 年。

張亞中，《德國問題：國際法與憲法的爭議》，台北，揚智出版，
　　1999 年。

張亞中，《歐洲統合：政府間主義與超國家主義的互動》，台北，
　　揚智出版，1998 年。

張亞中，〈中國問題之法律定位：一中兩國〉，民主基金會編印，
　　《兩岸關係與中國前途學術研討會論文集〉，民國 81 年 1
　　月，頁 239-255。

張亞中、孫國祥，《美國的中國政策：圍堵、交往、戰略夥伴》，
　　台北，生智出版，1999 年 3 月。

張亞中、李英明，《中國大陸與兩岸關係概論》，台北，生智出版，
　　2000 年 4 月。

許宗力，〈憲法與公民投票：公投的合憲性分析與公投法的建
　　制〉，《新世紀智庫論壇》，第 2 期，1998 年 5 月 20 日，頁
　　35-51。

郭正亮，〈從分合到聯立：兩岸過渡架構芻議：自台灣主體性談
　　兩岸政治關係之建構〉，《邦聯問題研討會：從台灣主體性談

兩岸關係架構》,台灣日報舉辦,民國 87 年 9 月 7 日。

郭正亮,〈新台灣人:從「族群民族主義」到「公民民族主義」〉,
　　《新世紀智庫論壇》,第 5 期,1999 年 3 月 20 日,頁 40-43。

郭秋慶,〈歐洲議會在歐洲聯盟中的超國家發展〉,《美歐月刊》,
　　第 11 卷第 7 期,民國 85 年 7 月,頁 29-41。

陳凱俐,〈兩岸入關對台灣農業之影響〉,《大陸農業發展與兩岸
　　農業交流之可行性成果發表論文集》,1996 年,頁 355-381。

曾令良,《歐洲聯盟與現代國際法》,台北,志一出版,民國 83
　　年。

曾怡仁,〈從國家論觀點看「亞太營運中心」計畫〉,《亞太經濟
　　管理評論》,第 1 卷第 2 期,1998 年 3 月,頁 35-38。

黃季焜,〈貿易自由化與中國大陸農業:是挑戰還是機遇〉,「兩
　　岸青年學者論壇──農業發展」學術研討會,國立台灣大學
　　農業經濟系與中華發展基金管理委員會主辦,民國 88 年 6
　　月。

黃偉峰:〈由國際經驗看公民投票〉,《新世紀智庫論壇》,第 2 期,
　　1998 年 5 月 20 日,頁 18-34。

黃錦堂,〈公民投票在我國適用之檢討〉,《問題與研究》,第 35
　　卷第 7 期,民國 85 年 7 月,頁 47-55。

楊純譯,《新歐洲四論──寄到華沙的信》,Ralf Dahrendorf 著,
　　*Reflections on the Revolution in Europe: in a letter intended to
　　have been sent to a gentleman in Warsaw*,台北,台灣商務印
　　書館,1982 年。

楊逢泰,《民族自決的理論和實際》,台北,正中書局,民國 65
　　年。

楊豐碩,〈加入 WTO 對國內農業發展之影響及其因應〉,
　　http://www.moea.gov.tw/~ecbook/season/sa911.tm

葉俊榮,〈「公民投票」在台灣的實踐〉,《新世紀智庫論壇》,第 2
　　期,1998 年 5 月 20 日,頁 52-64。

劉復國，〈亞太安全合作機制與我國參與區域合作的總體策略思維〉，「我國參與亞太區域策略」研討會，APEC 研究中心與CSCAP 中華民國委員會共同舉辦。1999 年 12 月 14 日。

劉復國，〈英國與歐洲共同體：國家利益與區域整合的矛盾〉，《歐美研究》，第 25 卷第 3 期，民國 84 年 9 月，頁 95-121。

劉復國，〈綜合性安全與國家安全：亞太安全概念適用性之檢討〉，《問題與研究》，第 38 卷第 2 期，民國 88 年 2 月，頁21-37。

蔡宏明，〈加入 WTO 對兩岸經貿及產業互動的影響〉，《經濟情勢暨評論》，第 4 卷第 4 期，民國 88 年 3 月。

蔡宏明，〈加入 WTO 對兩岸關係的影響〉，《理論與政策》，第 11卷第 3 期，民國 86 年 9 月。

蔡英文，〈價值多元主義、相對主義與政治認同：柏林（Isaish Berlin）雷茲（Joseph Raz）與葛雷（John Gray）論點之分析〉，蕭高彥、蘇文流主編，《多元主義》，台北，中央研究院中山人文社會科學研究所，民國 87 年，頁 441-485。

鄭正來主編，《布萊克維爾政治學百科全書》（*The Blackwell Encyclopedia of Political Thought*），北京，中國法政大學出版，1992。

蕭商彥，〈愛國心與共同體政治認同之構成〉，陳秀容、江宜樺主編《政治社群》，台北，中央研究院中山人文社會科學研究所，民國 84 年，頁 271-296。

龍村倪，《經營南海諸島之策略及規劃研究》，內政部獎助南海問題專案獎助，民國 87 年 5 月。

謝其旺，〈跨世紀之工作展望：APEC 的新思考、新視野、新挑戰〉，《中華台北 APEC 通訊》，民國 88 年 1 月，頁 88-94。

謝復生，〈公民投票：主權在民的體現或民粹主義的濫用〉，《問題與研究》，第 35 卷第 7 期，民國 85 年 7 月，頁 38-46。

嚴震生，〈「芬蘭化」的歷史經驗與兩岸關係發展之比較〉，《問題

與研究》，第 34 卷第 12 期，民國 84 年 12 月，頁 73-83。

三、主要德文資料

Berber, Friedrich, *Lehrbuch des Völkerrecht* Bd.1. Allgemeines Friedensrecht (München, 1960).

Bundesministerium für innerdeutsche Beziehungen, Hrsg. *DDR-Handbuch*, Bd. I & II, 3 Auflage (Köln, 1985).

BVerfGE, Entscheidungen des Bundesverfassungsgerichts, Hrsg. Von Mitgleidern des Bundesverfassungsgericht, *BVerfGE 36* (Tübingen, 1974)1 ff/23. (Urteil vom 31. Juli 1973. Grundlagenvertrag Bundesrepublik Deutschland und Deutsche Demokratische Republik).

Dahm, Georg, *Völkerrecht* (Stuttgart, 1958, Band 1).

Deutschland Archiv (1973).

Federau, Fritz, "Der Interzonenhandel Deutschlands von 1946 bis Mitte 1953 " *Vierteljahreshefte für Wirtschaftsforschung* (1953):385ff.

Kraus, Herbert, *Der Völkerrechtliche Status der deutschen Ostgebiete innerhalb der Reichsgrenzen nach dem Stande vom 31.Dezember 1937* (Göttingen,1964).

Mampel, Siegfried, *Das Selbstbestimmungsrecht der Völker in der Rechtslehre der SBZ*, Jahrbuch für Ostrecht, Bd.1, (Köln, 1958).

Meier, Gert, "Grundvertrag, EWA-Vertrag und innerdeutscher Handel, " *Betriebsberater* (1972): 1521ff,.

Morawitz, Rudolf, "Der innderdeutsche Handel und die EWG nach dem Grundvertrag," *Europa Archiv* (1973): 353ff.

Münch, Fritz, *Diskussionsbeitrag,* Berichte der Deutschen Gesellschaft für Völkerrecht, Heft 14 (Karlsruhe, 1974).

Scharpf, Peter, *Die europäische Wirtschaftsgemeinschaft und ihre*

Rechtsbeziehungen seit 1958 unter besonderer Berücksichtigung des innerdeutschen Handels, Dissertation (Tübingen, 1973).

Tomuschat, Christian, "EWG und DDR - Völkerrechtliche überlegungen zum Sonderstatus des Außenseiters einer Wirtschaftsunion," *Europa Recht* (1969) : 298ff.

V. d. Heydte, Friedrich August, *Völkerrecht,* Bd. 1, (Köln, 1958).

Verdross, Alfred, *Völkerrecht,* 5. Auflage (Wien, 1964).

von Münch, von Ingo, Hrsg ,*Dokumente des Geteilten Destschland,* , Bund II (Stuttgart,1976) .

Wenig, Fritz Harald, *Rechtsproblem des innerdeutschen Handels* (Frankfurt/Main, 1975).

Wenig, Karl-Michael, *Bundesrepublik Deutschland und Deutsche Demokratische Republik - Grundlagen und ausgewählte Probleme des gegenseitigen Verhältnisses der beiden deutschen Staaten* (Berlin, 1976).

Wilke, Kay-Michael. *Bundesrepublik Deutschland und Deutsche Demokratische Republik - Grundlagen und ausgewählte Probleme des gegenseitigen Verhältnisses der beiden deutschen Staaten* (Berlin, 1976).

Zuleeg, Manfred, "Grundvertrag und EWA-Protokoll über den innerdeutschen Handel," *Europa Recht* (1973): 207ff.

四、中文報紙與雜誌

《人民日報》
《中央日報》
《中國時報》
《民眾日報》
《自由時報》

《自立晚報》
《聯合報》
《觀察》
《大陸情勢周報》（中國國民黨大陸研究工作會）

五、英文報紙

Christian Science Monitor

International Herald Tribune

Los Angles Times

New York Times

Wall Street Journal

Washington Post

Washington Times

六、網路資源

聯合國 http://www.un.org

美國白宮 http://www.whitehouse.gov

美國國務院 http://www.state.gov

美國國防部 http:// www.defenselink.mil

美國國會圖書館 http://thomas.loc.gov

美國參議院 http://www.senate.gov

美國眾議院 http://www.house.gov

史汀生中心 http://www.stimson.org

蘭德公司 http://www.rand.org

尼克森中心 http://www.nixoncenter.org

美國科學家協會 http://www.fas.org

歐洲聯盟 http://www.europa.eu.int

世界貿易組織 http://www.wto.org

美國在台協會 http://www.ait.org

行政院大陸委員會　http://www.mac.gov.tw
遠景基金會　http://www.future-china.org
台灣安全研究　http://www.taiwansecurity.org

財團法人兩岸交流遠景基金會

　　財團法人兩岸交流遠景基金會（以下簡稱本會）為研究兩岸關係與國際問題之民間學術機構，於民國八十六年三月三日在中華民國台北市成立。

【本會之宗旨】
- 研究兩岸關係、大陸情勢、外交政策、國際安全、國際關係、國際戰略、國際經濟等領域之重大問題，並將研究成果以政策建議方式，提供政府、企業界及學術界參考，藉以提升其研判情勢之能力。
- 加強與大陸及國際學術界之聯繫，藉以促進學術交流。
- 增進與大陸及國際智庫之互訪，藉以加強合作關係。

【本會之具體活動】
- 舉辦國內、兩岸以及國際性學術研討會。
- 邀請大陸與國際知名學者專家來台訪問。
- 邀請大陸與國際著名智庫負責人來台訪問。
- 訪問大陸與國際知名學者及著名智庫負責人士。
- 提供獎學金予國內外大學從事上述相關領域研究之博士學位候選人。
- 出版「遠景季刊」、「遠景叢書」、「遠景專刊」等中、英文學術論述。
- 上述研究成果及活動內容刊載於下述網址：
  http://www.future-china.org

亞太研究系列 12　　　　　　　張亞中、李英明／主編

兩岸統合論

作　　　者／張亞中
出　版　者／生智文化事業有限公司
發　行　人／林新倫
執行編輯／閻富萍
登　記　證／局版北市業字第 677 號
地　　　址／台北市文山區溪洲街 67 號地下樓
電　　　話／(02)2366-0309　2366-0313
傳　　　真／(02)2366-0310
 E - mail ／tn605547@ms6.tisnet.net.tw
網　　　址／http://www.ycrc.com.tw
郵政劃撥／1453497-6　揚智文化事業股份有限公司
印　　　刷／科樂印刷事業股份有限公司
法律顧問／北辰著作權事務所　蕭雄淋律師
 I S B N ／957-818-151-5
初版一刷／2000 年 8 月
定　　　價／新臺幣 360 元

北區總經銷／揚智文化事業股份有限公司
地　　　址／台北市新生南路三段 88 號 5 樓之 6
電　　　話／(02)2366-0309　2366-0313
傳　　　真／(02)2366-0310

南區總經銷／昱泓圖書有限公司
地　　　址／嘉義市通化四街 45 號
電　　　話／(05)231-1949　231-1572
傳　　　真／(05)231-1002

＊本書如有缺頁、破損、裝訂錯誤，請寄回更換＊

國家圖書館出版品預行編目資料

兩岸統合論＝On integration across the
Taiwan strait／張亞中著. -- 初版. -- 臺
北市：生智, 2000 [民 89]
　　面；　公分. -- (亞太研究系列；12)
參考書目：面
ISBN 957-818-151-5 (平裝)

　1.兩岸關係－論文, 講詞等 2.政治－中國
－論文, 講詞等

573.09　　　　　　　　　　　89007728